新・共生時代の地域づくり論

北野 収 編著

三恵社

三恵社版『新・共生時代の地域づくり論』によせて

　刊行以来、好評を博してきたオリジナル版は２０２２年に「改定普及版」として版を重ねたが、その矢先ともいうべき翌年、諸般の事情により、版元の出版社が廃業を余儀なくされた。出版不況が構造化するなかで、コロナ渦という大打撃もあり、おそらく少なくない数の専門出版社が同様の厳しい選択を迫られたと思う。今般、三恵社さんのご厚意により、本書の出版を引き継いでいただくことになった。このご時世に、このような寛大かつ情け深いご厚情を賜ることができたことは、本当に幸運である。同社の木全俊輔社長には心より謝意を表する次第である。内容的には決して最新のものではなくとも、本書の各章で見出された「地域づくりのレッスン」は決して風化することはない。本書が人間中心の地域づくりを学ぼうとする方々の入門書として、引き続き、大勢の人に読んでいただけることを願っている。

2024年9月

北野　収

はしがき

　本書は，共生社会を目指すことを念頭に，まちづくり，むらづくり，コミュニティ開発（以下「地域づくり」）について，主に，ひと（人間），学習（学び），繋がり（関係性）の3つの視点から，事例を読み解き，共有されるべき教訓を探ろうとするものである。地域づくりの実践とは，それにかかわる多様な人々，とりわけそこに住み仕事や生活をする人々の想い・希望・怒り・挫折・喜びが動機となって始まる人間的な営為である。地域づくりを学ぼうとする研究者と学生は，その営為に敬意をもち，根底にあるこうした感情を知る努力を怠ってはならない。そこには，もちろん利害対立，経済的な格差，権力の不平等，差別や偏見もある。それぞれの地域は内発的なダイナミズムを包含し，固有のアイデンティティを有すると考えられる一方で，絶えず，他の地域や外部の社会経済政治的な「環境」の影響に規定されながら，そこに在ることを余儀なくされている。こうしたなか，それぞれの地域においては，多様な認知主体としての「人々」の間でコミュニケーション・交流が行われ，その総体が地域づくりという人間的な営為として発現するのである。

　地域づくりの概念は曖昧で，たとえば，「町おこし・村おこし」と聞けば，観光や特産品の開発を通じたミクロの経済振興策を想起する人が多いだろう。「地域開発」といえば，道路，橋，ダムなどのインフラ建設であり，工業団地の造成であり，国家の補助金（途上国の場合は先進国からの援助も）を用いて実施される事業だと考える人は多い。いずれも広義の「発展」（development）に通じる概念，取り組みには違いない。私は，究極的な意味での「発展」とは，その地域に住む人々が，物質的・精神的・エコロジカルな意味で幸せになること，人々がそれを実現するための力をつけること（地域力）だと考えている。この意味において，地域の発展を求める「地域づくり」は，広い意味での教育であるといえる。自らの生活・文化・環境を守り，改善していくという意味では本来，住民のニーズやイニシアチブが尊重されるべきで，外部者が住民や地域を開発するのではなく，住民の取り組みと学びをサポートするのだという視点を大切にしたいものである。以上のような立場からみれば，この本に書かれていることは，いくつかの地域における様々な取り組みから，私たちが「学ばせて

もらったこと」であるといってもよい。

　本書は，編著者らがこれまでに学会誌等に発表してきた論文に加筆修正を行ったものを中心に，いくつかの未発表論文を加えた論文集である。本編を構成する12章は，理論的論考が3編，事例研究が9編となっている。編者である私の単著による章以外は，前任校日本大学生物資源科学部（国際地域開発学科，現国際共生学科）における筆者のゼミに所属する学生の卒業論文（第8章のみ修士論文）がベースとなっている。このことが，学術専門書，論文集としての本書の基本的意義および価値を損うものではないと信じている。多くは学会誌や学内紀要の査読をクリアして掲載された論文である。

　編著者らが農学系の学部に所属することから，事例は農業・農村に関係するものが多くなっているが，特定のセクターにとどまらない普遍的なインプリケーションを見出すことができた。農業・農村以外のまちづくり一般に関心を有する方々にも是非，読んでいただきたいと思う。専門書ではあるが，各章は比較的ポイントを絞ったコンパクトな論考であり，研究者だけでなく，実務者，大学院生の方々にとっても有益な示唆が含まれているはずである。さらに，一人でも多くの学部学生の皆さんが本書を手に取り，読んで下さることを心から願っている。この本を書いたのは，皆さんと同じ普通の学生だからである。読んだ後，もし自分も地域づくりの勉強がしたい，論文を書いてみたいと思ったら，まずは身近にいる先生を捕まえて質問攻めにすることから始めてはどうだろうか。そして，自分が熱くなれる現場をみつけることである。

　初出一覧を以下に示す。

序　書き下ろし
第1章　北野収（2002）「プロセスとしての開発論―地域の発展を考える3つの次元―」『開発学研究』13巻2号.
第2章　北野収（2004）「地域づくりにおける「参加」概念の検討：開発社会学の視点から」『農村計画学会誌』23巻3号.
第3章　北野収・竹島祐幸（2004）「地域における内発的循環型社会の形成過程：山形県長井市レインボープランを事例として」『開発学研究』14巻3号.
第4章　北野収・谷河美香（2007）「地域づくりと多面的機能発揮におけるキーパーソンの役割―兵庫県小野市きすみ野地区の事例から―」『人間科学研究』

4号.

第5章　小笠原有美香・北野収（2008）「千葉県三芳村の有機農業運動における諸問題の位相と展望―参与観察と当事者からの聞き取りを手がかりとして―」『開発学研究』19巻1号.

第6章　北野収（2001）「有機農業者グループ「草の会」にみる新たな混住化社会の形成とその発展」『平成12年度地域経営体制事例調査報告書』㈶21世紀村づくり塾.

第7章　未発表原稿

第8章　未発表原稿

第9章　岩松良実・北野収（2008）「横浜市ふるさと村にみる都市農業公園の存立要件」『開発学研究』18巻3号.

第10章　未発表原稿

第11章　小松雅史・北野収（2007）「援助におけるノーマル・アクシデントとその帰結としての資源分配の非対称性―ＮＧＯによるインドネシア村落開発事業を事例として―」『開発学研究』18巻2号.

第12章　北野収（2002）「農村計画における「場所」と「空間」―史的唯物論からのオルタナティヴな視点―」『農村計画学会誌』20巻4号.

結び　書き下ろし

　各章の著者表記については，既発表の共著論文をベースとしたものは，編者との共著扱いに，未発表の学生論文をベースとしたものは学生の名前のみとした．各章の記述における事実関係は，初出論文のための調査時点のものである．学生論文が中心であるが，内容と体裁の両方において，編者はできるだけの確認と調整をしたつもりである．いずれも，相当・相応の修正を行っており，この点に関しては既発表論文と未発表論文との間に優劣や違いはない．本書の内容や記載事項に誤り，不適切な箇所があるとすれば，その全責任は指導教員であり，編者である私が負うべきものである．読者の方々のご指導，ご批判を仰ぎたい．

　本書に込められたもうひとつのねらいは，本書を生み出す原動力となった「対話型教育」の意義と可能性について，広く一般社会（とりわけ大学関係者）と問題共有を行うことである．ゼミ生との共同作業の詳細については，「結び」を

ご一読いただきたい。最後までお読みいただければ，本書がある種の「教育実験」のアウトプットであり，地域づくりに関する専門書であると同時に，FD（ファカルティ・デベロップメント）本としての性格を併せ持っていることに気付いていただけると思う。

　本書を「つくる」にあたって，非常に多くの方々にお世話になった。お名前や団体名をあげることができないのが残念だが，学生の現地調査を受け入れていただき，親切に暖かくご指導して下さったすべての方々にお礼を申し上げなければならない。設立されたばかりの農林統計出版の川辺眞一さんには，新会社立ち上げの極めて多忙な最中に，本書の出版をお願いすることになってしまった。川辺さんと最初にお会いしたのは筆者がまだ農工大の院生だった頃，ある身内の勉強会であった。農林水産省勤務時代は農業白書の出版でお世話になった。20年以上にわたる細くて長いお付き合いだが，こうして，国内事例を中心とした地域づくりに関する書物を川辺さんに手がけていただけることに心から感謝している。営業担当の稲村亮さんにも，財団（農林統計協会）のときから，引き続きお世話になっている。校正については，岡本進さんのご助力をいただいた。

　最後に，本書の共同執筆者たちに感謝する。8人の執筆者だけでなく，歴代のゼミ論集に名を連ねたすべてのゼミ生にもお礼をいいたい。本書に名を連ねたのは8人だが，それぞれの研究はその当時のメンバーとの議論や共同作業のプロセスを経て生み出された成果である。また，第11章の執筆と現地調査には，石黒秀典君の多大なる協力を得た。記して謝意を表したい。

　ゼミ活動を通じていろいろなことを教えられた。皆さんと過ごした7年間は，私の開発観と教育観に多大な影響を与えた。皆さんとの「学び」の成果を，ささやかな書物として上梓し，読者の方々と広く共有できることに感謝したい。

2008年4月

窓越しに玉川上水の新緑を眺めながら

北野　収

目　　次

改訂普及版によせて……………………………………………………………… i
はしがき…………………………………………………………………………… iii
序　本書のねらいと各章の解題…（北野　　収）…………………………… 1

第1章　地域の発展を考える3つの視点…（北野　　収）…………… 9

1．はじめに………………………………………………………………… 9
2．地域の概念とその発展を規定する「3つのE」………………………10
3．プロセスとしての開発論を考えるための3つの視点…………………12
4．おわりに…………………………………………………………………21
考えてみよう…………………………………………………………………23

第2章　地域づくりにおける住民参加の意義…（北野　　収）………27

1．はじめに…………………………………………………………………27
2．地域住民と外部者の有するリアリティの相違と問題共有の困難性……28
3．「参加」概念の検討………………………………………………………30
4．参加の便益と費用………………………………………………………34
5．おわりに…………………………………………………………………36
考えてみよう…………………………………………………………………37

第3章　内発的循環型社会形成の学習プロセス
　　　　―山形県長井市レインボープランを事例として―

…（竹島　祐幸・北野　　収）……………39

1．はじめに…………………………………………………………………39

2．地域づくりにおける「組織・制度化」とキーパーソン……………40
 3．レインボープランの概要とその背景・思想……………………………41
 4．学習過程アプローチ論とレインボープランの形成過程…………43
 5．内発的地域づくりにおけるキーパーソン……………………………52
 6．おわりに……………………………………………………………………52
　考えてみよう…………………………………………………………………53

第4章　地域づくりと多面的機能発揮におけるキーパーソンの役割
　　―兵庫県小野市きすみの地区の事例から―

　　　　　　　　　　　　…（谷河　美香・北野　収）……………55
 1．はじめに……………………………………………………………………55
 2．本章における「キーパーソン」論の位置づけ………………………56
 3．小野市ときすみの地区の概要……………………………………………57
 4．きすみの地区における各種活動の展開過程…………………………59
 5．分析と考察…………………………………………………………………69
 6．おわりに……………………………………………………………………80
 7．きすみの地区のその後……………………………………………………80
　考えてみよう…………………………………………………………………81

第5章　有機農業運動のパイオニアにみる運動の持続性の条件
　　―千葉県三芳村の有機農業運動の事例から―

　　　　　　　　　　　　…（小笠原有美香・北野　収）…………85
 1．はじめに……………………………………………………………………85
 2．方法論………………………………………………………………………85
 3．運動と経営のジレンマという命題……………………………………86
 4．有機農業運動の源流と背景………………………………………………88
 5．三芳村の概要と有機農業運動……………………………………………89

6．聞き取りから認識された問題点……………………………………91
7．荷降ろし同行調査の結果と所見……………………………………93
8．退会した生産者の意見の要点………………………………………94
9．分析と考察……………………………………………………………96
10．おわりに……………………………………………………………98
考えてみよう………………………………………………………………101

第6章　有機農業グループの活動と新たな混住化
　　　―群馬県倉渕村の事例から―…（北野　収）……………… 103

1．はじめに…………………………………………………………… 103
2．開発の谷間としての倉渕村……………………………………… 104
3．地域農業の概要…………………………………………………… 105
4．倉渕村における有機農業の展開………………………………… 105
5．現状の活動内容とその効果について…………………………… 108
6．本事例が示すインプリケーション……………………………… 112
7．おわりに…………………………………………………………… 118
考えてみよう…………………………………………………………… 119

第7章　過疎山村における多様なリアリティが示す地域づくりの姿
　　　―島根県浜田市S町の事例から―…（諏訪あす菜）……… 123

1．はじめに…………………………………………………………… 123
2．本章の目的………………………………………………………… 124
3．方法論と構成……………………………………………………… 124
4．地域および各種施策の概要……………………………………… 125
5．住民インタビューの結果………………………………………… 133
6．おわりに－本当の「まなざし」を求めて……………………… 151
考えてみよう…………………………………………………………… 153

第8章　「ユニバーサル交流」にみる開かれた都市農村交流の可能性と存立条件　…（遠藤　健）…………… 157

1．はじめに………………………………………………………………… 157
2．目的と方法論…………………………………………………………… 158
3．主要概念の整理………………………………………………………… 158
4．調査した7事例の概要………………………………………………… 164
5．「ユニバーサル交流」関係者自身の学び・意識化………………… 174
6．おわりに………………………………………………………………… 177
考えてみよう………………………………………………………………… 179

第9章　都市農業公園の存立条件—横浜市ふるさと村の事例から—
　　　　　…（岩松　良実・北野　収）………… 183

1．はじめに………………………………………………………………… 183
2．本章における都市農業公園の概念…………………………………… 183
3．横浜市の農業概況と農政……………………………………………… 184
4．寺家ふるさと村の背景と現状………………………………………… 190
5．舞岡ふるさと村の背景と現状………………………………………… 194
6．考察……………………………………………………………………… 200
7．おわりに………………………………………………………………… 202
考えてみよう………………………………………………………………… 203

第10章　ドッグランにみる行政・愛犬家・住民の関係性
　　　　　—「共益」から「公益」の創出のシナリオ—…（澤井麻樹子）… 207

1．はじめに………………………………………………………………… 207
2．ドッグランとは何か…………………………………………………… 208
3．ニューヨーク・マンハッタンにおける「行政・住民協働」型ドッグラン

の事例………………………………………………………………… 212
　4．東京近郊の3事例にみるドッグランの現状………………………… 216
　5．考察……………………………………………………………………… 230
　6．おわりに－「共生」実現のためのシナリオ………………………… 232
　考えてみよう………………………………………………………………… 234

第11章　村落開発支援におけるノーマルアクシデントとその帰結
　　　　　―ＮＧＯによるインドネシア村落開発事業を事例として―

　　　　　　　　　　　…（小松　雅史・北野　　収）………… 237
　1．はじめに……………………………………………………………… 237
　2．分析の視点と仮説……………………………………………………… 238
　3．プロジェクトの展開過程と現在までの成果………………………… 239
　4．分析と考察……………………………………………………………… 249
　5．おわりに……………………………………………………………… 252
　考えてみよう………………………………………………………………… 254

第12章　地域づくり，農村計画における「場所」と「空間」，
　　　　　地域での実践の意義…（北野　　収）………………… 259

　1．はじめに……………………………………………………………… 259
　2．都市と農村の関係を理解するための史的パースペクティヴ……… 259
　3．テンニース，ウエーバー，シカゴ学派社会学，ネオ・マルクス学派の空
　　　間政治経済理論……………………………………………………… 260
　4．「場所」としての農村，「空間」としての農村……………………… 263
　5．経済発展に伴う「場所・空間」矛盾の顕在化……………………… 267
　6．農村のもつ環境的（非経済的）役割への意識の高まりと
　　　「場所・空間」論 …………………………………………………… 268
　7．おわりに－プランニングの新しいパラダイムの構築に向けて……… 270

考えてみよう………………………………………………………………… 272

結び　学生の潜在能力と対話型教育
　　―この本はどのようにして生まれたか―…（北野　　収）………… 279

　1．はじめに……………………………………………………………… 279
　2．人文・社会系の学生教育における「研究」の意義……………… 280
　3．筆者が「対話型教育」に出会うまで……………………………… 282
　4．「対話型教育」と潜在能力 ………………………………………… 283
　5．第1期生での手ごたえと見出された課題………………………… 285
　6．実際の学習プロセスの説明………………………………………… 287
　7．インプリケーション………………………………………………… 303
　8．内発的発展と教育研究……………………………………………… 308
　9．おわりに……………………………………………………………… 309

索引………………………………………………………………………… 315

序

本書のねらいと各章の解題

北野　収

　「共生」とは21世紀のキーワードの1つだが，そこには，人と自然，都市と農村，消費者と生産者，健常者と障害者，富める者と持たざる者，異なる価値観をもつ多様な人々，人間と動物など，さまざまな次元の「共生」を設定することができる[1]。異なるものを排除せず，違いを認め尊重し合い，相互の福祉の増大が図れる関係を築くことが「共生」だとすれば，その検討において，「関係性」というキーワードは非常に重要である（尾関　2006）。したがって，物質の循環を明らかにする生態学的なアプローチや双方の便益を貨幣価値として捉えようとする経営・経済学的なアプローチだけでなく，「関係性」に着目した人間科学的なアプローチから地域づくりや開発の問題を考えることも有用である。

　本書は，主として，地域づくりの現場で「共生」の実現に取り組むさまざまな取り組みを事例として取り上げ，「人間・学び・関係性（ネットワーク，コミュニケーション）」の観点から，分析・考察するものである。総合人間科学として，地域づくりにおける「共生」実現の方途を考えるための，複数の視座を提供することがその目的である。

　全12章に収められた論文は，基本的には独立した論文であり，元から相互の関係を念頭において書かれたものではない。掲載論文の多くは，編著者と学生との共同作業の成果である。本書は，基本的には，論文集としての体裁を採りつつも，共通の問題意識とキーワードという紐帯で結ばれているのである。各論文は政策研究論文ではない。分析対象は政策ではない。議論されているのは特定の地域や産業をどうするかということではない。どのような「関係性」の類型があるのか，それによってどんなメリット・デメリットが想定できるのか，

それを成立させているのは誰か，こういった疑問をそれぞれの事例から読み解き，地域づくりを建設的な営為たらしめるための基本的な含意を探ろうとするものである。

　第1章（北野）は，総論としての理論的考察である。今日，国内外の地域開発の分野で注目を集めつつある「プロセスとしての発展論」について，グローバル化時代における持続可能な発展という視点から，より包括的・総合的な解釈を付与することを目的としている。章題にある「3つの次元」とは，①民衆中心の開発ビジョンに基づく住民の役割を再検討し，開発を彼らの潜在能力の開発プロセスで捉える次元，②市民セクターを経済社会における第3のセクターとして位置づけ，開発を新たな市民社会の構築に向けた社会変換のプロセスとして捉える次元，③資本移動と蓄積に伴う地理・政治・経済的空間の不均等発展のプロセスにおける動態的な「状態」としての地域の不安定性のなかで地域の開発を捉えるという次元，である。本章で導き出された結果は，地域の開発には社会・制度・人的資源の側面がきわめて重要であるという認識であり，本書のねらいとも合致するものである。

　第2章（北野）は，第1章の補論的な意味合いを有する理論的考察である。今日の地域開発・地域づくりにおいて，「住民参加」「市民参加」は，大前提であり，ある意味においては一種のイデオロギーとなり，別の意味においては言葉だけが独り歩きしている感がある。したがって，「なぜ住民（市民）参加が必要とされるのか」について，冷静に整理してみることはきわめて有益である。筆者のもともとの専門である開発（社会）学の分野の立場から，参加についての概念的整理を行い，日本での地域づくりにも通じる普遍的かつ積極的な「住民参加」の視点を見出そうとするものである。地域づくりに関わろうとする外部者と地域住民との間には，常に，「バイアス」「リアリティ」をめぐる認識論的な矛盾が存在し，共通の視座に立って活動を共にすることには，困難がつきまとう。こうした問題の共有と克服のための相互学習の「場」が必要となる。結論として，「参加」概念に，単に住民の声を何らかの形で事業に反映させることにとどまらない，より積極的な解釈を見出すことが可能となるのである。後続のいくつかの章において，住民参加の実例が紹介されるが，その実態が本

章におけるどの参加形態に該当するかを考えてみることも重要である。

第3章（竹島・北野）からは事例編となる。本章では，山形県長井市の地域ぐるみの有機物循環システム（レインボープラン）の形成過程における組織・制度づくりおよび社会学習について考察する。同市では，1980年代より，有機物循環システムづくりへの取り組みが，地元の住民・農民リーダー有志の発案によって始まり，その後の過程において行政は，ワークショップ，視察，試験研究，その他により，有機物循環システムづくりのための啓蒙と実際の支援を行ってきた。現在では，農家が有機農産物を学校給食を含む地元市場に供給し，住民は生ゴミを肥料として農業に還元する仕組みが確立されている。筆者らは，分析的視点として，デビッド・コーテンの学習過程アプローチ論を採用して，この有機物循環システムの組織・制度化の過程を検討した。その結果，循環システムの形成の各段階において，それぞれ学習の重点に変化がみられることが明らかになったとともに，キーパーソンともいうべき特定個人が，このなかで重要な役割を果たしたことが分かった。これらは，分析的視点としての学習過程アプローチ論の有効性と相まって，有益な示唆となるはずである。

第4章（谷河・北野）は，農地造成と希少生物の保護という二律背反的な状況から，いかにして農地造成と生物の生息地の確保が両立されたか（厳密には両立といえない面もある），そして，そこから新しい環境教育の取り組みや特産品開発などの「地域づくり」へ発展的に展開したのか，について兵庫県小野市の事例から検証する。結論は3人の「キーパーソン」たちの存在である。内発的発展論によれば，地域内におけるボランタリーなネットワーキングの発生と動機づけのプロセスの展開に重要な役割を果たす特定個人は「キーパーソン」と定義される。本事例では，圃場整備工事から環境教育や特産品開発を含む地域づくり活動への展開がみられた。そこにおける3人のキーパーソン（農家代表，地元教師，外部機関の生物学者）の「仕事」と相互の「つながり」が，農業の多面的機能である教育や地域社会の維持を発揮させ，希少生物資源の保護に関する環境保護運動や特産品の開発と販売による地域経済の活性化を誘発して，地域住民と農民を動かすことになったのである。ボランタリー経済の発生のメカニズムの一例を検証した論文である。

第5章（小笠原・北野）は，日本における有機農業運動のパイオニアの現状と課題を検証した。有機農業運動は，都市の消費者と農村の生産者が直接結びつき，相互に助け合いながら，貨幣的価値と効率性のみに規定された既存の「関係性」を見直そうとするオルタナティヴな取り組みであった。いわば都市と農村の共生を部分的にでも目指そうとした取り組みといえる。千葉県三芳村（合併により現在は南房総市の一部）の生産者グループは1970年代初頭から有機農業による提携活動に取り組んできた。30余年の間の社会経済状況やライフスタイルの大きな変化により，運動内部には数々の課題が提起されている。当事者からの聞き取りと小笠原による参与観察で得た情報から，有機農業運動のパイオニアが抱える問題として，「運動と経営のジレンマ」，ひいては持続的な運動のあり方という命題が見出された。これらは，組織・運動の硬直化，高齢化・世代交代などの問題であるが，運動論としての哲学を継承しつつ，関係者が提携のビジネス面と運動面のバランスをとることが，取り組みの持続性にとって重要であることを示している。

　第6章（北野）は，有機農業が呼び水となり，都会からの脱サラIターン者が移住するという「新たな混住化」現象に着目する。群馬県倉渕村（合併により現在は高崎市の一部）においては，新規就農者と地域の青年農業者の共同による有機農業の生産が盛んであり，これを核として消費者や地域住民との交流や農業後継者の育成・確保に実績が上がっている。ボランタリー集団としての集落横断的な有機農業コミュニティに，新しい地域経営像を探る。見出された注目すべきポイントは，①集団の性質（集落横断型の目的・機能集団としての有機農業グループ），②そこにおけるリーダーシップの質，③活動の発展のプロセス，④外部に対する開放指向の組織運営，の4点であった。

　第7章（諏訪）は，過疎山村におけるIターン現象を手がかりとして，そこにおける多様な住民の認識の差異と社会生活の変化に着目した。田舎暮らしがブームとなり，農山村への移住者，帰農者が増えている。調査を行った島根県の地域（浜田市S町）では，住民の15％がIターン者で占められる。第6章では，Iターンによる「新たな混住化」を促進するインセンティブについて論じたが，地元住民がそれをどのように捉えているかについては，踏み込まなかった。諏

訪の現地滞在は期間からいって十分なものではないが，インタビューを通じて，さまざまな住民から，ある程度の本音を引き出すことに成功した。それを整理・考察することから，諏訪自身を含む私たち「外部者」の視点におけるバイアス，ステレオタイプの存在を認識することができた。

第8章（遠藤）は，障害者と健常者との関係のあり方を考えるために，農山村地域における「ユニバーサル交流」という概念を提示しながら，その現状と展望について論じた。農政当局がいうように，農業・農村が有する便益が社会全体の公益的機能であり，それを維持保全することも，便益を享受することも，社会全体が義務と責任を有することだとすれば，そこに障害者が排除されるべき理由はない。遠藤が着目する「ユニバーサル」という概念は，障害者，外国人を含めた「万人のために」という概念である。数は少ないものの，こうした問題意識をもった先駆的・萌芽的な取り組みが，国内にもいくつか存在する。遠藤はそのなかから7か所を選定し，ヒアリング調査を行った。そこから「ユニバーサル交流」を通じた共生の実現のためのいくつかの含意が得られた。それは，建築・施設面でのバリアフリー化だけでなく，交流やもてなしというソフト面におけるバリアフリー化の重要性，強い使命感を有する個人の取り組みから，地域ぐるみの取り組みへと拡大するための制度的支援策の必要性などである。

第9章（岩松・北野）は，都市における自然と人間の「共生」を扱った論文である。筆者らは，市街地の中，あるいは隣接した地域にある農地や里山を活用した公園を「都市農業公園」と定義する。都市農業公園は，農業生産，景観維持，環境教育などのさまざまな機能を有している。事例として取り上げるのは，大都市でありながら，国よりも早い時期から農地を取り込んだ独自の緑地保全政策を展開してきた神奈川県横浜市である。現在，同市には「ふるさと村」と呼ばれる都市農業公園が2か所ある。この2つの事例の設立の背景やその後の地域内外との連携の取り組みについて，比較検討を行った結果，行政主導で開設された寺家ふるさと村よりも活発な農家の参加とネットワークを確保した舞岡ふるさと村の方が，社会・制度的持続性に関して優越がみられた。

第10章（澤井）は，都市市街地におけるペットの犬，飼い主（愛犬家），一般

住民,行政というアクターの関係と相互のメリットとデメリットを分析することにより,都市部における人と動物,人と人との共存と共生という命題を考察した。具体的な題材としては,近年各地で開設されつつある「ドッグラン」と呼ばれる犬(および愛犬家)のための公園施設を取り上げた。ドッグランの増加の背後には,ペットブームによって増加するペット犬の増加,一部の「愛犬家」の人々のマナーの悪さに対する苦情といったコンフリクトがあった。ドッグランを設置することにより,公共空間である公園内における「棲み分け」(共存)が達成され,愛犬家,一般市民利用者双方のメリットが達成された事例,愛犬家のマナー・モラル向上といった教育啓蒙効果が確認された事例があった。一方で,新たなドッグランの設置をめぐって限られたオープンスペースをめぐり,競合と対立が起きてしまった事例もあった。ドッグラン発祥の地,ニューヨーク市の事例においては,ドッグランの設置により,治安の回復とコミュニティの活性化というまちづくり全体に裨益するメリットがみられ,より積極的な共生関係(犬と人,人と人)が生まれるという重要な示唆を得た。

　第11章(小松・北野)は,インドネシアの援助プロジェクトを取り上げた。第2章で述べたように,住民参加は途上国への国際協力プロジェクトにおいても,必須の条件となってきている。一般的な認識として「住民参加」「エンパワーメント」「開発NGO」などの概念が常に貧者や社会的弱者の立場に立ったよきものであるという風潮がある。しかし,本章において,筆者らはこの認識には重大な落とし穴がある可能性を指摘する。前提は,所与としての情報その他の制約に応じて,合理的に行動する各アクターのコミュニケーションの総体がプロジェクトであるということである。使用した情報は,主に,小松による現地インタビュー調査に基づくものである。リスクマネジメント論におけるノーマル・アクシデント概念を念頭に,①日本のNGOの協力によってインドネシアで実施されたいわゆる住民参加型の農村開発プロジェクト形成と事業地選定の過程,②アクターごとのプロジェクト観の差異,③資源・便益分配の非対称性について検証した。現時点では,特定の団体に関係を有する農民はプロジェクトの便益を享受する一方,それ以外の農民への便益は限られたものとなっていた。このことは,「住民参加とは一体何なのか」という根源的な問題提

起につながる。この問題設定は，途上国援助という文脈に限定するべきではないだろう。NGOや援助機関を，国内の地域づくりにおける行政，農協，大学等に置き換えてみればよい。本章が提起したことに類似した問題がそこに存在しない保証はない。

　第12章（北野）は，まとめを兼ねて，現場目線を鳥瞰的に見渡す「メタ視点」からの理論的整理を提供する。本章の第一義的な目的は，「空間の政治経済学」の弁証法理論を紹介することである。経済的な意味での都市農村連続体説に基づき，都市・農村を含む地域を一つの経済「空間」（space）として捉える。経済活動・資本蓄積の中心（core）と周辺（periphery）へと必然的に空間分化されるが，従来の「都市－農村」というような固定化された従属理論によるものではなく，農産物貿易，企業行動等経済活動の国際化の影響により，絶えず変化しつつある動態的なプロセスとして捉えるべきである。「空間」に対置される概念として，地域の文化，歴史，自然環境，政治組織，地形等に根差し，それらに規定された「場所」（place）という概念がある。経済社会のグローバル化に伴う「空間」と「場所」の矛盾の顕在化に伴い，過疎，貧困，地域経済社会の衰退などの問題が表面化する。空間弁証法理論の地域計画や地域づくりへの応用への展望について所見を述べるとともに，こうしたメタ次元におけるローカルな実践の意義を考える。各章で分析をしたそれぞれの事例を「空間」という文脈に置き換えて，批判的に再評価することも，今後の重要な命題である。ただし，各章での事例分析と本章で述べた見解との理論的整合性が完全に担保されているわけではない。

　結び（北野）は，本書を生み出したゼミ学生と北野とのコラボレーションがどのような問題意識とプロセスを経て，行われてきたかを紹介するエッセイである。内容的には上記事例や理論研究との直接のつながりはないが，読者は別の視点からの類似点・比喩を見出すことになる。それは，「人づくり」とは何かということである。「共生」の実現を目指そうとする地域づくり，地域開発は，単に経済問題や技術的な問題として矮小化されるべきではない。根底にあるのは「人づくり」，すなわち広義の教育である。だから，総合的な人間科学的アプローチが欠かせないのである。

[注]
1）松野の整理によれば，もともと生物学の用語であった「共生」(symbiosis) とは，「寄生」(parasitism) の対置概念であり，共生には双利共生と片利共生の2つがあるという。生態学的には，適者生存の原理（同種の集中・累積，異種の離反）と異者共存の原理（異種間における相互扶助）があるという（松野 2004：3）。さらに，松野も言及するように，イヴァン・イリイチが提唱したコンヴィヴィアリティ (conviviality) 概念も，人々のヴァナキュラー (vernacular, 地域固有の，地域に埋め込まれたの意) な価値規範や生活様式のなかに見出される自立共生・共愉性を指し示すものとして，「共生」に通じる概念であるといえる（松野 2004：3-4；イリイチ概念と地域づくりの関連については，拙書（北野 2008）も参照のこと）。ただし，生物学的「共生」概念の人間社会への単純な援用は，他者の淘汰を引き起こす競争原理や社会ダウィーニズムを容認することにもつながり（尾関 2006：20），注意を要する。こうしたなか，農業とのかかわりを通じて，人と人が共に生きる (live together) という意味での共生概念をきわめて早い時期から提唱してきた高見の思想（高見 1996）は注目に値する。

[引用文献]
［1］尾関周二 (2006)：第1章　共生理念と共生型持続社会への基本視点, 矢口芳生・尾関周二編, 共生社会システム学序説―持続可能な社会へのビジョン―, 青木書店, pp.10-45.
［2］北野収 (2008)：南部メキシコの内発的発展とＮＧＯ―グローカル公共空間における学び・組織化・対抗運動―, 勁草書房.
［3］高見敏弘 (1996)：土とともに生きる―アジア学院とわたし―, 日本基督教団出版局.
［4］松野弘 (2004)：地域社会形成の思想と論理―参加・協働・自治―, ミネルヴァ書房.

第1章

地域の発展を考える3つの視点

北野　収

1．はじめに

　「地域づくりは人づくりから」と形容されるが，1990年代以降，内外の地域づくりに関するあらゆる文脈において，地域における人的資源の側面が注目されてきている。内発的発展（宮本　1998；西川　2000），潜在能力アプローチ（セン　2000），地域固有の発展論（原　1999），「共」の思想（磯辺　2000），民衆中心の発展（コーテン　1995），ボランタリー経済（金子ほか　1998）等のさまざまな文脈で用いられるキーワードに共通しているのは，ローカルの視点とそこに存在する「人間」である。

　本章の目的は，「プロセスとしての開発論」という概念を提示し，その文脈のなかで開発における人的資源および組織・制度的側面の重要性について筆者なりの解釈を行うことである。筆者は3つの異なった次元からプロセスとしての開発論を検討する。第1は，開発の受益者であり本来の開発主体である住民がその潜在能力を発現させるための学習プロセスの側面（開発主体論），第2は，「新しい市民社会」構築のための社会変革のプロセスの側面（社会変革論），第3は，マクロの経済空間における資本移動・蓄積の動的プロセスにおける地域の存立条件に関する側面である（地域動態論）[1]。

　すでに，日本の地域づくりおよび途上国開発のいずれの分野においても，開発における人的資源，組織・制度的パフォーマンスの重要性に関する経験的報告，実証研究がなされており，以下における検討は，このような方向を支持するものである。本章は，開発における人的側面の重要性について積極的な解釈

を付与すべく，新たな地域発展の社会理論の構築に向けた試論である。

2．地域の概念とその発展を規定する「3つのE」

　地域の開発・発展とはいかなることであると理解すればよいのであろうか。それをプランニングするのは，誰であるべきであろうか。まず，地域とは，開発とは何かについて考えてみたい。

　地域とは，その語感からも分かるように，ある一定の空間的な広がりをもった地理的まとまりである。そこには，共通の文化や歴史，institutionとしての組織・制度（慣習，秩序，決まりごと等）が共有される。他方，言うまでもなく，農政など行政・政策上の要請からは，市町村や国境等の政治的境界によって区分された「地域」「地区」が前提となる。しかし，実際の地域とは，これらが混然一体となった形で存在し，とくに日本の農村部では，いえ，むら，集落等がinstitutionとして脈々と生き続けている。英語圏における経済地理学，都市社会学等の分野で，近年，注目を集めつつある空間の政治経済学の立場に立脚すれば[2]，「場所」としての地域のもつ意味は，それを取り巻く上部構造としての外部経済情勢の変化に対応し，刻々と変化するとともに，その影響によりその「場所」に息づくinstitutionとしての地域も必然的に変化を迫られるわけである。以下の定義は，本章において，筆者が念頭におく実態的論理を説明するための最大公約数的な定義に近いものである。すなわち，地域とは「歴史を経て発達した地理的に連続した社会であり，他の地域や領土的単位とは異なる物理的環境，社会経済的，政治的，文化的な環境，および空間構造を有しているもの」（Markusen　1987：17，筆者の仮訳）である。

　後述するように，プロセスとしての開発論では，結果でなくその過程が大切である。しかし，何をもって地域が開発された，発展したと理解すればよいのであろうか。これに関し，筆者は「3つのE」という概念を提示したい。3つのEとは，「経済」（economy），「生態系・環境」（ecology/environment），社会的・政治的な文脈における「公正性」（equity）および「倫理」（ethics）である[3]。いうまでもなく，生産活動を通じた経済的アウトプットを通じた人々の所得の

向上は重要である。分配の問題もこの第1のEに含まれる（図1-1）。第2のEに関しては，次世代に持続可能な資源を保証しながら環境と調和した開発が求められていることはいうまでもないであろう。第3のEである社会的・政治的「公正性」は，基本的人権，政治的主張をする場へのアクセス，政治的な意味を含めた安全保障，ジェンダーへの配慮，良き統治（good governance），広義の民主化（西欧主義に限定しないという意味で）の度合い等にかかわる概念である。これらは，途上国の農村開発の文脈においてとくに配慮しなければならないものである。今日の開発学におけるキーワードの一つであるエンパワーメントもこの第3のEに関する概念である。経済的な意味の結果平等（equality）の概念はここには含まれない。この3つのEは，筆者のイメージする開発の3つの座標軸になり，このなかで，個々の地域の向かう方向性が地域差はあるにせよ3つのEを増大させるようなベクトルとなることが望ましく，そのプロセスにさまざまなアクター・担い手達が参加する必要があるわけである。地域計画，開

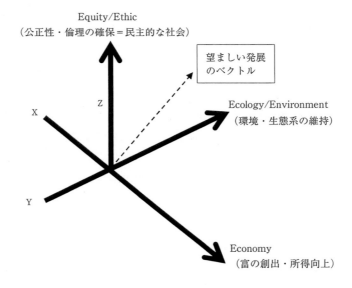

図1-1　地域の発展を規定する「3つのE」

出典：北野（2002b：99）を一部修正

発計画の究極的な目的は，この3つのEのバランスの確保と最大化である。

3．プロセスとしての開発論を考えるための3つの視点

プロセスとしての開発論を提示するにあたって，筆者は，以下において，3つの異なった次元における地域の開発の捉え方を示し，それぞれについて，プロセスとしての開発論がいかに解釈しうるかを検討する。

（1）開発主体論：開発の本来の担い手は誰か

開発・発展の概念については，従来の経済成長中心主義（結果中心主義）から，とりわけ，1990年代以降，人間中心の開発の考え方に移行し，受益者であるべき地域住民の開発プロセスへの自発的な参加がその持続可能性を左右する重要な要素の一つであることが分かってきた（プロセス重視主義）。たとえば，潜在能力アプローチを提唱しノーベル賞を受賞した経済学者センは，開発を「人々が享受するさまざまの本質的自由を増大させるプロセスである」（セン 2000：1，傍点筆者）と定義している。開発行政学のコーテンは「開発（発展）とは，ある社会に属する人々が，（中略）さまざまな資源を活用・管理運営する能力を，個人として，そして制度として向上させていくプロセスである」（コーテン 1995：85，傍点筆者）と定義している。これらの開発観はいずれも第三世界の農村開発での経験から生み出されたものであるが，プロセス重視の地域開発・発展という考え方は，途上国，先進国を問わず地域開発論における有益な示唆となりうるはずである。

筆者は，上述のプロセスとしての開発観を開発主体論として理解する。プロセスとしての開発論においては，参加の概念はとくに重要である。なぜならば，開発のプロセスを経験し自ら学習するのは真の開発主体であるべき地域の人々自身であるからである。参加の概念については，オークレー（1993）らの整理によれば，「手段としての参加」と「目的としての参加」と大別されるほか，開発プロジェクト論の文脈において，計画段階における参加，実施段階における参加，評価段階（終了時および事後）における参加に分類することができる（詳

細は第2章を参照のこと)。もちろん，これは途上国における開発プロジェクトを念頭においた整理であるが，いかなる地域開発の文脈においても有益な示唆を含んでいる。手段としての参加は，事業に住民を参加させているという実績を重視する立場であり，現実的にはこれが実態である場合が多い。これに対し，目的としての参加は，住民が開発の学習プロセスに主体的に参加すること自体が「目的」であるという立場である。後者について，単なる理想論とする向きもあるかもしれないが，ここにおける大前提は，開発の本来の主体・担い手はその恩恵をこうむるべき地域住民自身であり，地域に暮らし，生産，労働する人々自身であるはずであるという思想である。したがって，行政サービス，技術援助・指導，補助事業等は，本来，住民の「開発」活動を支援するためのものであり，開発行為そのものではない。この意味において，住民が外部者の策定した開発に参加するのではなく，住民の「開発」活動に外部者（行政を含む）が参加するという逆転の発想が必要だという論者もいる（チェンバース 1995, 2000)。開発のオーナーシップは住民自身にあるという発想である。図1-2は，逆転の発想について，筆者なりのイメージを図示したものである（図中のセクターの定義は次節を参照のこと)。

　以上の認識に基づいて地域開発論を展開すれば，いかなる地域の発展の姿が想定しうるであろうか。「場所」[4] としての地域に根ざしつつも，空間的に外部に常に開かれた，開放的（open）で，社会・制度的に柔軟性（socio-institutional flexibility）に富んだ存在としての地域像が想起される。そこにおいて，地域に根ざしつつも，独立した目標と仕組みとしての自発性（ボランタリズム）を併せ持った目的・機能集団が，新しい「市民社会」（磯辺 2000），「Civil Society」（Douglass and Friedmann 1998）の担い手として，都市および農村において，果たして地域の「開発」の原動力，そして，そのプランニングの主体となりうるのであろうか。

(2) 社会変革論：3つのセクターと新しい市民社会の構築

　従来，私たちは，当たり前のように，「開発」は政府が行うものと理解するか，市場競争原理の貫徹こそが唯一経済が「発展」する道であると考えてきた。し

かし,「プロセスとしての開発」の主役は,市民社会である(図1-2)。以下,開発における3つのセクターの役割について検討し,市民社会の概念の再定義をする。

私たちの経済社会システムにおいては,さまざまな経済的,非経済的活動が,市場,政府,市民社会の3つのセクターによって営まれている。表1-1は,開発における3つのセクターの特徴を,便宜的に整理したものである。とりあえず,ここでいう開発とは,物質経済的なもののみならず人間的な発展,潜在

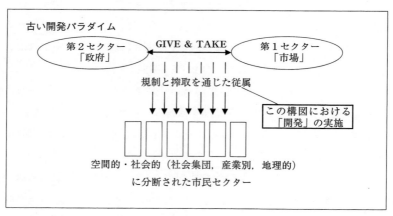

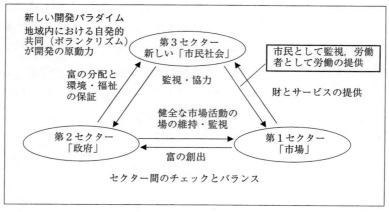

図1-2 開発パラダイムにおける逆転の発想

能力の向上をも包含する最大公約数的な概念としておく。これらの3つのセクターは，それぞれ，固有の行動原理，目的，役割を有し，それら自体が経済社会を形成する要素であるとともに，そこで作用する力学・ダイナミズムとしての機能も有していると考えられる。もちろん，個人のレベルでは，私たち各人は，場所と機会（社会的立場）により，同一個人が，あるときは第1セクター，あるときは第2，第3セクターの構成員として機能するわけであり，この3つのセクターの整理はいわゆるマルクス的階級論とただちにリンクするものでは

表1-1　開発における3つのセクターの長所，短所，特質の整理

	第1セクター 市場	第2セクター 政府	第3セクター 市民社会
キーワード	「私」	「公」	「共」
主たるアクター	大企業	官僚，政治家	地域住民，NPO（NGO），市民グループ
究極の目的	利潤の追求	秩序の維持（本来は国民の福祉と平和）	地域社会の幸福・発展
行動原理	競争	統制	ボランタリズム（相互扶助，隣人愛）
望ましい役割	健全な市場競争による経済の活性化，パイ（富）の創出・拡大	必要に応じた市民セクター支援，企業の行き過ぎた活動を規制，大局的なバランス感覚	積極的な自助努力，政府，企業の行動の監視
陥りやすいパターン	あくなき利潤極大化	腐敗，権益の拡大	財政的，技術的，精神的依存，地元のエゴに陥る危険
これから求められるもの	企業倫理	公正・透明性（説明責任，規制緩和，分権）	意識改革（エンパワーメント，ネットワーキングを通じて）
資金力	大	大	小
技術力	大	大	小
環境配慮性	小（ビジネスに繋がれば「大」）	中（法律の範囲内）	大（目先の利益に走れば「小」）
効率性	大	小	中
柔軟性	大	小	大
公正性	小	中（法律の範囲内）	大（目先の利益に走れば「小」）
活動空間レベル・範囲	グローバル	ナショナル（国民国家）	ローカル（「地域」）

注：1）健全でない市民社会の陥りやすいパターンは（　）内に記した。
　　2）市民セクターの主なるアクターは市民自身であり，NPO・NGOは彼らと政府・企業を仲介するエージェントに過ぎないという理解もできる。

ない。

　第1のセクターは「私」経済, すなわち, 市場セクターであり, 主たる担い手は（大）企業である。利潤の追求を目的として, 競争を行動原理とし, その活動空間は「超」地域的, すなわち, グローバルに拡大しつつある。今日, 世界で猛威を振るう市場原理主義的なグローバリズム, それを支持する新古典派経済学の一部は, 第1セクターの効率性をとくに重視する立場である。しかし, 世界各地で蜂起する反グローバリズム運動, 貧困と環境問題等に象徴されるように,「市場の欠陥」（宮本 1998）が認識されつつある。しかし, 市場セクターの健全な活動なしで, 富の創出はありえないわけで, これをやはり「第1」のセクターとして位置づけることとしたい。

　第2のセクターは,「公」権力, すなわち, 政府セクターである。第1セクターの活動を監視し, そこで創出された富の公平な分配に関与する等の機能を有している。しかし, 旧計画経済諸国の崩壊, 日本における公共事業や政府開発援助（ODA）が抱えるさまざまな問題等に象徴されるように,「政府の欠陥」（宮本 1998）を監視する必要性が叫ばれている。

　第3のセクターは,「共」のキーワードに代表される市民社会である。これは, 磯辺（2000）やコーテン（1995, 1997, 2000）が主張する自発性（ボランタリズム）を行動原理とし, 伝統的な共同体・コミューンと成熟した近代的な市民社会としてのコミュニティの双方の性質を包含, あるいは両者を融合した「新しい市民社会」として, 地域における経済的, 非経済的活動（すなわち, 開発・発展にかかわる活動）の本来の主体としての機能を担うものである。理想論としては, 第1セクター, 第2セクターの活動を監視していくことが求められている。第3セクターの目的は, 地域社会（ここでは, コミュニティおよびコミューンの双方を念頭におく）の発展（経済面, 環境面, 福祉面）である。活動空間は, むろん, ローカルな範囲に過ぎないが, 地域間のネットワーキングや対話といった活動を通じて, 活動空間面における短所を克服することも可能である。現実には, 市民社会セクターには, 都市住民, 農村住民, 勤労者, 自営業者, 農業者, さらには, 少数民族, 外国人など, きわめて多種多様な人々が包含される。互いに利害や立場が異なる人々が同居するなか, 社会的多様性（social diversity）を認

めつつ,いかに成熟した市民社会を地域に再構築するかが課題となる。とくに,日本など先進工業国の文脈において,農村における社会的多様性の確保は,重要な課題である。途上国の文脈においては,社会的・政治的公正性（上述の第3のE）の確保が課題となろう。

いささか,抽象的な理念論に終始するが,この3つのセクターは,いずれも経済社会の構成要素であり,三者の相互補完および監視のバランスが重要である。この視点に立てば,プロセスとしての開発論は,磯辺（2000）らが主張する「新しい市民社会」構築のための運動のプロセスとして,すなわち,社会変革論として理解することが可能である。マクロ的視点の社会変革論とミクロ的視点の開発主体論は,表裏一体の関係にあることはいうまでもない。

（3）地域動態論：複雑系的地域観と人的資源の重要性

本節では主として経済的な発展に絞って議論を進める。それぞれの地域の発展の方向を規定する要因は,たとえば,新古典派経済地理学の立地モデルが示すような単純かつ直線的なものではない。自然および経済的立地条件のみならず,歴史,社会,政治的等さまざまな要因が複雑系的に絡みあい,地域の進むベクトルを規定しているのである。したがって,地域は絶えず変化し続ける動態的な「状態」である。筆者はこれを地域動態論として理解する。そのなかで,人的資源は開発のプロセスを規定する重要な要素の一つである。本節では,地域の発展を規定するさまざまな要因について考察し,そのなかで人的側面をいかに位置づけることができるか考えてみる。また,地域の発展を規定するさまざまな要因が錯綜する複雑系的世界観における動的プロセスという文脈のなかで,プロセスとしての開発を再定義する。

地域の発展の経路は内的要因と外的要因の双方によって規定されると考えることができる（表1-2）。

まず,内的要因として,自然地理的条件（地形,植生,気象等）,資源の賦存状況,歴史・風土・文化,そして,人的資源と制度・組織があげられる。最初の二者については,改めて論ずるまでもないであろう。自然地理・立地論的な意味において,すべての地域が均一なわけではない。むしろ,現実はきわめて

表1-2　地域の発展を規定する諸要因の分類

	内的要因の例	外的要因の例
普遍的	①地域住民が普遍的に有する潜在能力，②地域固有の制度・組織，歴史・風土	①マクロ的政治経済社会「環境」，それら「環境」の変化の速度
（分類不可能）	③自然地理（地形，植生，気象），④天然資源の賦存状況	②経済立地条件（交通，情報等インフラの整備状況，立地上の比較優位）
偶発的	⑤良質なリーダーシップを備えたキーパーソン，⑥外部との政治的つながり	③当該地域を他地域と差別化する政策的インセンティブ（合理的，中立的，恣意的なもの全て），④地域経済発展に貢献する企業等の立地の有無

出典：北野（2002b：102）を一部修正．

不均等であり，これが地域の個性を物理的に形成する一つの源泉となっている．歴史・風土・文化が，地域固有の発展様式を形成する重要な要因であることはもちろん否定しない．しかし，筆者がより注目するのは，開発における人的資源と組織・制度の役割である．人的資源について，筆者は2つの視点を提示することとしたい．普遍性と偶発性である．まず，普遍性の視点からは，地域住民の有する知識（people's knowledge）や潜在能力（capability）を積極的に評価する立場（チェンバース　1995，2000；コーテン　1995；セン　2000など）を擁護することができる．地域住民の潜在能力を評価する考えは，ある意味で普遍論である．本来，住民は無知な存在ではなく，永年の経験や勘に培われた知識に立脚し，地域における問題，真の開発ニーズ，そして解決方法を一番良く知っているのはほかならぬ地元の人々であるという考え方である．たとえば，チェンバース（1995：149-150）は，途上国の開発の文脈で以下のように述べている．

「アウトサイダー達のもっている近代的科学知識は，富や権力，名声といった要素と結びついているため，彼らは，農村の人々の知識を見下したり，無視したりするようになる．（中略）しかし，農村の人々の知恵というものは，アウトサイダーの知恵よりも優れたものであることが多い．」

日本においては，とりわけ，途上国と比べて，教育・文化の面で都市部と農村部のギャップが著しく小さいことから，農村部の人々の潜在的能力はすでに

きわめて高い段階に開発されているものと考えることができよう。地域固有の組織・制度も，人的資源に密接に関連した重要な内的要因として理解することができる。

偶発性の視点からは，ある種の人的資源の賦存状況の地理的偏りの問題を指摘することができる。たとえば，日本におけるむらづくり，まちおこし等の事例において，良質かつ強力なリーダーシップの存在が，（政治的つながりを含む）外部との連係の開拓・拡大，むらづくり等のアイデアの提供，さらには，地域社会の活性化において重要な役割を果たしていることが報告されている（Kitano 2000）。このような個人はキーパーソンと呼ばれる（宇野・鶴見編（1994））。日本においては，一般に，このような個人は自治体や農業協同組合の長あるいは職員である場合が多い。同様に，途上国においては，宗教的指導者，大学教授などが地域づくりのキーパーソンとなる場合もある。しかし，すべての地域が強力なリーダーシップをもつ人材を擁するとは考えにくい。この種の人材の有無および分布は，偶発的なものと考えることができる。地域の自然地理等の条件および人的資源における普遍性と偶発性の視点は，地域の発展における「QWERTYモデル」（絵所 1997：193-195）的な世界観を提供する[5]。つまり，地域の発展は，所与の規定要因である自然地理的な条件（これに後述の交通立地条件等の外的要因が加わる）に立脚しつつも，偶発的な内的要因によっても大きく影響されるということである。したがって，各地域は，グローバル資本主義下において，絶えざる地域間・国家間競争にさらされ，地理的不均等性を内包した発展経路を辿ることを余儀なくされるが，ここでは新古典派経済学者が主張するような完全競争が働くのではなく，偶発的な要因にも左右されるということである。同時に，これは現実にはすべての地域が等しく経済的繁栄を享受することができるものではないことも暗示しているのである。また，この種の人的資源は後述する外部からの資源の入手可能性に密接に関連するのである。

次に，外的要因について検討してみたい。まず，大前提としてのマクロ的な経済社会政治的「環境」の情勢と変化の方向性およびその速度があげられる。そして，上述の自然地理的条件に対応して，経済地理的条件があげられる。生

産地あるいは観光地としてのある「地域」の交通立地面での条件である。市場への物理的な距離だけではなく，道路，鉄道の整備状況，市場情報等へのアクセスの容易さ，情報インフラの整備状況等もこの範疇に含むことができる。これら自然地理的条件への人的働きかけにより，ある程度まで不利な条件を有利な条件に転換することが可能となる。また，経済活動の種類によっては，立地上のニッチとして，その地域の経済活動に付加価値を付与する場合もありえよう。たとえば，辺境の地がかえってグリーン・ツーリズム，エコ・ツーリズムの客を惹きつける場合などである。この経済地理的条件を偶発的なものとして理解するか，ある程度，普遍的なものとして理解するかは，注意を要する（表1-2においては便宜的に「分類不可能」とした）。それは，次に述べる外部からの資源（資本，財政資金，技術，人材，情報等）の入手可能性に関連するからである。

　交通立地条件（交通インフラ）の整備には資金が必要である。同様に，農林業の生産基盤の整備には，通常，公的資金が補助金として投入される。日本では，民間の企業が農村に立地するに際しても，資本が必要であり，税制優遇措置等の政策的なインセンティヴが講じられている場合が多い。これらの配分に関する意思決定は，行政，民間企業を問わず，組織すなわち人間によって行われる。もちろん，この意思決定が地域の開発ニーズと客観的な状況を踏まえた公正かつ合理的な選択として行われるにこしたことはないが，現実の人間社会では，複雑な政治・社会的要因によって，決定されることも少なくはないであろう。たとえば，国家の地域開発計画における戦略的意思（strategic intent）に基づく重点投資の対象として特定地域が選択された場合，あるいは，特定の政治家と特定の地域との結びつきにより，事業が採択された場合などである。地域経済の発展に重要な役割を果たす企業の立地も外的要因の一つであるが，立地選択の決定には，天然資源の賦存状況，経済立地条件，政治的つながり，政策的インセンティヴ等のさまざまな要因が影響している。いずれにせよ，これらは，地域の人々の潜在能力とは全く異なった次元で，地域の発展の経路を左右しうる強力な要因となるものと考えられる。

　最後に，地域の発展の時系列的視点について言及しなければならない。筆者は，地域の発展とは単なる特定の時間・瞬間における静時的な結果（静態論）

として把握するのではなく，常に資本主義の空間的ダイナミズム（経済活動のグローバル化，産業構造の変化，消費者の嗜好の変化，市場競争による創造的破壊等）によって，刻々と変化し続ける動的プロセスとして理解すべきとの立場を採りたい（北野　2002a）。見方によれば，地域およびそこにおける営為そのものが「商品化」を余儀なくされ，常に消費の対象として存在せざるをえないということになる。今日の繁栄が未来永劫続くわけではないのである。このようなマクロ的観点からも，開発におけるプロセス重視主義を支持することができる。

　これらのことから，各地域は上記諸要因に影響されつつ，上部構造としての資本主義下における普遍的な経済空間ダイナミズム，究極的には，経済社会のグローバル化に規定されつつも，下部構造としての地域固有の発展ダイナミズムとの両者間のせめぎあいのなかで，各地域が発展の経路を模索しているという二元的な世界観に立脚することができる。そして，グローバル化の影響を不均等に受けつつも，地域が発展していくために，そこにおける人的資源および組織・制度に注目することが重要となってくるのである。

4．おわりに

　以上，3つの異なる次元からプロセスとしての開発論を検討し，関連して市民社会，人的資源，組織・制度等の概念の再解釈についても言及した。ポイントは以下の3点である。①開発・発展の定義の再構築と新たな社会変革のビジョンが必要である。②開発（ここでは，地域づくりと読み替えることも可）における人的・組織的側面の重要性は経験的研究の立場のみならず，実践面におけるパラダイム変換という観点からも正当化することができる。③さらには，地域の潜在能力という観点から，地域固有の組織・制度，合意形成におけるリーダーシップなどの検討が重要となろう。

　結論として，プロセスとしての開発論においては，地域の人的資源，組織・制度などが重要な意味をもつ概念となる。開発学の分野で，農学・工学等の技術分野，および狭義の経済学だけでなく，政治学，社会学，人類学などの知見も交えた学際的アプローチの必要性が認識されて久しいが（チェルネア　1998

等），上記のプロセスとしての開発論の検討および再解釈もこの方向を支持するものである。筆者が注目するのは，地域の潜在能力（capability）としての地域社会の資質とこれに関連したソーシャル・キャピタル論[6]，および，それを引き出すリーダーシップの有無とその質であるが，これらに関する議論は章を改めて行うこととしたい。本章が示したものは，あくまでも抽象的な理念論の検討に過ぎないが，このような検討と事業の計画実施状況，住民参加のプロセス，エンパワーメントの内容といった各論の実態把握と分析とを結び付けることで，地域の開発について，よりよい理解が得られるのではないであろうか。そしてこのことは，具体的には，まちづくり・むらづくり，地域経営，環境保全，コミュニティ開発等のさまざまな文脈で議論されるはずである。

　本章において，筆者が念頭においているのは，新たな市民社会の構築という社会変革（social transformation）のビジョンである。もちろん，実態論を踏まえない単なる机上の空論には何の意味もない。また，筆者自身，地域の現場において，開発主体としての地域住民，住民参加，エンパワーメント等の「きれいごと」のみで，問題が解決するものではないことは承知している。むしろ，筆者の企図するものは，実態論の新たな分析的枠組み構築のための素材の検討であり，社会理論は理論のために存在するのではなく，あくまでも実態の把握のための道具（ツール）として存在するということが筆者の立場である。

　では最後に，本書のタイトルにもある「共生」の実現に向けて，上記で得られた知見はどのようにかかわってくるのであろうか。尾関（2007）は，共生型持続社会への理念として，「共生的公共圏」という概念を提唱する。尾関は，ハーバマスらのいう「市民的公共圏」が所詮ブルジョア的市民を念頭においたもので，共同体という視点が希薄であったなどの批判を踏まえ，開放的な新たな共同体（共生的共同体）の構築を前提とした市民社会を想定している（2007：38-42）。この「共生的共同体」論と磯辺（2000）の「新しい市民社会」論との整合性の詳細を論じる余裕はないが，少なくとも，この議論は本章でみた，開発主体論および社会変革論にきわめて親和的である。一方，生態学的な意味での共生概念は，「「安定した閉鎖系」のイメージよりも，むしろ，相手に絶滅をもたらさないことを前提にしたうえで，抗争，相互干渉，捕食関係をも含みつつ，

お互いに支えあって生きているプロセスとしての「共生」のイメージが強い」（尾関　2007：19）というように，まさに，地域動態論的な世界観を提供する。開発主体論・社会変革論が「共生」の実現に向けた価値志向を含んだ視点であるのに対して，地域動態論は価値実現のための実践が規定されざるをえないという生態学的視点（そこでは弱肉強食の図式は排除されない）だといえる。目指すべき価値志向とそれを規定するマクロ/メタ・レベルの政治・経済・文化的要因の相克という構図を絶えず念頭におきながら，ミクロ・レベルでの地域づくりの実践を考えていくことも重要である。

> **考えてみよう　［第1章］**
> 1．地域づくりが結果（特に経済指標，人口指標）だけで語られることが多いのはなぜか。これを勉強に例えて，「各人なりに努力するプロセス」と「結果」（点数，偏差値，合格先）のそれぞれが持つ意味について考えてみよう。
> 2．表1-1の3つのセクターをジャンケンに例えて，それぞれのセクターの長所・短所を考えて，自分の言葉で説明してみよう。
> 3．プロセスとしての開発と「地域の商品化」を通じた開発の違いについて考え，自分の言葉で説明してみよう。

［注］
1）ここで，列記したキーワードがその主張において，必ずしも整合的なものではない。たとえば，原（1999）が依拠する文化人類学的な地域固有の発展論とセンが主張する潜在能力アプローチにおいても対立点があると思われる（佐藤　1999）。
2）地域を，固有の歴史，文化等に根ざした「場所」（place）と，経済活動，すなわち資本蓄積の地理的行動の観点から，これらの場所を広大な一つの経済「空間」（space）の一部とみなし，経済のグローバル化等による地域間の不均等発展を分析することにより，資本主義的生産様式における「場所」と「空間」の諸矛盾として理解しながら，過疎，貧困，スプロール化等の現実の諸問題に接近しようというアプローチである（北野　2002a）。
3）豊田（2002）は，地域開発政策を持続可能なものとするために必要な要素として，エコロジー，エコノミー，エシックスの3つのEをあげている。筆者は，これに全面的に同意するものであるが，本章においては，オルタナティヴな経済社会の構築

のための社会変革の視点をより意識した立場から，このキーワードを用いることとしたい。

4）空間の政治経済学における場所とは「経験的な概念であり，そこには，その土地固有のアイデンティティと風土（genius loci）が反映されている」概念である（北野　2002 a : 267）。

5）パソコンのキーボードは上段左からＱＷＥＲＴＹとなっているが，ポール・デーヴィッドによれば，この配列が今日一般化したのは，それが機能的に最も優れたものであったからではなく，たまたま，1890年代のアメリカでこの配列のタイプライターを販売する企業からあるタイピスト学校がタイプライターを購入し，その卒業生を採用する企業が効率性の観点から同じメーカーのタイプライターを使用し始めたことがきっかけとなり「規格化」が図られたという（絵所　1997：193-194）。つまり，自由放任経済下において，技術力，効率性，資源の賦存状況等による純粋な競争原理が働くものではなく，「偶発性」と「歴史性」に影響されるものであるということである。

6）地域・集団における規範，ネットワーク，信頼等をソーシャル・キャピタル（以下「ＳＣ」と記す。）とみなし，地域の持続的な発展（狭義にはプロジェクトの成功）の基盤となっているのではないか，との主張がなされている。従来の社会資本(social overhead capital：SOC）が開発のハードウェアとなる道路，港湾，空港，上下水道，公園等の公共インフラを指すのに対して，ＳＣは目にみえない開発のソフトウエアともいうべき，地域・集団における規範，ネットワーク，信頼を指す。一般に，ＳＣが豊富であれば，その地域はより発展する（狭義的には開発プロジェクトが成功する）ポテンシャルが高いと考えられるが，その定義には諸説ある。規範，ネットワーク，信頼といったものは，ＳＣという言葉をあてはめるかは別としても，集団の行動パフォーマンスや発展に必要不可欠なものであり，地域としての潜在能力に関係してくる概念である。social capitalの概念については，Dasgupta and Serageldin（2000），佐藤編（2001）を参照せよ。

[引用文献]

［１］磯辺俊彦（2000）：共(コミューン)の思想―農業問題再考―，日本経済評論社.
［２］絵所秀紀（1997）：開発の政治経済学，日本評論社.
［３］宇野重昭・鶴見和子編（1994）：内発的発展と外向型発展―現代中国における交錯―，東京大学出版会.

［４］オークレー，ピーター．(1993)：「国際開発論」入門—住民参加による開発の理論と実践—，築地書館．
［５］尾関周二（2007）：共生理念と共生型持続社会への基本視点，矢口芳生・尾関周二編，共生社会システム学序説—持続可能な社会へのビジョン—，青木書店，pp.10-45.
［６］金子郁容・松岡正剛・下河辺淳（1998）：ボランタリー経済の誕生—自発する経済とコミュニティ，実業之日本社．
［７］北野収（2002ａ）：農村計画における「場所」と「空間」，農村計画学会誌，20(4)，pp.265-275.
［８］北野収（2002ｂ）：プロセスとしての開発論—地域の発展を考える３つの次元—，開発学研究，13(2)，pp.50-59.
［９］コーテン，デビッド（1995）：NGOとボランティアの21世紀，学陽書房．
［10］コーテン，デビッド（1997）：グローバル経済という怪物—人間不在の世界から市民社会の復権へ—，シュプリンガー・フェアラーク東京．
［11］コーテン，デビッド（2000）：ポスト大企業の世界—貨幣中心の市場経済から人間中心の社会へ—，シュプリンガー・フェアラーク東京．
［12］佐藤仁（1999）：教育者としてのセン（訳者解説），A.セン，不平等の再検討—潜在能力と自由—，岩波書店，pp.255-260.
［13］佐藤寛編（2001）：援助と社会関係資本—ソーシャル・キャピタル論の可能性—，日本貿易振興会アジア経済研究所．
［14］セン，アマルティア（2000）：自由と経済開発，日本経済新聞社．
［15］チェンバース，ロバート（1995）：第三世界の農村開発—貧困の解決—私たちにできること—，明石書店．
［16］チェンバース，ロバート（2000）：参加型開発と国際協力—変わるのはわたしたち—，明石書店．
［17］チェルネア，マイケル（1998）：開発は誰のために—援助の社会学・人類学—，日本林業技術協会．
［18］豊田隆（2002）：国際地域開発における内的要因と外的アクター，2002年度日本国際地域開発学会春季大会プログラム・講演要旨，pp.19-32.
［19］西川潤（2000）：人間のための経済学—開発と貧困を考える—，岩波書店．
［20］原洋之介（1999）：エリアエコノミックス—アジア経済のトポロジー—，NTT出版．

[21] 宮本憲一 (1998)：公共政策のすすめ―現代的公共性とは何か―, 有斐閣.
[22] Dasgupta, Partha and Ismail Serageldin eds. (2000)：*Social Capital : A Multifaced Perspective,* World Bank.
[23] Douglass, M.and J. Friedmann (1998)：*Cities for citizens : planning and the rise of civil society in a global age,* John Wiley & Sons.
[24] Kitano, Shu (2000)：*Moving Beyond Decline and Integration : Uneven Rural Development in Japan*, Ph.D.dissertation, Cornell University.
[25] Markusen, Ann (1987)：*Regions : The Economics and Politics of Territory*, Rowman and Littlefied.

第2章

地域づくりにおける住民参加の意義

北野　収

1. はじめに

　「住民参加」は地域開発・地域づくりのさまざまな場面で，今日，最も頻繁に語られる用語の一つである。しかし，その社会科学的意味について議論されることは少ない。さまざまな研究分野のなかで，参加（participation）概念をこれまで理論・実践の面で取り上げてきたのは，建築・都市計画（農村計画を含む），農学における普及教育学（技術移転論，営農システム研究を含む），そして広義の開発社会学（開発行政学（development administration），開発人類学を含む）[1]の3分野である。

　ここで非常に興味深く感じるのは，日本の都市（農村）計画分野で生まれた「まち（村）づくりの手法」と，開発途上国における経験から生まれ「欧米の開発学者が体系化した手法」が，歴史背景や詳細な状況は異なるにもかかわらず，酷似している点である[2]。つまり，住民参加という概念には，国や地域，学問分野を超えた普遍的な意味要素が内在していると考えられる。

　筆者の専門である開発社会学は「社会学から社会開発を体系づける学問」（恩田　2001）と定義できる。そこでは，外部者と内部者である住民の関係や相互干渉がプロジェクトという活動や地域社会そのものを構築するという行為者視点（actor-perspectives）からの分析（Long　2001）等が行われ，農業工学，建築学，農業経済学等からなる農村計画分野が見過ごしがちな側面へのアプローチがなされている。本章の目的は，地域づくりにおける「参加」概念を開発社会学の立場から検証し，農村計画分野においても共有しうる概念整理と分析的視点に

つながる知見を提供することにある。もちろん，農村以外の分野，すなわち，都市計画やまちづくり等の分野においても有益な視点が含まれるはずである。

以下，開発プロセスにおける当事者概念の再考と立場の異なる者同士のリアリティ共有の困難性について論じる。そして，本論である「参加」概念の詳細な検討を行う。紙面の制約上，具体的な事例の記述は行っておらず，一つの概念的整理と実態把握のためのガイドを記述する形をとっている。

2．地域住民と外部者の有するリアリティの相違と問題共有の困難性

（1）プロセスを重視した開発論による逆転の発想

前章でみたとおり，1990年代以降，これまでの経済成長という面だけでなく，人間中心の開発という考え方が注目を浴びるようになってきた。地域開発，地域計画の本来の受益者であるはずの住民が開発・計画のプロセスへ関与することが，その取り組みの社会経済的な持続可能性を左右しうる要素であると認識され始めたのである。プロセス重視の開発論においては，「開発のプロセスを経験し自ら学習するのは真の開発主体であるべき地域の人々自身である」ことが前提となり，「開発の本来の主体・担い手はその恩恵をこうむるべき地域住民自身であり，地域に暮らし，生産，労働する人々自身であるはずである」ことから，「行政サービス，技術援助・指導，補助事業等は，本来，住民の「開発」活動を支援するためのものであり，開発行為そのものではない」という逆転の発想へとつながることも前章でみたとおりである[3]。

このような逆転の発想の必要性を明らかにするためには，国家および地域内部，国際関係における各人のおかれた立場における「リアリティ」の違いからくる問題把握および共有の困難性の問題（認識論的断絶（epistemological rupture））にまず注目しなくてはならない（Esteva and Prakash 1997:11）。ここでいう「リアリティ」とは，人々が個々の立場，おかれた環境・状況に規定されつつ事象を認識したものである（野田 2000：2-3）。たとえば，先進国の都市部の住人である人間が，途上国の周辺化された農村に暮らす人々の世界観を理解し，問題

意識を共有することは大切なことだが，その実現は難しい（北野　2003）。類似の関係性は，日本の農村計画における外部者と内部者のそれにおいても見出すことができる。

（2）Chambersの6つのバイアス論

　リアリティ共有の困難性に対する有効な説明として，開発（社会）学の分野でたびたび引用されるのが Chambers の 6つのバイアス論である（Chambers 1983（穂積・甲斐田訳　1995））。Chambers によれば，途上国農村の貧困は，外部者（中央政府，外国人専門家等）にみえない，あるいは，みえにくくなっているという。紙面の制約上，詳細な説明は割愛するが，彼の言う6つのバイアスとは，①場所（立地），②プロジェクトの有無，③接触する相手，④季節（訪れる時期），⑤外部への儀礼，⑥訪れる外部者の専門性である。たとえば，舗装道路周辺の住民の声は，道なき遠隔地のそれよりも外部者に届きやすいし，地元エリート層や男性の意見は女性や貧困層のそれよりも外部へ伝わる可能性が高い。一見，単純な小話のようにも聞こえるこの指摘には，以下の3つの大きな示唆が含まれていると筆者は考える。

　第1は，「真の開発ニーズ」が外部者にはみえにくいのであれば，住民の何らかの参加なしに，外部者[4]だけで開発のプランニングを行うことには著しい不当性があるのではないか，という懸念である。

　第2は，地元の問題は地元の人間が一番よく知っているという点である。住民は科学的な知見には乏しいが，永年の経験から地域の環境（社会環境・自然環境の両方）には外部者よりも精通している。地域住民のある種の潜在能力を軽視してはならないといえる。

　第3は，それぞれの立場，職業等によって規定される「リアリティ」は，それぞれにおいて，真実であり，同一の事象について，異なった世界観が成立するのは至極当然だという点である。実は，一つのコミュニティ，地域社会の内部においても，ジェンダー，社会的地位，技術・資本へのアクセスの程度などによって，異なった「リアリティ」が存在している。つまり，「地域」を一つの同質的な集団として捉え，地元行政等が地域の声の代弁者であり，地域に精

通した外部の学識者の発言が一番正しいとする既存の思考方法には大きな落とし穴が潜んでいると考えられる。

したがって,「バイアス」の存在と「リアリティ」[5]の多様性を克服し,関係者間で問題を共有するためには,「仕掛け」や「場」の設定が必要となってくる。開発社会学の分野において,参加型開発が重要視されるようになってきた理由の一つはここにある。

3.「参加」概念の検討

上記の検討を踏まえ,ここでは,「参加」の概念について複数の視点からの分類を試み,より詳細な検討を行い,何のために,誰が,何に参加するのかを考えてみたい。

(1) 2つの参加概念

何のために「参加」が必要なのであろうか。この問いに関し,Oakleyらは,参加の概念を「手段としての参加」と「目的としての参加」とに大別する。手段としての参加は,事業に住民を参加させているという実績を重視する立場であり,現実的にはこれが実態である場合が多い。これに対し,目的としての参加は,住民が開発の学習プロセスに主体的に参加すること自体を目的とすべきという立場である(これを「エンパワーメントとしての参加」と呼ぶ (Oakley, et al. 1991(勝間・斉藤訳 1993:22)))。これは,先に述べたプロセス重視の開発論に通じるものであり,開発のオーナーシップは住民自身にあるという発想である。同時に,住民がオーナーシップをもつということは,外部からの援助に何から何まで依存するのではなく,どの範囲まで住民ができるかを見極めるとともに,金銭や労働力の負担などの相応の責任を引き受けるだけの意識改革が求められることになる。

(2) 参加する人々の範囲(誰が参加するのか)

参加し,学習しなくてはならないのは住民だけではない。一般に,「組織・

制度づくり」の学習に参加するのは，住民，地元行政，外部専門家・コンサルタント（場合によっては企業）等，当該プロジェクトにかかわる関係者すべてであることが望ましい。ここで，注意しなくてはならないことは，「住民」「行政」「専門家」といった行為者たちはそれぞれが決して，同質的なものではなく，行為者間あるいは集団内部においても多様なリアリティを有する存在であるということである。後述するように，いかなる専門的知見が提供されるのかも，もう一つの重要な視点である。

　住民には，地域の政治的状況を反映し，富める者，貧しい者，マイノリティ，女性など，立場と利害の異なる人々が含まれうる。地元の有力住民の代表だけを集会に呼び，彼等の意見を反映させて何らかの意思決定がなされたとすれば，そこでの「住民参加」は単なる名目上の口実に過ぎなくなる。そして，この種の「参加」が繰り返されれば，一部の人間の利権擁護のために，「青写真」策定のための単回路学習が繰り返されるだけとなる。

　行政も同様である。中央と地方，地方行政の内部部局においても，異なる関心と対立が存在する。専門家については，一般に，当該プロジェクトに直結した分野の技術者のことを専門家と呼ぶことが多い。たとえば，かんがいプロジェクトであれば農業土木学，稲作であれば作物学，農業経営であれば農業経済学の専門家である。しかし，上述したChambersの専門家のバイアスの罠にはまらないためには，別種の専門家の存在が有用である。それは，参加と学習の「場」を設定し，それを促進する黒子役としてのファシリテーター，オーガナイザー達である。

　上述のKortenが学習過程アプローチ論を発見したのは，米国の援助機関の専門家として，1970年代に，フィリピンのかんがいプロジェクトにかかわった経験によるものであった（Korten　1995（西川・桜井訳　1997：7-8））。従来の発想であれば，当然，農業土木技術者がすべての設計・実施・運営計画をするわけであるが，このプロジェクトでは，当時としては珍しく，社会科学系の専門家を導入し，土木系の専門家と共同で仕事をさせた。さらに，コミュニティ・オーガナイザーとしての訓練を受けた現地人を，末端の現場に滞在させ，住民の話し合いの積み上げを行った。その結果，末端の水路はコンクリート張りでは

なく，住民自らが労力を提供し，管理運営する方式が採択された。結果的に，これにより利用者の愛着心・オーナーシップが高まり，管理運営面での持続性が向上したという（Korten 1980）。

むろん，こうした役割（ファシリテーター，オーガナイザー）は技術者であっても果たすことができる。実際，日本の都市計画・農村計画学の場合，こうした研究は建築・（農業）工学系の機関でなされる場合が多い。また，日本の農山村部においては，役場や農協等の職員の資質が高いことから，彼らが実質的にコミュニティのオーガナイザー，ファシリテーターとして機能している場合もある。

（3）プロジェクト・サイクルと参加（何に参加するのか）

事業内容がハード，ソフトであるにかかわらず，一般に，地域づくりのプロジェクト・サイクルは「問題発掘⇔ニーズ・アセスメント⇔プランニング⇔実施⇔運営⇔評価⇔フィードバック⇔改善または次の取り組み」といった，流れとなるものと考えられる。むろん，参加型農業研究などでは，このほかに試験研究，普及教育といった段階が存在するであろう。住民参加は，このプロジェクト・サイクルのどの部分に住民は参加をするのか，あるいは，すべてに参加する（参加的要素が取り入れられている）のか，といった観点からも分類が可能となる。

表2－1は，この「何に参加するのか」という観点から，地域開発における住民の参加の度合いを7つの段階に分類したものである。最も原始的な段階である1～3が「参加型」ではないことは疑いの余地がないが，これらは，現時点における開発プロジェクトの主流の形態である。問題は，一種の擬似的参加が発生する4の「物質的インセンティブのための参加」である。ODAプロジェクトにおいて，外国の専門家が撤退した後，事業が停止してしまうケースがある。これは，適正な技術移転がなされていなかっただけでなく，この物質的インセンティブによる擬似的参加の問題も関係すると思われる。いずれにせよ，何らかの住民参加がみられたとしても，「問題発掘⇔ニーズ把握⇔計画」および「評価⇔フィードバック」以降のサイクルに「参加」が発生することはない。

表2−1 地域開発における参加の度合い

参加の度合い	参加内容・システムの実際	プロジェクトサイクルにおける住民の関与の有無と度合						「参加型」と言えるか	備考
		ニーズ把握	計画	実施	運営	評価	フィードバック		
1．受動的参加 (passive participation)	事業内容・計画が住民に周知される。外部実施者からの一方的説明が行われ，住民側からの反応をフィードバックするシステムがない。情報は外部専門家にのみ共有される。							No	「参加」の要素は限りなくゼロに近い。
2．情報提供を通じた参加 (participation in information giving)	住民は外部専門家のアンケートやインタビューに答える形で参加する。住民は手法の開発策定に関与することはなく，また調査結果を周知されたり正確さの確認を求められたりする機会をもたない。	△						No	「参加」は名目的なレベルにとどまっている。
3．相談による参加 (participation by consultation)	住民は外部専門家の相談を受ける形で参加する。外部専門家が，問題とその解決法を定義し，場合によって，住民の応答を見ながらその内容を修正する。相談の過程において，意思決定に住民がかかわることは無い。	○						No	同上
4．物質的インセンティブのための参加 (participation for material incentive)	住民は，金銭・食料その他の物質的インセンティブ（報酬）を受けることを期待して資源（労働力・時間など）を提供する。このような開発過程を参加型と呼ぶことが多いが，物質的インセンティブ（たとえば外部からの援助）が継続しないと，事業は継続しない。		△	○	△			No	報酬には補助金，ODAも含まれる。現実には最も多いと思われる擬似参加形態。考えようによっては，「参加」でなく「動員」となるおそれ。
5．機能的参加 (functional participation)	住民は，既定の目的達成のためにグループ形成を行い参加する。一般にこのような参加は，プロジェクトの主要な意思決定が行われた後で，実施を促進するために行われる。このような組織は，外部のファシリテーターによって，推進されることが多いが，後に自立することも可能である。	△/○	△	○	○	△/○	△/○	Yes	最も，一般的な「住民参加型」プロジェクト。
6．相互作用的参加 (interactive participation)	地域における新しい行動や，新しい組織の設立，既存組織の強化につながる分析を住民と専門家が合同で行う。作業（分析）において，住民が意思決定に深くかかわる。したがって，地域の組織や価慣を維持する考え方を主張する機会が与えられる。	△/○	○	○	○	○	○	Yes	上記5よりも参加するプロジェクトサイクル段階が多く，学習する度合いも高い。
7．自主的な動機による参加 (self-mobilization)	地域のシステムや状況を変化させるために，外部の組織とは関係なく地域の住民がイニシアティブをもって行動する。必要な資源や技術を調達するために外部の機関と接触するが，資源がどのように使われるかに関する意思決定の主体は住民がもち続ける。	◎	◎	◎	◎	◎	◎	No	究極の「内発的発展」，もはや「参加型」と銘打つ必要はない。理想論であり，現実には滅多にない。

出典：門平・西川（2002：59）に筆者が加筆・修正。

注：1）日本国内の場合，地元行政，農協等が外部専門家に含まれるか，住民と外部を繋ぐ仲介・中間組織と理解するかは議論を要すところである。

2）住民の関与の度合いは，△が受動的関与，○が協力関係，◎が主体的関与を表すが，これもあくまで概念的な目安に過ぎない。

3）「参加型」といえるかは，絶対的な良し悪しを示すためのものではない。こうした区分は開発プロセスにおいて，常に変化し続けるものである。したがって，Yes/Noはあくまでも目安に過ぎない。

5の「機能的参加」は，現在，最も一般的にみられる参加型開発プロジェクトである。プロジェクトの主要な意思決定が外部の専門家によって行われた後，住民が参加するが，組織化等の過程で限定的ながら「学習」が発生する。やがて，それが地元に何らかの組織・制度化（institutionalizing）がなされ，定着・持続可能化すれば，プロジェクトおよびその便益のオーナーシップは住民側にあるという点で，これは参加型だといえる。6の「相互作用的参加」は，プロジェクト・サイクルのより広範な領域にまで「参加」の余地が広がったものであり，「学習」の度合いも，質・量の双方で増加する。7の「自主的な動機による参加」は，理想論であり，究極の「内発的発展」である。ここでは，「（外部が持ち込んだ）プロジェクトに住民が参加する」のではなく，「（住民自身の）地域づくりに外部が必要に応じて参加する」といった逆転の構図が成立する。この意味において，もはや「参加型」という言葉を使う必要すらない。

以上は，参考としての概念上の分類，便宜的なプロトタイプである。現実にはこのように単純に割り切れないケースもあると思われる。

（4）見過ごしてはならない視点（誰が参加していないのか）

最後に，誰が参加していないか，参加できていないか，その理由は何かについて，検討することも，外部者にとっては，重要な仕事であると考えられる。ことに，途上国の農村においては，ジェンダー，民族，宗教，貧富の差等の事情により，参加できない人の意見を把握する努力が求められる。日本の農山村においても，このような問題は存在しているのか否かが，筆者としては興味がある点である。

4．参加の便益と費用

（1）参加における便益（benefit）

開発・発展の目的は，住民が学習するプロセスを経験することそのものであるとすれば，この学習経験をすること自体が便益であると考えられる。これに

付随して，次のような便益も考えられる。

第1に，「バイアス」「リアリティ」の克服または弊害の減少である。これは，ひいては，地域における社会的公正（equity）の醸成につながる。

第2に，住民の参加を通じてプロジェクトへのオーナーシップの醸成がなされることで，取り組みの組織・制度面における持続可能性（institutional sustainability）が増大する。これが地域に定着すれば，その仕組みは，地域における公共財を形成することになり，さらに，大きな便益を生み出す。この過程で，住民自身が意識改革を経験し，潜在的な能力の開発がなされ，結果として彼らのエンパワーメントが達成されるならば，これが参加による究極的な便益であるといえよう。

（2）参加における費用（cost）

実際の参加型開発は上記のようなバラ色の便益がただちに確認されることは少なく，以下に述べる費用の面が現実の障害として認識されることが多いであろう。

第1は，参加型開発は莫大な労力と時間を要する。多様な人々の話し合いの積み上げを何らかの形のある方向に導くには，数年，あるいは，十数年といった長期間を要する。一方，人々は得てして，目に見える結果を短期間に求めがちであるし，予算の単年度主義が長期化する取り組みに馴染まない場合もある。

第2は，学習過程アプローチにおいては，最終的な取り組みの方向性が修正されることも想定され，方向性が必ずしも外部者（行政，援助機関）の思惑と合致しない可能性がある。そして，それが政府側，援助機関側への批判とつながる恐れもある。たとえば，日本が開発協力の分野で欧米の援助機関に比べて参加型開発への取り組みが遅れたのは，援助実施体制の縦割りによる弊害の問題のみならず，被援助国の政策への内政干渉の恐れという外交面での躊躇要因があったものと考えられる。

第3は，参加型開発自体の問題ではないが，「参加」が地域開発における一種の流行となった今日，「参加型」であることを謳うことにより，政治的な口実，道具として利用されるリスクがある。同時に，住民側が参加する権利面のみを

主張し，自らの責任を省みなければ，その要求は絵に描いた餅に終わり，住民，行政・援助機関の双方に不信だけが残る可能性もあることも指摘されている（北島 2000）。

5．おわりに

　以上，地域づくりにおける住民参加という命題に関して，概念的な整理を行った。これにより，今日，内外のあらゆる農村開発，地域づくり等の文脈で語られている「参加」という概念は，単に「住民の声をプロジェクトに反映させる」以上の意味合いを有するものであることを示すことができたと考える。これらは，日本，欧米，途上国を問わず共有できる普遍的なメッセージではなかろうか。「参加」は，持続可能な発展に必要な要素といえるだろう。

　しかしながら，地域づくりの現場における「参加」の実態はきれいごとだけすまされないものがあることを忘れてはならない。なぜならば，磯辺が述べるように，「「公共の福祉」の原点が住民個々のエゴイズムである」（磯辺　2000：254）からである。最後に，少々長文となるが，あるJICA専門家のコメントを引用し，この点に関する問題提起としたい。「当たり前の話ですが，住民参加型開発というものは，日本でやっても途上国でやっても，きれいごとですむ話ではありません。日本には「隣の家に蔵が建てば我が家では腹が立つ」という俚言がありますが，ここネパールでは，それがもっとシビアな状況で存在します。住民の間で様々なエゴ，嫉妬，我欲，過去にさかのぼる怨恨やしがらみが渦巻いているのは当たり前のことです。日本でも，途上国でも，事業のマネージャー的な役割を果たせば，他人の中傷をさんざん聞き，同時に恫喝もしばしば受けるものです。したがって，住民参加型の開発を進める担当者となるということは，「声なき声を汲み上げて正論を吐いていればすむ」ということにはならないのです。（私の）印象では首まで泥につかってのたうち回るというつもりで職務に当たれば間違いないです。ここのプロジェクトで働いていたJOCV（青年海外協力隊）の中には「人の浅ましさをいやというほど見た」との感想を述べていった者もいましたが，住民参加型プロジェクトでまじめに働け

ば当然のことでしょう。(中略)ではどうするか。(私は)進歩漸進主義者なものですから、「今すぐここに理想の公正を実現しよう」と思ったことは一度もありません。常に「昨日より今日、今日より明日がよくなればよい」という考えです。有力者の横槍がまかり通っていたとしても、それが昨日よりましになっていればいいのです。」(DWML 2001)[6]。

> **考えてみよう [第2章]**
> 1. 6つのバイアスを身の回りの別のケースに当てはめてみよう。
> 2. 参加の度合7段階を身の回りの別のケースに当てはめてみよう。

[注]
1) 実際に開発社会学の理論なり知見とされているものには、開発人類学、開発行政学等の開発にかかわる(非経済学)社会科学のそれが含まれている。筆者が「広義の開発社会学」と記したのはこのためである。
2) たとえば、フィリピン国家かんがい開発庁の小規模かんがい計画やスリランカのガロオヤかんがい計画におけるコミュニティ・オーガナイザーを活用した下からのニーズ把握と合意形成のアプローチは、農村計画分野におけるまち(村)づくりの手法との共通点が多くみられる。関連して、戦後日本農村における生活改善運動における普及員や保健婦の役割にも共通するものがある。
3) この開発観において、社会的公正(equity)の確保・増大は、最大多数の人々への便益(社会・経済・政治的な意味)を保障するにあたり、非常に重要な要素となる。この実現のためにも住民参加が欠かせないのである。
4) 日本の農山村の場合、地元自治体や農協の職員などが外部者となるか、内部者となるか、あるいは、介在者となるかは、行政等の姿勢および自治体の規模によるものと考えられる。
5) 「バイアス」「リアリティ」を直訳すれば、それぞれ、「偏見」「現実」となるであろうが、農村開発の文脈における特有のニュアンスを強調するため、本章においては、あえて片仮名で表記する。これは、国際開発協力の分野ではすでに一般的な表記法となっている。
6) 地域開発・国際協力メーリングリストの管理人および投稿者本人の同意を得て引用した。

[引用文献]

[1] 磯辺俊彦 (2000)：共（コミューン）の思想―農業問題再考―，日本経済評論社.
[2] 恩田守雄 (2001)：開発社会学―理論と実践―，ミネルヴァ書房.
[3] 門平睦代・西川芳昭 (2002)：参加型農業研究―農民主導・協働型アプローチ，開発学研究，13(2)，pp.57-63.
[4] 北野収 (2003)：メキシコのポスト開発思想―グスタボ・エステバの「言葉」が教えるもの―，国際開発研究，12(2)，pp.139-155.
[5] 北島千佳 (2000)：コミュニティー開発計画における住民参加の促進，FASIDケースブック（I），国際開発高等教育機構，pp.21-30.
[6] 野田直人 (2000)：開発フィールドワーカー，築地書館.
[7] Chambers, R. (1983)：*Rural Development : Putting the Last* First, Longman Scientific & Technical.（穂積智夫・甲斐田万智子訳（1995）：第三世界の農村開発―貧困の解決―私たちにできること―，明石書店）
[8] DWML（地域開発・国際協力メーリングリスト（Developing World Mailing List））HYPERLINK "http：//dwml.com"：http：//dwml.com（2001年12月18日投稿分より）.
[9] Esteva, Gustavo and Madhu Suri Prakash (1997)：From Global Thinking to Local Thinking, Rahnema, M. Rahnema and V. Bawtree, eds., *The Post-Development Reader*, Zed Books, pp.277-289.
[10] Korten, D. (1980)：Community Organization and Rural Development：A Learning Process Approach, *Public Administration Review*, 40, pp.480-511.
[11] Korten, D. (1995)：*When Corporations Rule the World*, Kumarian Press.（西川潤監訳・桜井文訳（1997）：グローバル経済という怪物―人間不在の世界から市民社会の復権へ―，シュプリンガー・フェアラーク東京）
[12] Long, N. (2001)：*Development Sociology*：Actor Perspectives, Routledge.
[13] Oakley, P. *et al.* (1991)：*Projects with People : The Practice of Participation in Rural Development*, International Labour Office.（勝間靖・斉藤千佳訳（1993）：「国際開発論」入門―住民参加による開発の理論と実践―，築地書館）

第3章

内発的循環型社会形成の学習プロセス
―山形県長井市レインボープランを事例として―

竹島　祐幸・北野　　収

1．はじめに

　1992年にリオ・デ・ジャネイロで行われた地球サミット（国連環境開発会議）以来，持続可能な発展の概念が紹介されて久しい。従来型の大量生産・大量消費型の経済成長最優先型の開発パラダイムから，実態はともかく，環境と人間活動が共生した経済社会への転換への認識も高まりつつある。循環型社会という言葉もこの文脈において，頻繁に語られるようになった概念の一つである。

　日本においても，今日，リサイクルへの意識の高まりから，ゴミの減少に対するさまざまな取り組みがなされているが，廃棄物処理用地取得の困難さにより生ずる廃棄物処理場の不足と，排出者に対する責務（処理費用）の拡大によって導かれる不法投棄の増加，それに伴う環境劣化を必要悪として認めざるをえないのが現状である。

　環境省は循環型社会を「全ての関係者の公平な役割分担のもとで自主的かつ積極的に行われるようになることによって物質循環の促進が図られ，これを通じた環境への負荷の低減により，健全な経済の発展を図りながら持続的に発展可能な社会」（環境省　1999）と定義している。すでに，循環型社会形成推進基本法が制定され，国レベルの法的環境も整備されつつある状況にある。しかし，法律ができたから，ただちに，地域において，循環型社会が形成されるわけではない。ローカルな現場における循環型社会の実現には，当該地域における社会制度的・人的要因に配慮した「地域づくり」の視点が欠かせないのである。

2．地域づくりにおける「組織・制度化」とキーパーソン

　筆者らは，循環型社会形成を地域づくりの一環として捉える。もちろん，地域づくりという言葉自体，抽象的な概念であり，統一的な定義があるものではない。本章における，筆者らの地域づくりの定義は次のとおりである。

　すなわち，一定の物的空間を共有する地域社会において，地域の発展（環境，福祉，経済等さまざまな文脈における「発展」を想定することができる）に対して，地域ぐるみの活動および議論（community mobilization）の成果を，地域内で有機的にinstitutionalizing（以下「組織・制度化」と記す）するプロセスが「地域づくり」であるという理解である。組織・制度（institution）とは，法令・政策といった公的なもののみを指すのではなく，住民の意識や自覚に基づくインフォーマルな仕組みとして定着する部分も含まれる。つまり，個々人のさまざまな関心，資源，アイデア，理想等を一つの組織・制度にまとめあげる集団的行動（collective action）が組織・制度化である（Uphoff 1986：14）。この結果，長期的に地域づくりの活動から生み出された便益とその分配の仕組み（delivery system）も組織・制度化され，やがて地域の公共財（public goods）となる。なお，ここでの筆者らの組織・制度に関する理解は「「集合的に評価された目的」のために長い間存続する「規範と行動」の集合体である」という定義に基づく。したがって，組織・制度は，「容器」としての「機構」であるところのorganization（組織）とは異なる概念であることに注意する必要がある（アップホフ　1992：91）。

　地域ぐるみの循環型社会の形成という文脈においては，消費者，農業生産者，生活者等の多様な立場の住民と行政のパートナーシップの確立に向けたさまざまな意思決定のプロセスと学習，それを促進するキーパーソンに注目する必要がある。山形県長井市のレインボープランについては，循環型社会形成へ向けた地域づくりの先進事例として，すでに，各方面で紹介されているところであるが，本章においては，Kortenの学習過程アプローチ論を念頭におきつつ，レインボープランの形成プロセスを検証する。また，本事例におけるキーパーソンの存在についても言及する。これらにより，本事例のインプリケーション

の新たな解釈を試みる。

3．レインボープランの概要とその背景・思想

　山形県長井市は，県南部の盆地に位置し，人口は約32,000人，世帯数約9,000世帯である。主たる産業は，かつて畜産，畑作，養蚕の３つであったが，現在ではほぼ水田単作となっている（矢坂ほか　2001）。

　レインボープランとは，約15,000人の住民が生み出す生ゴミを分別し収集し，堆肥化し，有機生産物の生産に結びつける地域ぐるみの取り組みである。住民は生ゴミを排出して，それを行政が運営するコンポストセンターで堆肥化し，さらにそこで生産されたコンポストが，農家に持ち込まれ，農家はそれで農産物を生産し，消費者によって購買される。また，住民や農家に対するさまざまな支援と啓蒙活動が行われている（有機農業栽培研究事業，レインボープラン農産物認証制度，野菜の直売所の設置，地元小学校における農業教育・環境教育など）（石川　1997：106-107）。要は，地域住民・農家と行政・関係団体の密接かつ有機的なパートナーシップのもとに，組織・制度化された地域内循環型システムである。図３－１，図３－２は，それぞれ，このパートナーシップの関係性，リサイクルの物的循環について示したものである。

　レインボープランの仕掛け人である地元リーダーは，レインボープランの目

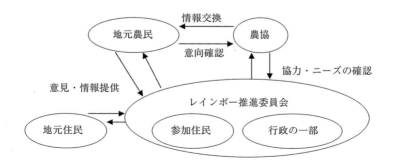

図３－１　レインボープランにおけるパートナーシップと参加の仕組み

的を「土あるいは農業を基礎とした循環型社会を作ることであり，田舎であることに価値を置くまちづくりである」と述べている（人と情報の研究所　2000）。もともと，この運動は，消費者の「食への不安」と農業生産者の従来型農法による「土の衰え」などの懸念が，地域内のリサイクルシステム形成へとつながったものである。当時，地元に豊かに広がる農地がありながら，生産物のほぼすべてが域外に供給されていたため，地元住民は地元で作られた農産物を食べることができなかった。「安心して食べられる地元の野菜を食べたい」という地元住民の要求があった一方，現実にはこうした要求に反して，多くの地元の農家は産地間競争に勝ち残るために化学肥料や農薬に依存しながら首都圏向けに農産物を安く，大量に生産することに追われていた。その結果，農地は連作障害で疲弊し，高齢化，後継者不足により耕作放棄地が目立つようになった。こうした実態が，地元の消費者からの要求と結びつき，地元の農家の間にも現状を改善していく必要があるという問題意識を抱かせたのである（石川　1997：

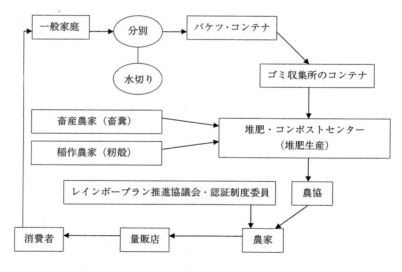

図3-2　レインボープランにおけるリサイクルフロー

出典：長井市レインボープラン推進室（2000）の図を編集。
注：堆肥・コンポストセンターから農家まではコンポストの流れ，農家から堆肥・コンポストセンターへまではレインボー農産物またはその廃棄物の流れを示す。

106-107)。

　農業は自然と直接つながりのある産業であり，生命の基本を担っている。そして，人間は食べ物を食べなければ生きてはいけないといった視点から，農業は人々の心のなかで守るべきものであり，文化として，風土として重視されるようになっていったのである（矢坂ほか　2001）。

4．学習過程アプローチ論とレインボープランの形成過程

　次に，この組織・制度づくりのプロセスを検討する。内発的地域づくりにおいては，住民や行政などが共同して行う学習のプロセスが重要である。このプロセスのなかで「ニーズ把握⇔合意形成⇔組織・制度化⇔持続的な便益分配システムの確立」（矢印が双方向であることに注意）というプロジェクトが達成されるのである。このプロセスこそが地域の「開発・発展」（local development）であるというのが筆者らの立場である（北野　2002）。

　以下，学習過程アプローチ論について述べ，これを念頭に置きつつ，レインボープランの形成過程を検討し，そこにおける市民参加の意義や教訓についても言及してみたい。

（1）Kortenの学習過程アプローチ論

　参加型開発においては，単に住民が計画に「動員」されるのではなく，一種の社会学習プロセスへ主体的に参加することが重要である。開発行政学のKortenは，フィリピンにおける小規模かんがい開発プログラム等の研究を通じて，地域開発における学習過程アプローチ論（learning-process approach）を提唱した（Korten 1980）。これによれば，地域開発における社会学習過程には「3つのE」（effective, efficient, expand）で表現される3つの段階があり，それぞれ，学習すべき主要な事柄が時系列的にシフトしていくという。Korten自身は途上国の開発プログラムの文脈で論じているが，ここでは，筆者らは，より一般的な地域づくりの文脈での説明に翻訳をしたうえで述べることとする。

　第1は，効果的に学ぶ（learning to be effective）段階である。ここでは，草の

根レベルのニーズの汲み上げ，住民の知識・能力開発，情報収集，意識向上，合意形成に向けた議論の積み上げ（＝学習）が重要である。この段階では，community mobilizationにつながるインフォーマルで自由な相互学習が必要であり，逆に，それを制限する恐れのある行政の介入は最低限にとどめ，むしろ，学習を支援するような勉強会やワークショップの「場」の提供が大切である。ここでは，とくに失敗や試行錯誤には寛容であるべきだとされている。

第2は，効率化のために学ぶ（learning to be efficient）段階である。ここでは，第1段階の検討を注意深く踏まえ，構想の具体化に必要な専門的知見や技術面での支援を行いつつ，行政や関係する諸団体・組織との協力体制・ネットワーク化を確立していくという，collective actionのフォーマル化の段階である。

第3は，拡大のために学ぶ（learning to expand）段階である。すでに，第2段階で形成された地域ぐるみのプロジェクトとしての取り組みを地理的・制度的に拡大・一般化し地域における有機的なシステムとして確立するために学習をしなくてはならない。

これらの3段階は，観念的に3つの学習曲線で示すことができる（図3-3）。ここで注意しなくてはならないのは，上記の学習過程を経て確立したシステム

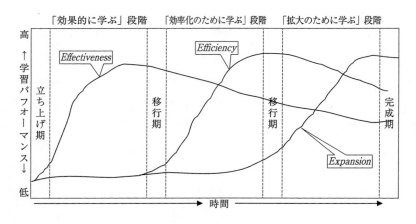

図3-3　地域開発における3つの学習曲線

出典：Korten（1980：500）。
注：筆者による翻訳である。

は未来永劫固定化するものではなく，環境の変化に応じて常に修正されうるものだということである。地域における学習は永遠に続くのである。

　持続可能性の概念には，物質的・生態学的持続可能性と社会・制度的持続可能性がある（Kitano　1998）が，地域づくりにおける社会学習は，とくに，後者の持続性を育むものとして認識されている。行政，住民を含む地域づくりに参加した者すべてが，試行錯誤の過程で相互に学習し，それを自分達の計画・運営・管理に活かしていく自己エンパワーメントのプロセスを体験することにより，自分達の創りだしたプ・ロ・ジ・ェ・ク・ト・（＝組織・制度）に対するオーナーシップ，すなわち，プロジェクトとの一体感や当事者意識を増大させるからである（北野　2000：68）。

　いずれにせよ，地域の実情に即した循環型社会の形成は，非常に複雑かつ多岐にわたる内容を網羅しなくてはならず，政策サイドが事前に詳細な計画・設計をすることはできない。学習過程アプローチ論の意味するものは，こうした地域づくりはオーダーメイドでなくてはならず「最高の結果と手段」は，地域における合意形成と学習を通じた「実際的な経験」を通じてのみ創り上げることができるということである（アップホフ　1992：98）。

（2）レインボープランの形成過程

1）地元有志による草の根レベルの合意形成のための努力（立ち上げ期）

　のちにレインボープランとなるリサイクルへの取り組みは，行政主導で開始されたものではなく，2人の農民と1人の市民の話し合いから始まったという。それは，上述のように，市民の「食」への不安と農民の「土の衰え」への懸念，すなわち，「まちの声とむらの声が結び付き，生命と生命を結ぶ人々の連合となり，土と生命との品格ある関係を取り戻そうとする動きとなった」のである（東北農政局　2001）。当初，レインボープランは，行政の思惑とは別の次元，純粋に草の根レベルの農民と住民のニーズから始まったまさに「内発的」なものだと考えられる。

　草の根レベルでのニーズを地域ぐるみの集団的行為（collective action）に結びつけ，地域を動かしていく（community mobilization）ためには，市民の合意と

主体的な参加がいかに形成・確保されるかが重要である。3人の有志（＝仕掛け人）たちは，女性団体，商工会議所，清掃事業所，病院，農協，さらに地元の鍵をにぎる人々の家の門を叩き，「一緒にこの夢を育んでもらえないだろうか」と呼びかけ，合意形成に努めたという（東北農政局　2001）。このプロセスを経て，行政の支援を得る環境づくりがなされたと考えられる。

2）行政の支援による対話・検討の「場」の設定（効果的に学ぶ段階・その1）

　1988年に長井市まちづくりを検討する目的で市から委嘱された市民97人による「まちづくりデザイン会議」が組織された。これは，当時の市長が，農業の後継ぎ問題や高齢化，また産業の空洞化の面から，このままでは長井市が衰退すると考え，まちづくりによる復興と活性化を市民全員のアイデアによって進めようと考えたためである。先の有志も「デザイン会議」のメンバーとなった。ここにおける検討プロセスから，農業を軸とした地域づくりの方向性が生まれた（矢坂ほか　2001）。

　「デザイン会議」では，農業，工業，女性と都市，市街地活性化，周辺地域開発の分科会が設置され，分科会ごとに2年にわたる議論が積み重ねられた。この2年間の議論のなかで，地元の農家が作った安全で新鮮な農産物を，地元の消費者に供給する仕組みを求める声が多くの市民から寄せられ，この要求がその後の地域づくりの方向性を規定したのである（石川　1997）。

　その後，「デザイン会議」の提言を受けて設置された「いいまち（快里）デザイン研究所」は，「デザイン会議」の提言のもとに，市民に分かりやすく，より具体的な方針を示すことを目的とした「いいまち（快里）デザイン計画」を1991年10月に打ち出した。この計画では，「長井市の農業は未来につながる長井市民の共同財産であり，地域の自給を高め，農産物の地域ブランドを確立しつつ，地域の環境保全と結びついた長井市の農業を創り出し，みんなで取り組む地域有機農業を育てる」という基本姿勢を提言した。そして，長井市の農業を「自然と対話する農業」と位置づけ，地域農業を主体とした環境と調和した永続性のある農業を目指すことになったのである（石川　1997：106-107）。

　このように，長井市においては「デザイン会議」が，住民参加による議論の

積み上げの「場」の機能を担い「効果的に学ぶ」段階において，重要な役割を果たしたのである。

3）市民代表による委員会とレインボープランの誕生（効果的に学ぶ段階・その2）

こうした長井市のまちづくりの方向性を固めるために住民等の議論を追うように，1991年6月には有機肥料の地域自給の可能性や生ゴミ肥料化による有機物の地域循環の可能性を検討するため，台所と農業をつなぐ・ながい計画調査委員会が農協代表，商工会議所代表，農業生産団体代表，消費者団体代表，農民，主婦，医師等市民26人によって組織された。

「調査委員会」は，計画を「台所と農業をつなぐ・ながい計画（レインボープラン）」と名付け，同様に生ゴミを堆肥化処理している長野県臼田町，宮崎県綾町の視察を行い，各分科会の議論を通じて1992年3月に答申書を市長に提出するに至った。この「台所と農業をつなぐ・ながい計画」は，「安全な食べ物を生産し，消費する地域づくり」「生ゴミと農産物が循環する地域づくり」「地域ブランドの確立」（石川　1997：108）という3つの柱を定め，計画実現のために，生ゴミ資源化，市民による分別の徹底，堆肥センターの建設，長井市独自の農産物生産基準の確立，農産物の市内供給システムの検討，そして，農産物の販売と市場開拓等を提言した。

このように，市民代表らによる検討の流れが効率化され，次の具体的・専門的な検討の「場」へとつながった。

4）制度化のための具体的・専門的な検討と議論の積み上げ（効率化のために学ぶ段階）

「調査委員会」の答申を受け，計画を具体化するために台所と農業をつなぐ・ながい計画推進委員会が1992年11月に設立された。委員会は「調査委員会」とほぼ同様のメンバーで構成され，より具体的で専門的な検討課題について議論を重ねることとなった。生ゴミ収集システム開発部門，堆肥流通部門，施設管理部門，流通開発部門の4つの専門部会が設置された（長井市レインボープラン

推進室　2000)。

　第1に，生ゴミ収集システム開発部会では，家庭での分別方法，家庭からの搬出方法，搬出された生ゴミの収集方法について検討がなされ，紙袋による方式かバケツコンテナ方式によるかという点が大きな検討課題となった。結局，視察，分別収集モデル事業，アンケート調査から，バケツコンテナ方式による搬出・収集が決定された。第2に，堆肥流通部会では，堆肥センターで生産される堆肥の利用方法，品質管理等について検討を行った。また，堆肥を利用した土づくりを通して栽培される農産物の認証を行うための有機農産物認証制度の内容についても検討が進められた。第3に，施設管理部会では，堆肥センターの設備および建設候補地に関する検討を行った。機械設備の点では，生ゴミの収集方法とも関連があるため，設備会社と情報交換しつつ進められた。第4に，流通販売促進部会では，レインボープランのなかで生産される農産物の流通について検討がなされ，とくに「域産域消」というレインボープランの考え方に沿った流通はどうあるべきかという点に重点をおきながら，卸売市場の代表者との話し合いが進められた（長井市レインボープラン推進室　2000)。

　専門部会では，答申書提出まで延べ50回以上の議論を重ね，問題点を常にブラッシュアップしていったのである。どうして専門部会でこれほどまでに，議論を積み重ねる必要があったのであろうか。その目的は，農家の懐疑心を取り除くことにあったという。なぜなら，生ゴミ堆肥の中にラップやアルミホイル，たばこの吸い殻や爪楊枝等が混入するようでは農家の信用を得られない。すべての農家が生ゴミ堆肥に対し良い印象を抱いていたわけではなかったのである。このため，燃えるゴミから生ゴミだけを分別する試験を実施し，生ゴミの混入物について，非常に緻密な調査が行われた。このときに得たデータによって後に，市民に分別を促す際に「こういうものが混ざる可能性がある」と具体的に指摘することが可能となった（長井市レインボープラン推進室　2000)。

　また，家庭内の生ゴミ分別と収集所への搬出・収集を検討するために，生ゴミ分別の説明会の開催を兼ねた生ゴミ分別収集モデル事業，スーパーマーケット等を絡めての有機農産物栽培研究事業といった，市民や生産者に対する一連の「モデル事業」が実施された（長井市レインボープラン推進室　2000)。しかし，

分別を行う市民にとっても，資源ゴミの分別やコンポストの活用が促されたとはいえ，気温の高い夏場には夏場の問題が，降雪が続く冬場には冬場の問題が提起された。季節によっては生ゴミ収集の方法や回収時間がことのほか問題となった。洗いやすい水切りバケツの形状，持ち運びの簡便性，家族の成員数を考慮した大きさ等，なにげない問題のようではあるが，ほんの些細なことが日常の暮らしにおけるリサイクル活動を左右する重要な問題であった。そのため，それらのすべての要求や要望を真正面から受け止め，打開策を模索する作業が延々と続けられたのである（石川　1997：108-109）。

　農家にとっても，生ゴミ堆肥の成分や生ゴミ堆肥を使って生産した農産物がどれだけ市民に認知されるのか，不安がつきまとった。そのため，こうした課題を生ゴミ収集，堆肥製造，施設，流通それぞれの部門の専門部会は一つひとつ丁寧に潰しつつ，さらに，先進地視察や専門部会で検討された結果をもとに，「分別収集モデル事業」を仕組んだうえで，地域住民，農家に対してアンケートでそのフォローを重ねた。実際にやってみてどう感じたのか，どうすれば改善できるのか等，真正面から噴出する問題を，住民との話し合いを重ね，克服するスタンスを貫いたのである。そのため，1988年に「まちづくりデザイン会議」で提起された「域産域消」の仕組みづくりを実現させるため，結果的にきわめて膨大な議論が重ねられることとなった（石川　1997：108-109）。

　これらの議論の過程では，専門部会内部の議論ではとても収まりきらなくなり，必然的に地域住民を巻き込んで議論を進める体制ができたのである。その結果，地域における「レインボープラン」の認知度は高まり，市民のきわめて高い関心が喚起されたのである（石川　1997：108-109）。このプロセスは，一般化のための具体的な検討の時期であり，「効率化のために学ぶ」段階であった考えられる。もっとも，効率化とは人々の検討のための努力が省力化されるのではなく，むしろ，具体化のために膨大なエネルギーが費やされるのである。

5）現在：得られた教訓（拡大のために学ぶ段階）

　一連の検討プロセスを通じて，次の4つの教訓が得られたという。すなわち，①市民の自覚の高まりの必要性，②女性の力の大きさ，③異なる立場の人が共

存する地域社会における対話の重要性（「批判と反対から対案と建設へ」），④資源化が地域づくりの希望を育むものであるという認識，である（東北農政局 2001）。これらの教訓は，長井市固有の条件というよりも，さまざまな検討プロセスを経て見出された普遍的な教訓であり，まさに循環型地域づくりの運動にとって「拡大のために学ぶ」ための教訓であるといえる。

（3）市民参加の意義とパートナーシップの重視

レインボープランにおける市民の参加には，2つの形態と意義がある。

第1は，組織としての参加である。異なる立場の人間，つまりさまざまな団体の立場から参加しているのである。これは，何も団体の利益代表として参加しているということではなく，この種の参加を通じて，異なる立場の人々が対話する「場」が形成されたのである。たとえば，商工会議所の人間として，地元婦人会の人間として，農協の人間として，である。異なる立場から各自の意見をいかに反映させるかという思惑をもちながら地域づくりへの参加がなされた（矢坂ほか　2001）。

第2は，一般住民としての参加である。これは，長井市の将来に対する市民の危機感から始まったものであると考えられる。長井市は他の農村部の自治体と同じように，兼業化が進み，過疎化と高齢化の進展によって労働力が減っている。同時に，地力が低下していくなかで，このまま農業による経済的見返りだけを求め続けて良いのか，という疑問が農家・消費者の双方から生まれたのである（矢坂ほか　2001）。

レインボープランにおいては，行政の人間も市民であり，行政の人間である前に一人の市民であると理解されている。市民と行政が対等な関係で取り組みに参加するという理想，つまり，横の連携・パートナーシップを理想としたのである（矢坂ほか　2001）。

（4）小括

以上，学習過程の3段階を拠り所に，レインボープランの検討過程を概観した。表3－1は，各段階の学習目標と検討・活動内容をまとめたものである。

約15,000人が生み出す生ゴミを分別し収集し，堆肥化し，有機生産物生産につなげる行為を持続可能な「組織・制度」にすることは簡単なことではない。良質な完熟堆肥を製造するためには発酵温度を上げる必要がある。このためには台所で生ゴミの水切り作業が必要不可欠となり，さらに，台所の生ゴミに混入しやすいラップ，ビニール，アルミホイル，トレイ，吸い殻，爪楊枝などを徹底的に分別する必要がある。これを達成するためには，住民の理解と協力なしには実現が難しい。また，生ゴミ堆肥をもとに生産された地場野菜生産を振興させるためには，安定した地場消費を確立し，価格を安定させることが必要である（石川　1997：106-107）。

そのため，必然的に，行政，農協，商工会議所，市民団体，婦人会等のあらゆる組織的支援と連携が発達し，今日に至る協力体制が構築されたのである（石

表3－1　レインボープランの検討過程と検討（学習）内容

	立ち上げ期	「効果的に学ぶ」段階・その1	「効果的に学ぶ」段階・その2	「効率化のために学ぶ」段階	「拡大のために学ぶ」段階
年	～1988	1988～1991	1991～1992	1992～1995	1995～
目標	インフォーマルな合意形成	方向性の決定	プランの作成	プランの具体化	整備・実施・運営
主な活動内容	①地元有志3人による話し合い，②農家・消費者ニーズ把握，③地域の団体・鍵を握る住民等への草の根レベルでの働きかけ	①市民97人による「デザイン会議」および分科会による方向性の検討，②「デザイン研究所」による具体的な方針の検討，③これら検討の「場」への住民参加による議論の積み上げ	①地元関係者，住民代表26名による「調査委員会」の設置とそこにおけるレインボープランの具体化，②他県の先進事例の視察，③堆肥センター建設，農産物生産基準等の提言	①「計画推進委員会」の設置と4つの専門部会における具体的・専門的な調査・検討，②各種視察，モデル事業・アンケート調査・試験の実施とデータ収集，③答申書提出までに50回以上の議論の積み上げ	①リサイクルコンポストセンターの建設，②「レインボープラン推進協議会」の設立，③「レインボープラン日曜市」開催，レインボープラン農産物認証制度制定，など必要な施設・制度の設立等
成果	行政の支援を得るための土台づくり	農業を軸とした地域づくりの方向性	レインボープランの誕生（実際の策定は1995年）	具体的な仕組み，農家の不安の払拭，地域住民の意識向上	4つの教訓（市民の自覚，女性の力，対話，地域づくりの希望）

出典：石川（1997），東北農政局（2001），長井市レインボープラン推進室（2000），矢坂ほか（2001）をもとに作成。

川　1997：106-107)。

5．内発的地域づくりにおけるキーパーソン

　内発的発展論の先駆者鶴見によれば，内発的発展の事例には，キーパーソンと呼ばれる人々がおり（鶴見　1994），実際，日本の地域づくりにおいてもそのリーダーシップのあり方が発展のプロセスに大きな影響を与えている（Kitano 2000)。

　本事例におけるキーパーソンは仕掛け人である2人の農民と1人の市民であると考えられる。彼らは，立ち上げ期には，市民の合意形成が重要と考え，市民に訴え，地域の中核団体に呼びかけ，それらをネットワークでつなぎ，行政の参加を促す努力をした（東北農政局　2001)。彼らは，上から命令されて行動するのではなく，自発的に地域の伝統や生態系に見合った社会活動を起こすという，まさに内発的発展におけるキーパーソンであった（鶴見　1994：8)。その後の効果的・効率的に学ぶ段階においても，委員会のメンバーとして，話し合いの場の設定や調査の実施などにより，農家の不安を取り除き，真正面から噴出する問題に取り組んだ。彼らキーパーソンが実際に委員会等の場所でどのような発言をしたかはうかがい知ることはできないが，徹底的な対話と研究がさらなる学習を促進し，「プロジェクト」の公共性を強化したものと思われる。

　キーパーソンである地元リーダーは，市民の意識高揚の重要性，地域社会における「批判と反対」から「対案と建設」といった姿勢への転換の重要性を教訓としてあげている（東北農政局　2001)。これはリーダーシップ行動における構造づくり（initiating structure）と配慮（consideration）という2つの資質（塩次・高橋・小林　1999：201）に通じるものである。

6．おわりに

　以上，長井市のレインボープランの形成過程を概観した。もちろん，地域づくりは，地域の自然・経済・社会・政治的条件に合致したオーダーメイドでな

くてはならず，長井モデルをそのまま他地域に移転すればよいというものではないであろう。しかし，段階ごとの異なる学習の重点があること，真のパートナーシップは徹底的かつ建設的な話し合いと検討のプロセスから生まれること，市民の意識向上と行政の適切な支援のあり方など，本事例からわれわれが学ぶべき教訓は多い。

今後，上述の各検討段階において，キーパーソンだけでなく，どのような立場の人がどのように学習を促進させたか等に関する詳細な検討がなされれば，内発的発展論における人的側面について，さらに有益な教訓が得られるであろう。

本事例は，地域における循環型社会形成という文脈における先進事例として語られることが多いが，地域づくりにおける組織・制度化という観点からも，日本に限らず，途上国を含む海外の参加型地域開発の分野に対しても，有益な示唆を提供するはずである。

考えてみよう ［第3章］
1. 学習課程アプローチの「3つのE」があてはまる他のジャンルや事例はあるか考えてみよう。
2. 長井市の事例の成功の背後にある地域固有要因と普遍的要因をあげてみよう。

［引用文献］

［1］アップホフ，ノーマン（1992）：インスティテューショナル・ディベロップメント（組織・制度づくり）への超方法論的アプローチ，外務省・国際協力事業団・（財）国際開発高等教育機構，国際シンポジウム技術協力の経験を分かち合うアジアにおける組織・制度づくり，pp.89-101.

［2］石川巧（1997）：調査レポート—台所と農業をつなぐ市民運動—山形県長井市の取り組み—，日本農業研究所研究報告，農業研究，10，pp.105-114.

［3］環境省（1999）：循環型（リサイクル）社会構築に関する基本的枠組み法案の提案，http：//web/kyoto-intet. or. jp/people/okiya/kokkai153. htm

［4］北野収（2000）：有機農業者グループ（「草の会」）にみる新たな混住化社会の形成と過程，地域経営体制事例調査報告書—農山村における地域マネージメントとマーケティング活動の関連性—，（財）21世紀村づくり塾，pp.58-74.

［５］ 北野収（2002）：プロセスとしての開発論―地域の発展を考える３つの次元―，開発学研究，13（２），pp.47-56.
［６］ 塩次喜代明・髙橋伸夫・小林敏男（1999）：経営管理，有斐閣.
［７］ 鶴見和子（1994）：序章　内発的発展と外向型発展，宇野重昭・鶴見和子編，内発的発展と外向型発展―現代中国における交錯―，東京大学出版会，pp.1-15.
［８］ 東北農政局（2001）：「循環型社会を目指した講演会」開催される，東北農政局広報誌「土と水と，人間と」，237, pp.6-7.
［９］ 長井市レインボープラン推進室（2000）：レインボープランとは：台所と農業をつなぐながい計画，http://www.city.nagai.yamagata.jp/rainbow/
［10］ 人と情報の研究所（2000）：研究所からの情報提供（平成14年３月15日発行分），http://www2.shizuokanet.ne.jp/sabu/back/020315.html
［11］ 矢坂雅充ほか（2001）：山形県長井市レインボープランの理念と課題，東京大学環境の世紀Ⅷ　講義録（2001年５月18日），
　　　http://www.sanshiro.ne.jp/activity/01/k01/schedule/5_18b.htm
［12］ Kitano, Shu (1998): Historical Perspectives on Technical Cooperation in Relation to International Agricultural Development: Definitions, Transitions, and an Effective Mode, *Journal of Rural Issues*, 46, pp.23-29.
［13］ Kitano, Shu (2000): *Moving Beyond Decline and Integration: Uneven Rural Development in Japan*, Ph.D. dissertation, Cornell University.
［14］ Korten, David C. (1980): Community Organization and Rural Development: A Learning Process Approach, *Public Administration Review*, 40, pp.480-511.
［15］ Uphoff, Norman (1986): *Local Institutional Development: An Analytical Sourcebook with Cases*, Kumarian Press.

第4章

地域づくりと多面的機能発揮におけるキーパーソンの役割
―兵庫県小野市きすみの地区の事例から―

谷河　美香・北野　収

1．はじめに

　農業・農村整備から，農村環境づくりや地域づくり[1]といった呼称の変化・多様化に象徴されるように，農村計画の潮流はハードからソフトへとシフトしてきた。キーワードでいえば，「開発」「整備」から，「環境」さらには「教育」「参加」という流れであり，これは直近の土地改良法改正（2001（平成13）年）にもみられる（環境と調和への配慮，非農家を含む地域の意向を踏まえた計画策定が追加）。一言でいえば，旧農業基本法の生産性向上主義から食料・農業・農村基本法の多面的機能重視主義という新旧の基本法の精神の変化を反映したものといえる。しかし，法的枠組みによって，現場がすぐに変わるものでもなく，地域住民，外部の専門家，リーダー的人物の資質，行政の支援などさまざまな人的要因が重要であるとともに，現実問題として根強く残る「開発・整備」志向との調整も容易ではない場合が多い。こうしたなか，筆者らが注目するのは，地域における「キーパーソン」という人材の存在と役割である。

　本章は，兵庫県小野市きすみの地区における，ビオトープによる生態系維持に配慮した圃場整備，「田んぼの学校」の展開，特産品の開発などにかかわる一連の活動を分析対象とする。現地での聞き取りは，2005年8月，2006年1～2月と8月に，土地改良区，小学校，姫路水族館で行った。関係者からの聞き取りと既存文献からの情報をもとに，整備の計画段階から環境教育や地域活性化の多様な取り組みに至るまでの展開過程を「記述」し，それを以下の分析的視点を拠り所にして，持続可能な地域づくりとしての農業・農村整備を考える

ためのインプリケーションについて考察する。本章では，多面的機能のうち，主として，自然環境の保全，地域社会の維持活性化，体験学習と教育（保健休養機能の一部）を取り上げる。

以下，方法論に関する若干の議論を展開したのち，3で地域概要を説明し，4では事例の背後に見え隠れするキーパーソンの存在を念頭におきつつ，活動の展開過程を記述する。それを踏まえ，5ではキーパーソンの役割の検証と若干の考察を行い，結論を得る。

2．本章における「キーパーソン」論の位置づけ

筆者らの分析的視点は，内発的発展論におけるキーパーソンである。具体的には，環境教育，住民学習，ボランティア活動を通じた農村環境づくり[2]という文脈におけるキーパーソンの役割である。内発的発展論の生みの親である社会学者鶴見和子は，地域社会内部の結束や合意形成，さらには，外部との資源・情報のやりとりに重要な役割を果たす特定個人の存在に注目し，このような人的資源を「キーパーソン」と呼んだ。宇野・鶴見編（1994）は，「良質かつ強力なリーダーシップの存在が，（政治的つながりを含む）外部との連携の開拓・拡大，むらづくり等のアイデアの提供，さらには，地域社会の活性化において重要な役割を果た（す）」と定義している。

筆者らがキーパーソン論に着目する理由は，第1に，地域計画の分野において，人間行動論的アプローチの重要性が指摘されるにもかかわらず（北野 2004a；星野 2005），国内の地域づくり事例に関する先行研究が乏しいことである。第2は，途上国の村落開発論において，地域（住民）に外部の資源や情報をもたらし，地域社会の内部の変化を誘発する媒介役（カタリスト）とそのカウンターパートとしての地域リーダーの役割が注目されてきており（北野 2004b），従来，理念先行型であった内発的発展論の新たな展開がみられ，この視点を国内事例に援用できると考えるからである。

これまでの地域計画・開発分野における人間行動論的な研究は2つに大別することができる。第1は，人間が合理的な行動主体であることを前提として，

それを分析対象とするものである。ここでは，個々人の個人的な要素よりも，所与の条件および責務を果たすための最も効率的・効果的な行動パターンをシステム論，機能論的として理解するもので，海外のソーシャル・キャピタル論の実証研究（Krishna 2002），社会心理学アプローチ（Korten and Siy, eds. 1988），土木工学・建築学系の計画論の多くはこれに類するものである（Ebrahim and Ortolano 2001；星野 2005）。第2は，明示せずとも行動主体が個人的な経験や価値観をもつことを念頭におきつつ，地域社会なりプロジェクトにおける関係性を民族誌的に記述すること自体を目的とするものである。この方法では，記述者（＝分析者）自身が，地域社会やプロジェクトの一員であることが要求されるが，場合によっては，その記述を手がかりとして，さらに，行動パターンに関する客観的な分析を加えることもある（Uphoff 1992；小國 2003）。また，民族学的なライフヒストリー研究（社会生活史と個人生活史の双方を含む）の多くは，民衆世界や生活世界の断面や変遷を明らかにすることを目的とするもので，特定個人の行動や動機そのものを明示的な分析対象とする「キーパーソン」論とは性格を異にするといえる。

　本章では，「キーパーソン」を必ずしも合理的な行動主体（合理的経済人・組織人）とみなさない。前提としているのは，経済的・組織的に非合理的であっても，価値観や「想い」といった個々人が有する人格的側面自体が諸アクター（個人，組織）間の情報共有や関係性の有機的な構築に作用する人的資源の一部であるということである。この意味で，本章は，上記の第1，第2とも異なった分析的視点をもつものである。一般的に，こうした視点は，ジャーナリスティックな報道（たとえば，「プロジェクトX」など）にみられるが，社会科学分野の研究においても，理論・実証の両面から掘り下げられるべき命題だと考えられる。

3．小野市ときすみの地区の概要[3]

　小野市は兵庫県南部，播州平野の中央部に位置し，西部には県最大の河川である加古川が貫流している（図4-1）。神戸からは車で約45分，鉄道で約1時

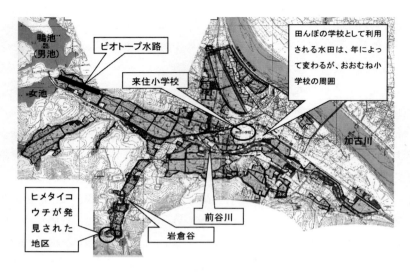

図4−1　きすみの地区基盤整備計画図と小学校，ビオトープ水路等の位置
出典：きすみの地区土地改良区から入手した図面

間の距離にあり，市街地から少し離れると一面に田園風景が広がる。1954（昭和29）年12月1日に小野，河合，来住，市場，大部，下東条の6か町村が合併して市制を施行，1956（昭和31）年4月1日には加東郡社町の久保木，古川を編入合併し，現在の小野市が誕生した。小野市の基本指標を表4−1に示す。神戸市への通勤可能圏として，人口は毎年微増している。耕地が市の面積の約26％を占め，その約97％が水田という，典型的な平地水田地帯である。

　水田農業の主力は水稲「ヒノヒカリ」であり，酒米である「山田錦」の栽培も盛んである。「山田錦」に関しては，国産酒の消費量低減に伴い栽培面積の減少が進んだため，酒造り以外にそれを用いてパン（山田錦米パン）作りを行っている。山田錦米パンは粘度が高く，自然の甘味があると一般客からも人気で，2004年度からは，市内の小・中・養護学校の給食で，これまでの小麦（大半が輸入）パンに変わり，山田錦米パンが週2回出されている。給食で使用される米はすべて地元小野市で生産されている。水稲のほかにも，京阪神に近い立地上の有利性を活かし，小麦，大豆，野菜（たまねぎ等），果樹（イチジク等），酪

表4-1　小野市の基本指標

人口（人）	1998年	49,553
	2000年	50,309
	2002年	50,441
	2005年（8月）	50,639
世帯数（2005年8月，戸）		17,247
農家戸数（2000年，戸）		2,970
市域面積（ha）		約9,400
耕地面積（2002年，ha）		2,430
うち水田（2002年，ha）		2,370

出典：小野市ホームページ，2000年農林業センサス。

農など，多様な農業生産が展開されている。近年は市内で作られた良質な農産物特産品を市農政課が「小野うまいもんブランド」と認定し，小野市農業の振興に力を入れている。

　旧来住村であった来住地区は，小野市の西部，加古川流域に位置し，山と川のはざまに細長く広がる地域である。同地区の人口は3,570人，世帯数1,142戸（2005年8月現在）と小野市で一番小さな地区であり，小学校区である。同地区にある6つの字のうち来住町と下来住町は昔から，鴨池水系によって水田耕作が行われてきた。そしてこの2町が「きすみの」と呼ばれており（以下「きすみの地区」），今回合同で圃場整備事業に参加した。両町合わせて人口2,151人，世帯数687戸である。来住地区は鉄道などの交通の便が比較的良く，姫路，神戸，大阪の通勤圏内のため兼業化が進んだ。農家世帯数256戸のうち，専業農家10戸，第1種兼業農家が2戸，第2種兼業農家が244戸となっている。認定農家はない。地域内経営等面積は81.9ha，1戸当たり平均農地面積は0.3haと小規模農家が多い。

4．きすみの地区における各種活動の展開過程

（1）県営基盤整備計画

　1996（平成8）年，水田の整備が遅れていたきすみの地区で，圃場整備が受益面積71haの県営担い手育成基盤整備事業として新規採択され，翌年2月に

工事が開始された（市川　2003a：78）。同事業の「きすみの地区概要書」においては，事業目的として，①農地の汎用化と集団化を行うこと，②集落型の生産組織による連坦的農作業による土地利用型農業のコスト低減と生産性の向上を図ること，③これらにより農業経営の安定と都市近郊農業としての確立を期すること，が述べられている。当地区は約20年前にも一度，圃場整備を行う話があったが，事情により立ち消えとなった。1996年の事業採択には，市内でも圃場整備が立ち遅れてきた当地区の農家の強い要望が反映されている。

（2）希少生物の発見と環境調査

工事着手直後，小野市の自然を守る会[4]の代表を務める地元在住の画家から，工事対象区域の環境と生物多様性に関する調査依頼が兵庫県自然保護協会になされた。以前，東京で英語の高校教師をしていた画家は，1975年に地元来住に戻ってからは，採石場開発による神社の屋敷林の伐採反対運動などにかかわる小野市内の有志と「小野の自然を守る会」を結成し，自然保護に関する署名活動やマスコミへの通報などの活動を続けていた。工事は非農家である一般住民には知らされておらず，同氏も地区にブルドーザーが入り，地表面が相当掘り起こされた時点で，「何が始まろうとしていたのか」を知ることとなった。

兵庫県自然保護協会による独自の調査の結果，整備区域内に多くの貴重生物種が発見された。この結果を踏まえ，同協会は県環境政策課自然環境保全室に工事の中止を訴えた。また，同会の通報によりこの問題が新聞記事（神戸新聞1面）になるに及び，その反響は行政部局を含む各方面に影響を及ぼすこととなる（画家氏談）。同じ時期（1996～97年頃）に，後出の小学校教諭（西本弘子氏）は画家と知り合いになったが，この時点では，きすみの地区での取り組みにはかかわっていなかった。教諭は，子供が地域に住む「すごい人」を探してくるという学習課題を通じて，画家と知り合い，初めて，きすみの地区における希少生物の話を聞いたという。結果的に，画家が本事例における一連の取り組みを誘発する「火付け役」（画家氏）となったが，その一方で，画家への風当たりもあったものと推察される。

その後，兵庫県は正式に調査を行うこととなり，県環境政策課自然環境保全

室と以前から交流があった姫路市立水族館（水生昆虫を専門とする専門員市川憲平氏（当時）ほか1名）に調査を依頼した。最初の調査を行った自然保護協会の担当者は市川氏を直接たずねており，社土地改良事務所から相談があった時点で，すでに市川氏は状況を把握していた。したがって，社土地改良事務所との打ち合わせの時点では，市川氏はまだ現地を見ていなかったが，希少生物を残すことを強く訴えた。

　結局，市川氏らの調査でも，岩倉谷（第1工区）では，湿地帯で水生昆虫のヒメタイコウチ（兵庫県版レッドデータブックAランク）が確認され，水たまりでは，カスミサンショウウオ（同Bランク）の幼生が多数発見されたほか，トンガリササノハガイ（同Aランク）が岩倉谷川で一個体確認された。また，前谷川流域では6種類約100個の二枚貝が現れ，トンガリササノハガイやカタハガイ（同Aランク），マツカサガイ（前2種とともに環境省版レッドデータブックで準絶滅危惧種）も多数発見された。タナゴ類，カワモズク（県版Bランク）やカスミサンショウウオの幼生も見つかり，この地域の生態系の生物多様性の高さが改めて確認された（市川　2003b：993）。

　新聞報道の直後に，県が環境調査を実施したことは当時としては異例であった。市川氏は，行政側の迅速な対応には「時代」の影響[5]があると指摘する（市川　2003a）。当然，県内部での農政部局と環境部局との調整，農林水産省との調整（近畿農政局および本省）が，行われたはずであるが，その詳細を外部者がうかがい知ることはできない。

（3）工法の変更と工期の延長

　社土地改良事務所はきすみの土地改良区，県の環境部局，近畿農政局，自治会等と意見調整したうえで，工法の変更を決定した。土地改良事務所側と水族館の市川氏らは，生物への影響や工法について，幾度かやりとりをしていたが，土地改良事務所側ではすでに県庁との調整結果を踏まえ，工事を一旦中止し，工法を変更することを前提として市川氏らの意見に耳を傾けていた。この時点では受益農家側との工法変更に関する合意形成はなされていなかったが，工法変更は時代の流れを意識したトップダウン的な決断であったといえる。また，

社土地改良事務所の担当者も，工法の変更の実現に非常な熱意をもって，行政という立場を超えて地元土地改良区や農家らと接し，その後行われる各種イベントにも参加するなど，地域住民の信頼を得た。

地元農家のとりまとめにあたった土地改良区事務局長山本英夫氏は，工法変更はやむをえないとする行政側と農家側の間で頭を悩ませたが，収穫期が1年に延期されるにもかかわらず，農家側から表立った反対の意思表示は出されなかった。山本氏とのインフォーマルなやりとりで反対意見が出されたのは受益農家256戸のうち，十数戸であったという。もちろん，残りがすべて賛成であったわけではなく，山本氏は「不快感はあるが表に出さない」「無関心」が相当程度含まれていたものと推察する。実際に，山本氏は地元農協と交渉をして，その年の種子代を農家が負担しなくてもよいようにするなど，最終的に工法変更の合意形成に至るまで，行政と受益者との橋渡し役として重要な役割を果たした。加えて，「時代」を背景とした県側の意向および土地改良事務所担当者の誠意ある姿勢などが，環境保護団体と受益農民側という二者対立構造の発生を回避させ，迅速な合意形成を促した[6]。山本氏も，小野市役所を含む行政側の熱意を高く評価している。

この時点での一連のやりとりは，土地改良区と土地改良事務所，および行政が中心であり，水族館の市川氏と小学校教諭の西本氏は当然のことながらかかわっていない。

（4）ビオトープ計画の内容

社土地改良事務所と姫路市立水族館との間で対策工法の検討が行われ，①生物を移転・収容する代替の湿地としてのビオトープの整備，②代替地へ生物を移転させるための水路の建設，③生物移動後の圃場整備を完成，という計画がまとまった。とくに，工事地区東端に予定されていた3面コンクリートの排水路がビオトープ水路に設計変更されることになった。これに関し，姫路市立水族館側からは，当該地域には，貴重種の貝類だけでなく，魚類，昆虫類などの多種多様な生物が生息していることもあり，「環境をできるだけ複雑にする」「環境に連続性を持たせる」「生き物に隠れ家や繁殖の場を提供する」（市川

第4章 地域づくりと多面的機能発揮におけるキーパーソンの役割　63

2003a：79）の3つの考えに沿うべきとの意見が出された。これを反映して，排水路の一部400mを利用したビオトープ水路の造成については，できるだけ現場での生コンの使用を避け，既製品を使用，水底にはコンクリートは使用せずに前谷川下流の底土を移し入れる，流れを複雑にするために流路の中に人頭大の石を配置するなど，多岐にわたる要望が出された。そしてこの要望をほぼ満たす対策工法案ができあがり，それに沿って工事が進められることになった（市川　2003b：994）。一連の工法に関するやりとりでは，水族館の市川氏は，水生生物と生態系の専門家として，重要な役割を果たした。

　この計画変更は，従来の農業生産面を重視した圃場整備の思想から，生態系に配慮した新しい農村計画への転換という点で画期的である。2001（平成13）年の土地改良法の改正にはこの思想が反映されているが，本事例はそれよりも，4年も前のことである。工法変更により急遽造成されることとなったビオトー

写真4－1　ビオトープ水路と小学生が製作した案内版
(谷河撮影，2006年2月)

プ水路や湿地等は1998（平成10）年3月までに完了した（写真4-1）。

（5）水生生物の移転とボランティア活動

　岩倉谷の湧き水横にヒメタイコウチ用の新しい湿地を造成し，1997（平成9）年9月には兵庫県自然保護協会や環境ボランティア団体の兵庫・水辺ネットワーク[7]の18人で工事現場の湿地から164匹のヒメタイコウチを採集し，新しい湿地へと移動させた。翌年1月，ビオトープ型新水路に前谷川下流の底土を入れる作業が行われた。そして翌月，同じく兵庫県自然保護協会，兵庫・水辺ネットワーク，土地改良事務所（社，姫路），農業技術センター，地元の小中学生や農家を含む，総勢102名のボランティアの参加で6,793個の貝類の採集および移動を行った。1998年，99年にも合わせて12,285個の貝類を移動させた（光山・東良　2004：61）。この活動は，後出の西本氏を含む教育関係者が本取り組みにかかわる契機の一つとなったとともに，地域における非農家を巻き込んだボランティア活動のさきがけとなった（写真4-2）。一連の活動は，神戸新聞紙面でも紹介された。

写真4-2　希少生物の救出をするボランティア達
（1998年撮影，西本氏提供）

（6）田んぼの学校ときすみのふるさと会議

　圃場整備と工法変更に伴う一連の動きのなかで土地改良事務所，市川氏，山本氏，自治会等による話し合いが幾度となく行われた。話し合いに使われる事務所は現場近くにある来住（きし）小学校の校舎の一部を間借りしていたため，関係者は西本氏が教諭として勤務していた来住小学校に出入りしていた。たまたまではあるが，小学校の校舎という「場」が関係者のつながりとネットワークを生み出す結果をもたらした。

　水族館の市川氏は，㈳農村環境整備センターが推進する「田んぼの学校企画コンテスト」のことを土地改良区の山本氏に打診した。山本氏は西本氏に応募することを勧めた。西本氏は，人権や環境など地域における総合的な学習を重視する地元小野市出身のベテランの教諭である。以前からふるさとの環境の改変に心を痛めており，自然体験を取り込んだ授業を行ってきた。結局，西本氏は，きすみのにおける「田んぼの学校」企画立案者となり，その後「田んぼの学校」に精力的に取り組むこととなる。2000（平成12）年，ビオトープ水路や里山等を利用して田んぼの学校を開校するという来住小学校の企画が「田んぼの学校企画コンテスト」で金賞を受賞した。この活動を契機に，本事例は地域住民を巻き込んだ地域づくりへの活動と発展する。

　初年度の田んぼの学校は2000（平成12）年5月に開校し，ビオトープの保全，そばの栽培を柱に，さまざまな行事が総合的な学習の時間に行われた。低学年（1，2年），中学年（3，4年），高学年（5，6年）にグループ分けし，「人と自然が共生する農村環境作り」をテーマに学校と地域が連携して活動を行っている。地域の自然を知るために水鳥の観察，里山登山，ビオトープ水路の生物観察を行ったほか，そば，米，大豆，藍，ケナフ，椎茸を栽培した。大豆からは味噌を，ケナフからは卒業証書を作った。里山やビオトープに関しては，行政のほか，前出の市川氏，山本氏も参加した。田んぼの学校は，児童による関係機関からのヒアリング，住民アンケートなどの活動も含まれた，まさに「総合的な学習」の場となった。また，「こども葉っぱ判定士[8]」活動に来住小学校が参加し，数名の判定士が誕生した。一連の活動は新聞でも紹介された。

写真4-3　きすみのふるさと会議
(2001年撮影，西本氏提供)

　学習成果の発信と共有の場として，2000年度には「子ども環境会議」が，2001〜03年度には「きすみのふるさと会議」（写真4-3）がそれぞれ，来住小学校において開催された。とくに，「ふるさと会議」では，支援者，家族，地域住民が意見交流する場となり，希少生物保護や農業のあり方について考えるためのプラットホームの役割を果たした。田んぼの学校の取り組みが児童たちにとって地域環境への理解を深めさせ，彼らが地域の自然を守り育てる次世代として育つきっかけとなることが期待される。違う世代や地域の人と交流し，さまざまな団体とのつながりを再構築するとともに，ネットワークを作り出したことは大きな成果といえる（市川　2003a：85）。田んぼの学校は，「子供が動き，大人も動き，地域が変わる」（西本氏，傍点筆者）という大きな契機となった。

　田んぼの学校に関する一連の活動において，西本氏は担当教諭であるだけでなく，ネットワークづくりと住民参加に重要な役割を果たした。第1に，児童に土地改良区と市農政課を訪問させ，児童自ら山本氏を含む担当者にインタビューをさせるプログラムを実施し，児童の教育面だけでなく，土地改良区や行政に本取り組みにおける「子供」の存在と可能性を意識させる契機を作った。第2に，地域住民に対するアンケート調査（農村環境，ビオトープの存在意義，圃場整備の成果と課題，これからの農業のあり方）を児童に実施させ，「子ども環境会議」

(2000年10月)でプレゼンテーションを行わせるなど,情報の共有に努めた(西本 2001)。第3に,地域におけるより広範囲な情報発信である。西本氏自身が「ありとあらゆる所からサポーターを呼んだ」と語るように,「子ども環境会議」「ふるさと会議」など児童の学習発表の場に,市長,市役所担当者,好古館(市立博物館)館長,ＰＴＡ,老人会,社土地改良事務所などからの出席を呼びかけ,結果的に農業関係者・教育関係者(教諭,児童,保護者)以外の住民らにも関心を広げた。第4に,田んぼの学校の企画・実施の検討,講師依頼等を通じて,西本氏と山本氏,市川氏とのつながりが生まれた。

(7) 特産品としての「きすみのそば」の開発

　西本氏の指導による田んぼの学校の活動の一環として始まったそば栽培は同地区の農会長の協力で休耕田を利用しており,収穫時には保護者や地元農家も応援にくる。収穫後のそば打ちは,地域住民やきすみの営農組合加工部・そば作り担当の指導のもとで行われた。このそばは来住小学校の生徒たちにより「きすみのそば」と名付けられた。田んぼの学校を始めて2年目の2001(平成13)年には,小野市長の蓬莱務氏も「きすみのふるさと会議[9]」に参加し,きすみのそばを食べ,大変気に入り,その場で小野市の特産としてそば処を作ることを公言した(西本氏提供資料より)。

　その後,きすみのそばは減反による転作作物としても注目され,研究が進み,2004(平成16)年12月,下来住町にあるJR加古川線の小野町駅構内にそば処「ぷらっときすみの」が開店した。そば打ち体験もできるとあって,休日は遠方からの客も多い(きすみの営農組合長談)。「ぷらっときすみの」は,営農組合加工グループの女性・高齢者22名(うち男性7名)によって運営されており,手打ちそばのほか,そばまんじゅう,そばクッキー,地元野菜を使った太巻寿司などを調製販売している。

(8) 田園自然環境保全再生支援事業と大人版田んぼの学校

　田んぼの学校が契機となり,学校教育サイドの主導によって広がった一連の活動を,さらに組織・制度化する取り組みが土地改良サイドから開始された。

農林水産省の補助事業によって2002（平成14）年度から3年間実施された「田園自然環境保全再生支援事業」である。社土地改良事務所から山本氏に打診があり，山本氏の判断とイニシアチブによりすぐに申請がなされた。同事業は，自然環境の再生と保全に係るソフト経費および住民の活動を支援（年間200万円）するものである。ミニコミ誌（なかよし橋）の発行，生態系やボランティアに関する講演会の実施（第1回の演者は水族館の市川氏），ビオトープメンテナンス活動，ビオトープ案内板の設置，マップの作成・配布，来住小学校児童によるホタル飼育と放流，写真展，ワークショップと観察会が実施された。このうち，講演会とビオトープメンテナンス活動は，この事業を活用して実施された大人版田んぼの学校として位置づけられている。地域の大人にも，ビオトープ水路を守り育てていくことの重要性を認識してもらうことが目的であった（市川2003a：83-84）。

これらの組織的受け皿として，「ふるさときすみの地域活動推進協議会」が2002（平成14）年に結成され，きすみの土地改良区等の呼びかけに賛同したPTA役員，ワークショップ参加者，営農組合員，小学校児童，教諭，きすみの野鳥を守る会の会員などがメンバーとなり，水路のメンテナンス作業を毎年，定期的に実施できる体制が整った。2004年度・2005年度は，神戸製鋼の公益信託基金である「コベルコ自然環境保全基金」の助成（年間20万円）も受けている。

2005年1月，農林水産省・農村環境整備センターの主催する第2回田園自然再生活動コンクールで「ふるさときすみの地域活動推進協議会」が「子どもと生きもの賞」を受賞した。きすみのビオトープ水路を軸としての地域づくり活動が評価されたのは，2004年に日本農業土木学会から表彰された「環境賞」に次いで2度目であった[10]。

(9) きすみの地区の課題と展望

順調に活動内容とネットワークの広がりをみせてきた本事例ではあるが，人材面，運営面での課題を抱えている。

第1は，2004（平成16）年4月に，西本氏が他校へ異動になったことである。現在，田んぼの学校は後任の教師や地域の応援によって続けられている（2005

年8月時点)。総合的な学習の時間を活用した教育内容は以前とそれほど変わらないが，西本氏のコミットメントによって始まった活動をどのように継続し発展させていけるかが，今後の課題となる。一般論として，児童の学力低下への懸念等を背景とした総合的学習の時間のあり方の見直しが議論されるなか，田んぼの学校のような活動が，PTAや行政との一体感を維持しつつ，活力を維持していけるのか，今後の展開を注意深く見守る必要がある。

第2は，地域内部における「組織・制度化」の課題である[11]。圃場整備が完了した現在，社土地改良事務所との公的なつながりは消え，きすみの土地改良区の解散を示唆する組合員もいる。また，「田園自然環境保全再生支援事業」も3か年の助成期間を終了した。しかし，市川氏によれば，これだけ環境保全と教育に関する活動が地域内外に広まったにもかかわらず，きすみの地区の農家の意識には，依然として，大きなばらつきがあるという。今まで，知恵や資金を行政や外部機関の専門家に頼ることができたが，それを地域で内部調達することは困難な状態にある。すでに70歳代半ばである山本氏と問題意識と志を共有できる後継者が求められている。

工法変更にかかわる一連の協議，田んぼの学校の企画・実施における協力を通じて，市川氏，山本氏，西本氏はそれぞれの職務上の立場を超えて重要な役割を果たしてきたが，市川氏，西本氏の公的なかかわりが解消された現在，取り組みの持続可能な「組織・制度化」を進めるうえで，行政を巻き込んだ次のステップのあり方が模索されなければならない時期にきている[12]。本事例のような農村環境づくりにおいても，地域マネジメントの主体形成という捉え方が必要となってくるのである。

5．分析と考察

(1) アクター間のつながりから読み解く「流れ」

以上のことから，「整備」→「整備＋保護（≒保全）」→「保全＋教育」という大まかな流れを読み取ることができる。

本事例には行政機関，住民や学校といったさまざまなアクターが関係している。図4－2にアクターの関係を整理した。主たるアクターの基本的な動機と関心を念頭において，あえてグルーピングすれば，圃場整備事業推進グループ（「整備」系），環境保護グループ（「保護」系），そして教育グループ（「教育」系）の3つの領域に分けることができる。時系列的にみると本事例は向かって左枠

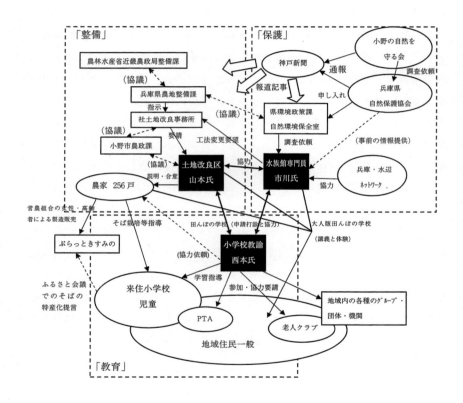

図4－2　「3つの領域」における諸アクターの相関図

注：1）白の四角は行政機関等を，楕円はインフォーマルなグループや任意団体を表す。ただし，本図における神戸新聞は法人としての新聞社ではないので，楕円とした。
　　2）点線の矢印は，①非公式なやりとり，②行政機関等に確認することはできないが，「キーパーソン」らの発言により，協議等があったと考えられるやりとり，を示す。実線の矢印は，それ以外の公式なやりとりである。

第4章　地域づくりと多面的機能発揮におけるキーパーソンの役割　71

表4-2　「3つの領域」ごとにみた主要事項年譜

		「整備」	「保護」	「教育」	その他
1992年		圃場整備検討会の開始（7月）	-	-	-
1996年		きすみの土地改良区設立，事務局長に山本氏（10月）	-	（きすみの土地改良区事務所が来住小の旧校舎に設置）	-
1997年	2月	圃場整備工事起工式（24日）※以降2004年度まで1～7工事区・農道の整備	-	西本氏が来住小に赴任（4月），総合的な学習に尽力	-
	3月	-	地元在住画家氏が県自然保護協会に相談	-	-
	4月	-	県自保協が現地環境調査（15日）	-	-
		社土改事務所と県環境政策課が接触（17日）	-	-	-
		-	県自保協が県政課に保護を申し入れ（22日）	-	神戸新聞1面に記事（23日）
		工事の一時休止（24日）	水族館市川氏らによる現地環境調査（25日）	-	-
		社土改事務所と山本氏らきすみの土改区打ち合わせ（28日），B氏は受益者らと協議	-	-	-
	5月	社土改事務所から県自保協に工法変更を通知，工法は水族館と協議することに（8日）	-	-	-
	6月	新工法案が水族館，きすみの土改区で了承（4日，5日）	-	-	神戸新聞の記事（11日）
	9月	-	県自保協，ボランティアによるヒメタイコウチ移植（20日）	-	神戸，毎日，読売新聞（21日），読売TV報道（22日）
1998年	2月	ビオトープ水路完成	ボランティア，社土改，土改区，小中学生らによる二枚貝の移植（1日）	地元小中学生，西本氏らが二枚貝移植に参加	神戸新聞記事（3日）
	8月	-	2回目，3回目の二枚貝移植（10日，29日）	地元の子供らも二枚貝移植に参加	神戸新聞記事（30日）
1999年		-	-	-	営農組合が休耕田でコスモス祭り（10月24日）※以降毎年開催
2000年	3月	-	4回目の二枚貝移植	西本氏，来住小児童も二枚貝移植に参加	-
	5月	-	-	「田んぼの学校」開校（6日）※初年度は2月13日まで，以降毎年度	-
	6月	-	-	水族館市川氏と教諭西本氏・児童によるビオトープ観察会（21日）	-
	7月	-	-	児童が土改区を訪問，山本氏の話を聞く（10日）	-
	10月～	-	-	来住小で「子ども環境会議」（10月26日）※児童によるアンケート調査	-
		ビオトープ水路と女池（溜池）の接続完了（12月）	-	児童が地元農家の指導によりそば栽培，そばを収穫祭で試食（農耕期）	全国農村振興技術連盟広報大賞優秀賞（きすみの地区営農組合）（12月）
2001年		-	-	田んぼの学校コンテスト金賞（来住小）（2月）	-
		-	-	来住小で「きすみのふるさと会議」（11月26日），ビオトープメンテナンスが児童より提案	左記会議での児童からの提案を受けそばの地域特産品化が始まる
2002年		土改区事務所が市役所内に移転（4月1日）	-	-	-
		田園自然環境保全再生支援事業（3か年度）	-	「きすみのふるさと会議」（10月19日）	-
2003年		-	田自環保事業の一環として市川氏講演会（2月）	左記事業を活用した大人版田んぼの学校が始まる	-
		農業土木学会環境賞（きすみの土地改良区）（7月）	ビオトープメンテナンス作業（土改区，営農組合，小中学生，一般ボランティア，約50名）※以降毎年	「きすみのふるさと会議」（11月）※その後も毎年継続（現在は内容は若干変化）	-
2004年		-	-	西本氏が市内他校に異動（4月）	JR加古川線小野町駅改修にあわせそば処「ぷらっときすみの」を開設（12月）
2005年		-	-	兵庫県グリーンスクール表彰（来住小学校）（7月）	田園自然再生活動コンクール「子どもと生きもの賞」（3月）
2006年		農用地等集団化事業優良地区表彰農林水産賞（きすみの土地改良区）（3月）	-	-	-

出典：市川（2002），きすみの土地改良区（2004），西本（2004），きすみの土地改良区「なかよし橋」各号，西本氏提供資料
注：事項の性格上特定の分野に分類不能なものは，活動または運営の主体（土改区，県自保協，小学校等）を参考に分類した。

のきすみの地区の圃場整備事業を行う社土地改良事務所などが属する圃場整備推進グループによる圃場整備事業から始動し，その後右枠の環境保護グループが希少生物保護を訴え工法変更がなされ，それを含めハード面の整備が先行したが，やがて，下枠の教育グループに属する小学校やＰＴＡによる田んぼの学

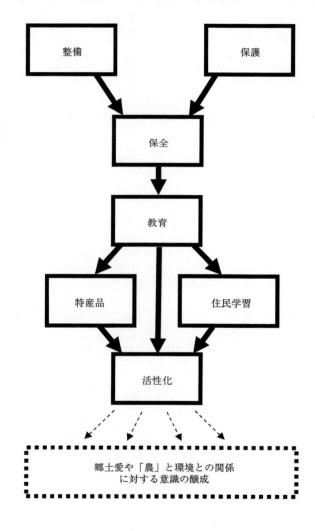

図4−3　小野市の事例にみる取り組みの多様化

校へとアクターのつながりが連鎖的に拡大した。田んぼの学校が地域住民の活動と学習にとって良いきっかけとなり，教育面，ボランティア活動，特産品の開発などのソフト面の活動を誘発し，子供と住民の交流，地域住民同士のつながりが活発になった。表4－2は，時系列的な流れをより具体的に理解するために，上記の3つのグループごとに，主要事項を年譜として整理したものである。

　本事例は，ハード面の整備による「場」の提供が，内発的発展につながった好例である。図4－3は，この「内発的発展」の一連の流れを7つのキーワードに抽象化して整理したものである。ここでいう「整備」とはハード面での圃場整備の動きを，「保護」は自然保護団体・個人・メディアによる一連の動きを指している。2つの流れが合流した結果，工法変更によるビオトープ水路の建設，希少生物の移転とそのためのボランティア活動といった「保全」という動きがでてくる。この流れのなかで，田んぼの学校コンテストへの応募が契機となり，「教育」という新しいキーワードが登場するのである。そして，「ふるさと会議」以降，小学校児童に加えて，より広範な地域住民の参加が始まる。ここでは，きすみのそばという「特産品開発」，ふるさと会議や大人版田んぼの学校を通じた「住民学習」が展開されたのである。最後のキーワードとして，筆者らは「活性化」という言葉を用いた。これは，経済面（特産品）・精神面（意識の高まり）・行動面（活動の多様化・活発化）のすべてにおける活性化を念頭においている。本章では，それぞれに関する定量的な度合いの把握は行っていないが，定量的な評価よりも，一連のこうした「流れ」が存在する事実を評価したい。仮に，図4－3に示したように，この流れの延長線上に，「郷土愛や「農」と環境との関係に対する意識の醸成」が実現されるとすれば，これが農村環境づくりの究極の目的であるはずである。

（2）キーパーソンの役割の検証

　注目すべきは，本事例の鍵を握る重要な役割を果たした人材が，それぞれ3つの違った性格をもつグループに存在していたことである。圃場整備事業推進グループには山本氏（きすみの地区土地改良区），環境保護グループには市川氏（姫

路水族館),そして教育グループには西本氏(来住小学校教諭)が存在する。本章では,彼らを内発的地域づくりにおけるキーパーソンとして位置づける。以下,各人の農村環境づくりに対するまなざしも交えて,キーパーソンとしての役割を検討する。

1)水族館専門員市川氏

　市川氏は圃場整備工事着工直後,兵庫県環境政策化自然環境保全室から工事該当地区の希少生物の調査依頼を受け,調査を実施した。その後ビオトープ水路の設計を指導し,現在も当水路のモニタリングなどを行っている。姫路市立水族館の主任水生生物専門員(当時)として働くかたわら,大学でも講義する等,各地のビオトープづくりなど環境を保全するための活動や環境教育活動に尽力している人物である(市川　2002)。

　本事例におけるキーパーソンとしての市川氏の役割で注目されるのは,機関に所属する生物学者として専門的知見・技術的サービスの提供にとどまるのではなく,山本氏,西本氏と連携を図り,田んぼの学校の申請をアドバイスしたり,「ふるさと会議」のコーディネーターを努めたり,地域住民に対する講演を行うなど,地域に密着した活動を一貫して行ってきたことである。結果的に,地域におけるさまざまな取り組みを西本氏が強力にサポートし,ステークホルダー間の関係性構築に関与した。専門性とコミットメント,この2つが地域づくりにおける外部専門家に求められる重要な要素である。

2)土地改良区事務局長山本氏

　本事例の圃場整備事業が採択された1996(平成8)年に設立されたきすみの土地改良区事務局長を務める山本氏は,地元来住の出身であり,実家は農家であるが,以前は高校の国語教師だった人物である。山本氏は,初めに社土地改良事務所から,工事地区で希少生物が発見され,それを保護するために工事を延期する意向を告げられた時点で,きすみの土地改良事務所としては工事費用も増加するうえ,工期延長になってしまう可能性もあり,そうなると次期の田植えも出来ないのではないかという不安を農家に与えかねないことから,当初

は工事延長には否定的だった。しかし，元教師ということもあり，「今ある自然を子供に残してあげたい」という気持ちから，圃場整備事業を推進する立場にあるにもかかわらず，農家の説得に当たるようになり，工事延長への理解と合意形成に貢献した。

　立場上，早急な工事完成を望むであろう農家側と，県環境政策課自然環境保全室や環境保護グループとの狭間での苦労は相当なものであったに違いない。筆者のインタビューに対し，次のように想いを述べている。

　「これからの開発は，今までの過激な食料生産を目的とした開発とは違い，景観維持，伝統文化の保存や教育など農業の多面的機能を開発していかなければならない。農業を維持していくための開発が必要だ。また地域の資源をどのように教育に取り入れるかをもっと考えるべきだ。教育全体の70％は人間が生きていくうえで必要な基礎学力などの教育，残り30％は地域資源を取り入れたオリジナリティーあふれる教育をしたらどうだろう。地域の資源を持ち込むような行政のあり方が必要だ。そうすることで子どもたちに地域の活力，特徴や良さを知ってもらえると同時に「地域愛」も生まれてくるのではないだろうか。」
（山本氏談，2006年1月18日）

　キーパーソンとしての山本氏の哲学は，①圃場整備・保全のメリットを非農家に発信し，②「農家vs非農家」という対立軸から「地域型住民」というカテゴリーに導き，③異なる人々の共生と人と自然との共生を根本概念に据えた農業文化（山本氏の言葉では「造化の神」との共生）を育むべきだというものである。

3）小学校教諭西本氏

　地域における環境教育のパイオニア的存在であり，行政や地域住民と子供をつなげた立役者ともいえる西本氏は，上記のとおり，本事例以前から自然体験を取り込んだ授業を行ってきた。西本氏は2004年まで7年間，来住小学校に在職した。子供が自分を取り巻く農村環境について知識を深め，自ら課題をもち，保護者や地域住民の参画型の学習を行うことで人と自然が共生する農村環境を創造することができると考え，すでに工事以前から，前谷川での生物観察や魚とりを学習活動に採り入れていた。筆者のインタビューに対して，西本氏は次

のような「教育観」を述べている。

「地域の担い手であり，地域を守っていくのはほかでもない子供である。学校での活動を通じて「地域愛」を育み，将来の地域の担い手へと成長してもらいたい。また，子供を通じて親を教育していくことも大切だ。」（西本氏談，2005年8月31日）

田んぼの学校では児童に自然や農業体験のほか，蛍の飼育や「こども葉っぱ判定士」を経験させ，農業や地域資源に対する新しい発見，課題，関心を引き出すことができた。その成果は西本氏が行った児童へのアンケートや作文にも表れている。西本氏の教育観は「地域の方々の知恵と生き方が，子どもの学びを豊かにし，子どもの学びが地域に活力を与え，地域の活性化に繋がっていることを実感している。地域に学び　地域を学ぶ，学社融合の視点に立った学びは，両者の理解と信頼の中で高まり合いながら地域環境をつくっていく」（西本　2002）という言葉に凝縮されている。きすみのと子供たちを愛する「教育者」のキーパーソンとしての存在が，本事例の成否に決定的な意味をもったといえる[13]。

しかし，他校に異動して，改めて本事例をみるという視点から，西本氏は，今後は小学校側に依存しつつ「連携」する体制ではなく，土地改良サイドと教育サイドが互いに主体性をもち「融合」する関係の確立が必要だと指摘する[14]。とくに，学校教育の世界で「総合的な学習」ブームが去った現在，個々の教師のコミットメントとは別の次元の問題として，今後，教育サイドが主導できる前提条件そのものが変わったことを無視することはできないからである[15]。

4）小括

圃場整備推進グループ，環境保護グループ，教育グループに属する3人のキーパーソンが各自の持ち場で主体的に動くとともに，相互に連携を図った。3人はそれぞれの立場の代弁者であったと同時に，グループ間の橋渡し機能を果たした。近年，地域の発展の重要な要因の一つとしてソーシャル・キャピタル（SC）が注目されている。従来の社会資本（Social Overhead Capital：SOC）が地域開発のハードウエアとなる道路，港湾，空港，上下水道，公園等の公共インフ

ラを指すのに対して，SCはソフトウエアともいうべき，地域・集団における規範，ネットワーク，信頼など目に見えない人間関係や社会的つながりを指す概念である。SCには，内部結束型SCと橋渡し型SC[16]があるとされるが，キーパーソンの果たす役割についてのSC論からの接近は今後の重要な命題となりうる。

（3）農業の多面的機能に対するインプリケーション

表4－3に，農業の多面的機能の定義と本事例にみるそれを対照させた整理・分類を示す。本事例における希少生物保護，「田んぼの学校」，地域任意団体の活動などは，多面的機能のうち，自然環境の保全機能（うち生物生態系保全），地域社会の維持活性化機能，保健休養機能（うち体験学習と教育）に当てはまる。

表4－3　農業の多面的機能の定義と小野市の事例にみる多面的機能

機能	定義	きすみの地区で該当する内容
1．国土の保全	洪水防止，土砂崩壊防止，土壌侵食防止など	― （水田農業全般）
2．水源の涵養	地下水涵養	― （水田農業全般）
3．自然環境の保全	生物生態系保全，遺伝資源保全，野生動物保護	希少生物保護
4．良好な景観の形成	優良農地の動態保全，みどり空間の提供，日本の原風景の保全，人工的自然景観の形成	田園景観の保持，コスモス祭
5．文化の伝承	伝統文化の保存	―
6．保健休養	都市的緊張の緩和（人間性の回復，体験学習と教育）	田んぼの学校，各種農作業体験
7．地域社会の維持活性化	地域社会・文化の形成・維持	ビオトープ水路メンテナンス等のボランティア，地産地消，祭，田んぼの学校，特産品の開発
8．食料安全保障	持続的食料供給が国民に与える将来に対する安心	― （農業生産活動全般）

出典：農林水産省ホームページ，日本学術会議（2001）

このことから，多面的機能は，行政府が行う「政策」のみより発揮されるものではなく，地域住民の日常の生活やボランティアによって，発揮されるものだということがわかる。前述のキーパーソンの役割をこの文脈で評価することも重要である。農村の環境づくりや農業の多面的機能の発揮は，行政当局と農業者だけの問題ではない。農村の「環境」とは（保全すべき）物的な客体としてだけでなく，それを取り巻く人々とのかかわりや意識を含んだ概念である。

（4）一連の意思決定に関する考察

当初，工事着工前に地権者以外の住民には説明はなかった。受益者である農民は自分の圃場整備への財政的負担をする。その一方で，住民からは公園，ゲートボール場などの要望が一般には出されがちであるが，地権者からみればそれはフリーライダー行為である。本事例においては，圃場整備が始まり，希少生物発見によって工法案変更に至るまでは，一般住民は部外者であり，まったく関与していない。地域在住の画家の指摘がなければ，従来型の整備が実施されたにとどまったであろう。最終的には，教育，ボランティア，特産品開発等のさまざまな局面で，一般住民の参画と相応の負担がなされた。

今日，理念・哲学としての内発的発展論，手法・技法としての参加型開発論のいずれにおいても，地域住民の主体性の発現を通じた「ボトムアップ」的なアプローチが提唱されている。しかし，地域づくりにおけるトップダウン的な意思決定の是非は，条件付きでケースバイケースだといえる。「内発的発展」としての本事例の意義は，実質的にトップダウンで行われた一連の意思決定の後の自発的な活動の広がりである。

「参加型開発」にはさまざまな便益があるが，計画策定段階からの住民参加から得られる便益として，事業・取り組みに対する住民らの当事者意識（オーナーシップ）の醸成があげられる（北野　2004a）。本事例において，圃場整備および新工法の計画策定には，住民とりわけ非農家は全く参加していない。しかし，「田んぼの学校」における児童の学習評価や地域住民へのアンケート調査の結果は，地域の環境や農業の価値に対する認識の高まりに良好な結果を示している（西本　2001）。

本事例にみるキーパーソンの役割はトップダウン的な意思決定の弊害を緩和するとともに，後の段階での広範な住民の参加と意識づけを促進した。これ以降に始まった最近の先進事例を検討することにより「整備」「農法」「教育」の相互関係を念頭に，事業計画策定段階からの意思決定と住民参加のあり方，およびそこにおけるキーパーソンの役割の可能性を研究していく必要がある。

(5) 持続可能な地域づくりの条件と本事例の限界

一般論として，ハード先行型の地域づくりにおいて，ソフトの活動がハードの整備に追いつき，意識と体制が整うまでの「時間差」の存在という条件下での合意形成の難しさという教訓を指摘できる。「環境への調和への配慮」のために，国・県営の事業計画に対する地域住民の意向を反映させるとする改正土地改良法の運用に注目したい。

また，西本氏の異動後の田んぼの学校の活動のあり方が注目されるように，持続可能な地域づくりにおいては，当初のキーパーソン個々人の資質や熱意への依存状態から，地域住民の合意形成と学習を経て，組織・制度化 (institutionalization) されなければならない（北野　2004a：239）。「組織・制度」とは公的な法令や政策だけではなく，地域の歴史・文化・風土によって育まれた価値観，または外部専門家の関与，地域住民の意識から生まれた「インフォーマルな仕組み」も含む。とくに，本事例のような，ハード先行型の場合，ソフト面の組織・制度化による持続可能性 (socio-institutional sustainability) の維持・構築が問題となる（北野　2004a）。

これを踏まえれば，農村環境づくりのパイオニアとしての本事例の教訓の限界として，次の3点を指摘しなくてはならない。第1に，児童および地域住民の学習の効果が世代を超えて継承されていくかどうかは定かではない。第2に，地域の環境や農業の価値に対する児童や住民のオーナーシップと，組織・制度としての農村環境づくりという「取り組み」に対するオーナーシップは別物である。第3に，仮に整備された圃場で環境保全型農業を行い，生態系保全を「線」（ビオトープ水路）から「面」（圃場）へと拡大するような取り組みが行われた場合，農家の参加と意識づけの重要性と意味合いが根本的に変わってくるが，本事例

の経験をもってこの問題には言及することはできない。

6．おわりに

　本事例においては，圃場整備事業の着工から，環境保護団体の告発に端を発し，希少生物の住む生態系の保全を目的としてビオトープ建設が実現し，子供や地域住民を巻き込んだ環境教育・住民学習，ボランティア活動，営農組合による農産加工活動の活発化など，さまざまな活動が地域に広がった。農業の多面的機能の重視という農政面からの「時代の追い風」という状況とそれを意識した行政の迅速な対応という部分はあったにせよ，地域における活動がここまで多様化し，農業・農村のもつ多面的機能について，児童や地域住民が考えそれを享受するに至らしめた。こうした，地域での学習を重視するという共通認識をもった3人のキーパーソンの働きを確認することができた。地域づくり，農村環境づくりを実効のあるものにするには，地域に密着しつつも，外部とのコミュニケーション能力に優れ，大局的な視点から専門性を発揮することのできる人材がきわめて重要であり，こうした人材は内発的発展論におけるキーパーソンに相当する。

　本章が提示した地域づくり，農村環境づくりに対するキーパーソン論からの接近は，農村計画学や地域社会学分野においても，重要な方法となる可能性を秘めているものの，当事者との密接な関係の構築など，外部者が容易にアクセスできない部分ももっている。今後は，他地域・他分野における詳細なキーパーソン分析の蓄積と比較検討が，当該分野における研究の深化のために必要となる。

7．きすみの地区のその後

　3人のキーパーソンは第一線を退いたが，田んぼの学校は2019年に20周年を祝った（山崎　2020）。その後，学習，営農，特産品製造販売の活動はより一層地域に根付いている。西本氏は「地域力」が継続の秘訣だという。校長や担当

教諭の交代によりその時々で「温度差」が出るのは仕方がないが，きすみのでは常に地域（農家以外の人々を含む，特に女性）が見守って働きかけてきたと語る。また，自身が手掛けた当時を振り返って，管理職ではなく一教諭だったからあのような教育実践ができたとも述べる（インタビュー．2021年2月9日）。西本氏は小学校退職後，国立兵庫教育大学の客員教授として，カリキュラムデザインの院生指導にあたった。生産面では2015年に農事組合法人「きすみの営農」が設立され，集落営農として米，そば，いも等の生産や子どもの農作業指導が行われている。周辺の非農家女性も積極的に参加している（山崎　2020：36）。山本氏は「田んぼの学校の効果は，ふるさとに対する愛着ができること」（加納 2020：36）と述べる。

　教員が頻繁に入れ替わる公立学校を拠点にした活動が，20年以上も継続し，周囲が子どもたちを温かく見守るなか，地域ぐるみの取組みとして発展を続けていることは極めて意義深い。

> **考えてみよう　[第4章]**
> 1．農業・農村の多面的機能について，本事例に基づいて自分の言葉で説明してみよう。
> 2．キーパーソン3人のうち1人を欠いた場合，それぞれどうなったか想像してみよう。
> 3．あらためてキーパーソンについて，自分の言葉で説明してみよう。

[注]
1) 地域づくりと農村環境づくりの明確な区別をすることは難しいが，用語が使われる文脈には違いがみられる。前者が都市，農村を問わず，地域経済の振興，地域社会の活性化，景観整備，環境保全等に関する地域ぐるみの活動を言及する汎用的な概念で，ハード事業を所与のものとしない概念であるのに対し，後者は農業・農村整備に関するハード事業を念頭におきつつ，景観や教育などに関する地域ぐるみの活動等に言及する限定された概念である。本章では，農村環境づくりの事例である一連の取り組みを，広義の概念である地域づくりの文脈において言及する際には，「地域づくり」という用語を用いる。
2) 政策としてのそれではなく，施設面の整備と地域を巻き込んだ学習と実践を含む

活動の「総体」という意味である。
3) 本章の情報は小野市ホームページによる。
4) 1975年4月設立。乱開発等に対する抗議活動を行う。「守る会」が対象としたのは，きすみの地区の自然であるが，メンバー10人のうち，画家以外は来住地区以外に住む小野市民であった。
5) 市川氏のいう「時代」とは，①農業・農村の多面的機能を重視した新基本法の検討が進行中であったこと，②当時，諫早湾干拓問題が国民の重要な関心事となっていたことである。
6) 山本氏は，社土地改良事務所との一連のやりとりを回想し，「県側のきすみのに対する思い入れの大きさ」を指摘している。
7) 兵庫県下の水辺をフィールドとして活動している研究者や自然愛好家が中心となって，1996年6月に結成。
8) 樹木が1年間に吸収する二酸化炭素量等を算出した結果を日本環境協会が認定。
9) ＰＴＡ，老人会，地域住民，兵庫県社土地改良事務所，きすみの土地改良区，小野市農政課，姫路市立水族館，ＪＡ，コミュニティーセンターきすみの等。
10) 2006年までに，土地改良区，小学校，営農組合等が，農林水産大臣表彰（農用地等集団化事業優良地区）を含む10もの賞を受賞した。
11)「同じ感性を持ち，夢を語れる人が（地域に）3人いればなんとかなる」と山本氏は述べるが，西本氏のみならず土地改良事務所の担当者も異動となった現在，山本氏は孤軍奮闘状態に陥っている（山本氏）。
12) この意味で，2007（平成19）年度から開始されるきすみの地区での「農地・水・環境保全向上対策」の展開が注目される。きすみの地区は，同対策の兵庫県のモデル地区の一つとして選定された。
13) インタビューの際，きすみのの自然や田んぼの学校についてエネルギッシュに語るときの彼女の目が輝いていたことを，筆者の主観ではなく事実として記しておきたい。
14) 学校と社会の関係を表す教育用語として，「連携」には常に一方が得をし，一方が損をしてしまう関係（win-lose）のニュアンスがあるのに対し，「融合」には双方とも何かを得るという関係（win-win）のニュアンスがある（西本氏）。
15) 教育行政において，総合的な学習から再び教科重視へという流れがみられる一方，食育という新たな追い風が，今後，地域での取り組みにどのように作用していくのかを見極めることは，今後の重要な研究テーマとなりうる。

16) 内部結束型SC（Bonding Social Capital）は地域社会や集団内部の結束を強化する作用を，橋渡し型SC（Bridging Social Capital）は地域と外部の組織・資源との結びつきを強化する作用を果たす（Narayan 1999）。

[引用文献]

［1］市川憲平（2002）：タナゴももどったきすみ野ビオトープものがたり，農山漁村文化協会．

［2］市川憲平（2003a）：生態系保全水路の維持管理（兵庫県小野市きすみの地区），農村と環境，19，pp.78-85．

［3］市川憲平（2003b）：兵庫県きすみの地区のビオトープ型水路作りにおける協働，農業土木学会誌，71(11)，pp.993-1000．

［4］宇野重昭・鶴見和子編（1994）：内発的発展と外向型発展―現代中国における交錯―，東京大学出版会，305p．

［5］小國和子（2003）：村落開発支援は誰のためか―インドネシアの参加型開発協力に見る理論と実践―，明石書店．

［6］小野の自然を守る会グループ名鑑'97：
　　http://www.kobekec.net/g-meikan/gd/gd97data/gd97454.htm（2005年9月29日）

［7］加納麻紀子（2020）「"愛すべき小さな田舎"からの小さなたより　第15回　遠路，兵庫県へ」『土地改良』308，pp.49-10

［8］きすみの土地改良区（2004）：県営圃場整備事業（担い手育成型）きすみの地区竣工のしおり．

［9］きすみの土地改良区（2005）：きすみのの新しい財産を守ろう（ビオトープメンテナンス作業），なかよし橋（土地改良区広報誌），6号，3月25日．

［10］北野収（2004a）：地域づくりにおける「参加」概念の検討―開発社会学の視点から―，農村計画学会誌，23(3)，pp.237-246．

［11］北野収（2004b）：南部メキシコの内発的発展運動における農村青年NGO―変革のエージェント・カタリストという役割―，開発学研究，15(2)，pp.10-20．

［12］田んぼの学校：http://www.apapa.to/tanbo/（2005年10月7日）

［13］西本弘子（2001）：地域の環境を生かした「田んぼの学校」の実践，加藤明・善野八千子・松田智子編，「総合的な学習の時間」創造のための基礎・基本―地域と学校の特色を生かした実践とその評価―，文溪堂，pp.71-78．

［14］西本弘子（2002）：地域に学び地域を学ぶ総合的学習―田んぼの学校の実践を中

心に—,みちしば,7,pp.6-7.
- [15] 西本弘子（2004）：自然環境を活かし地域と連携して行う「田んぼの学校」の学習,教育研修（11月号増刊），pp.97-102.
- [16] 日本学術会議（2001）：地球環境・人間生活にかかわる農業及び森林の多面的な機能の評価について（答申），http://www.maff.go.jp/work/toshin-18-1.pdf（2005年1月25日）
- [17] 農林水産省（2004）：平成15年度版 図説食料・農業・農村白書,農林統計協会.
- [18] 農林水産省ホームページ：http://www.maff.go.jp/soshiki/kambou/joutai/onepoint/public/ta_m.html（2006年11月4日）
- [19] 兵庫県小野市ホームページ：http://www.city.ono.hyogo.jp/（2005年9月13日）
- [20] 兵庫県自然保護協会：http://www.kcc.zaq.ne.jp/dffvn807/（2005年9月29日）
- [21] 兵庫県版レッドデータブック：http://www.nat-museum.sanda.hyogo.jp/rsc/ecology/web-source/html/red_d.htm（2005年9月29日）
- [22] 兵庫・水辺ネットワーク：http://mizubenetwork.cool.ne.jp/index.htm（2005年10月6日）
- [23] 星野敏（2005）：グローバル化時代に向けた地区計画論の展開方向：計画技術的アプローチから行動科学的アプローチへ,農村計画学会誌,24(3),pp.194-205.
- [24] 光山治夫・東良敬博（2004）：ビオトープ水路から地域づくりへ—兵庫県きすみの地区貴重生物の保護対策（その後）—,圃場と土壌,36(2),pp.58-63.
- [25] 山崎幸恵（2020）「20周年を迎えた「田んぼの学校」と地域づくり〜兵庫県小野市来住小学校〜」『季刊JARUS』124, pp..32-37.
- [26] Ebrahim, A. and L. Ortolano (2001): Learning Processes in Development Planning: A Theoretical Overview and Case Study, *Journal of Planning Education and Research*, 20 (4), pp.448-463.
- [27] Korten, F. and R. Siy, eds. (1988): *Transforming a Bureaucracy: The Experience of The Philippine National Irrigation Administration*, Kumarian Press.
- [28] Krishna, A. (2002) : *Active Social Capital: Tracing the Roots of Development and Democracy*, Columbia University Press.
- [29] Narayan, D. (1999) : *Bonds and Bridges: Social Capital and Poverty*, The World Bank.
- [30] Uphoff, N. (1992): *Learning from Gal Oya : Possibilities for Participatory Development and Post-Newtonian Social Science*, Cornell University Press.

第5章

有機農業運動のパイオニアにみる運動の持続性の条件
―千葉県三芳村の有機農業運動の事例から―

小笠原有美香・北野　収

1．はじめに

　1990年代以降，環境保全型農業や食育への意識が高まりつつあるが，「有機」や「環境保全」という言葉すら市民権を得てはいなかった30数年前から，有機農業に取り組んできた団体が各地に散在する。これらは，政策としての環境保全型農業や食育とは，別の視点で四半世紀以上にわたり「運動」を展開してきた。本章は，社会運動が内在するジレンマに焦点を当て，日本の有機農業運動のパイオニアの一つである千葉県三芳村[1]のグループを取り上げ，持続可能な産直提携運動の条件に関する含意を得ようとするものである。

　この「ジレンマ」の実態なり，構造なりに接近するためには，アンケートや客観的な事実関係を調査することのほかに，調査者自らが組織の内側から「運動」にかかわり，組織の構成員とのコミュニケーションや参与観察を通じて，組織や構成員が抱えている問題意識を抽出する方法も有効である。本章は，当事者達からの聞き取りと筆者自身（小笠原）の体験から得た情報をもとに，有機農業運動のパイオニアの現状を分析し，上記命題の存在を明らかにし，示唆を得ることを目的とするものである。

2．方法論

　研究の準備作業として，関係者から直接入手した内部資料も含め既存文献を可能な限り収集し，背景と史的事実の把握に努めた。三芳村の有機農業運動に

関する文献は数多い（加納　1978；多辺田　1978；中野・中島　1982；中野・中島　1983；Darrell 1995；安全な食べ物をつくって食べる会30年史刊行委員会　2005など）。有機農業運動研究においては，生産・物流面を主眼にした農業経営学・市場論的アプローチと，社会運動の一環として捉える社会学・政治経済学的(ポリティカルエコノミー)アプローチがある。多辺田や中野は前者に，Darrellは後者に該当する。運動と経営のジレンマという命題に接近する本章は，双方のアプローチをつなげる意味合いを有するものである。

　三芳村での実際の情報収集にあたっては，筆者自身が積極的にイベントや日常作業にかかわり，当事者との関係を築くことを重視した。2003年10月から2006年2月の間，ボランティアとしてかかわり，関係者と寝食をともにし，単なる調査者としてではなく，体験や参与観察に基づく情報を得た。さらに，2005年3月から12月にかけて，都合10回，半構造化インタビューと質問項目による対面式を併用した聞き取り調査を行った（生産者15人，消費者7人，1人当たり60〜180分）。

　紙面の制約上，膨大な情報をエスノグラフィとして記述することはできない。したがって，後段（4〜8）での問題群に関する説明は，それらを帰納的にまとめた要点である。問題群の原因と現象を，運動（組織）の外部性・内部性という視点で分類し，それぞれの位相を考察することにより，変化する外部環境における「運動と経営のジレンマ」，ひいては，持続的な運動のあり方という命題に接近する。

3．運動と経営のジレンマという命題

　本章が設定する課題は，運動と経営のジレンマという命題への接近である。
　有機農産物の産直提携は社会運動としての側面を有する。社会運動とは「現状への不満や予想される事態に関する不満にもとづいてなされる変革志向的な集合行為」（長谷川　1993：147），「公的な状況の一部ないしは全体を変革しようとする非制度的な組織的活動」（片桐　1994：3）である。たとえば，消費者運動は「消費者が消費者としての利益を守るために，自らの組織，つまり消費者

組織を形成し，それを通じて行なっている運動」(山本 1970：108) であり，1970年代の有機農産物の共同購入・産直提携にも当てはまる。農産物の流通面から捉えれば，「産直」は市場外流通の一形態であるが，生産者と消費者を結びつける共同購入型の産地直結は，単に物流・価格あるいは商品差別化の面から語られる産地直送とは，根本的に異なる概念 (岡部 1988) であり，あえて「産直事業」ではなく「産直運動」と呼ぶ論者 (宮崎 1984：260) もいる。

　協同組合は運動体であると同時に経営体であるがゆえに経営主義に陥る危険がある (宮崎 1984：259) という古典的テーゼはよく知られるが，これはおよそ「運動」と呼ばれる行為・現象にとって避けられない「ジレンマ」である。現実には「運動」の持続・拡大には，経営やビジネス的な要素の拡充が不可欠となる場合が多いからである[2]。消費者と生産者との提携に基づく有機農業運動とて例外ではない。Kriesiによれば，社会運動は，集合行為への構成員の参加の有無，行為から得られる利益・便益還元が対構成員 (共益志向) か対当局的 (政治・社会変革志向) かによって，4つの類型に区分[3]することができ (Kriesi 1996：153)，これらの区分は組織内外の状況によって変化する (西木戸 2004)。

　岡部 (1988：3) が，1970年代の「本当の食と健康をとりもどすために自力救済的な安全食品確保をめざした消費者グループの産直活動」は「惜しむらくは運動の幅が狭く，制度的にどう成果を保障するか」の観点が薄かったと評価するように，それらの多くは共益志向が強く，対外変革志向に欠けていた。しかし，以下でみる有機農業運動 (および産直提携) のパイオニア達の取り組みのいくつかは，時代や社会のめまぐるしい変化，構成員の世代交代が進むなか，21世紀の今日でも継続している。そこには，構成員らの間に，さまざまな議論と志向すべき方向性の模索があったはずである。たとえ，共益志向の組織でも，数十年にわたって活動を持続するには，新規の構成員や販路の開拓という現実に向き合わざるをえないからである。

4. 有機農業運動の源流と背景

　日本の有機農業運動の歴史は，学者，医師，消費者運動家らによって1971年に設立された日本有機農業研究会が始まりとされる（保田　1986）。その後，高畠町有機農業研究会や兵庫県有機農業研究会などが結成（いずれも1973年）され，地域に根ざした運動が広まった（保田　1986：92）。ここで強調すべきは，1990年代以降の政策展開のはるか以前に，全く別の目線と切実な問題意識に基づく「草の根レベル」での活動があった事実である。桝潟（2004：257）は日本の運動の特徴について，「農薬被害から自衛する生産者と「安全な食べもの」を求める消費者が直接手を結ぶ「提携」という独創的な運動形態」を生んだとし，「「安全な食べものを手に入れる」という新しい質をもった運動は，単に「中間をぬくことによって安くなる」といった従来の「産直運動」とはまったく異なった

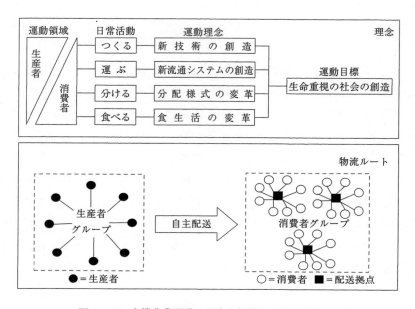

図5-1　有機農業運動の理念と提携における物流ルート

出典：保田（1986），日本有機農業研究会（1993）

「生命に対する感覚」という感性と価値視点の転換」と述べている。1960年代〜70年代にかけて，自然回帰，環境保護，消費者運動といった一連の社会運動の流れのなかで生まれた無数の取り組みが，結果的に現在の政策の土壌を提供したと考えることもできる。

　有機農業運動を理解するには，提携運動の流れを知る必要がある。1970年代，生産者と消費者が直接取引をする活動が日本の各地に生まれ，「提携」と呼ばれるようになった。これが有機農産物に広がった。1978年，日本有機農業研究会は全国の事例をもとに，消費者全量引き取りの原則を含む「生産者と消費者の提携の10原則」を運動指針としてまとめた。提携は単なる流通方法ではなく，実践を伴った哲学である（図5-1）。

5．三芳村の概要と有機農業運動

　三芳村は千葉県安房郡のほぼ中央に位置し，人口4,558人，世帯数1,386戸（2003年住民基本台帳）と県内で最も人口の少ない村である。人口は1960年から2000年の間に約1,000人減少したが，世帯数は約200戸増加した（国勢調査）。総面積3,392haのうち山林が5割，田畑が3割を占め，中山間地域に指定されている。農業従事者数は771人と人口の約6分の1を占める。農業産出額は24.5億円（畜産37％，野菜29％，米16％）である（数字で見る三芳村，平成16年度版）。2006年3月20日から，6町村と合併して南房総市となった。

　三芳村の有機農業運動は，戦後の高度経済成長，工業化主導の国土開発という「時代」のなかで，食に不安を抱く消費者と農のあり方に疑問をもつ生産者の「出会い」が発端となった。1973年8月，村で十数名の生産者と1人の消費者運動リーダーによって無農薬・無化学肥料栽培に関する最初の話し合いが行われた。東京の主婦25名からの安全な農産物を生産して欲しいとの申し入れを受け，同年10月20日，「三芳村安全食糧生産グループ」が結成された（発足時18名，1976年「三芳村生産グループ」に改称）。消費者側の「安全な食べ物をつくって食べる会」は，1974年2月に，正式に発足した（発足時111人）。もともと1972年頃からよつば牛乳の共同購入にかかわってきた東京多摩地区の主婦のグルー

プ（安全食糧開発グループ）が独立したものである。

　グループ全体で作付けの計画を立てることはせず，生産者は各自で作付けや出荷量を決める。生産物の配送から伝票整理といった事務作業まで，すべて生産者が行う。現在，28戸の農家が，米と100種類を超える野菜を生産・出荷している。1987年，農業白書に三芳村の活動が取り上げられ，1997年には，環境保全型農業推進コンクールで大賞を受賞した（安全な食べ物をつくって食べる会30年史刊行委員会　2005）。図5－2と表5－1に，当初のキーパーソンの役割と関係，および聞き取りにおける「語り」の要点をまとめた。

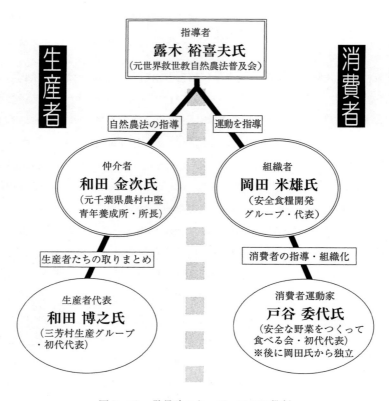

図5－2　発足時のキーパーソンの役割

表5-1　聞き取りにおけるキーパーソンの「語り」（要約）

	生産グループ初代代表 和田博之氏	食べる会初代代表 戸谷委代氏
背景	以前から，南房総の温暖な気候下でも腐りにくく，味も良い温州みかんを無農薬・無化学肥料で生産。野菜の無農薬・無化学肥料農法の経験はなし。	安全食糧開発グループとしてよつば牛乳の共同購入に従事。三芳の野菜との提携をより重視する立場から，独立し「食べる会」となる。
ポイント	「ここの土地ではできて自給程度で，農業はもう無理かと思っていた。この話でなら，この三芳村の土地で農業をやり続けられるかもしれない。自分たちも（経済的に）食べていきたいし畑も余っていた。」（背景と動機）	「消費者は野菜を作りたくてもできないので，無農薬・無化学肥料栽培での農産物生産を志す生産者と一緒に取り組むこと，その土地にあるものを活かすことがよい。」（背景と動機）
	「野菜の栽培が軌道に乗り始め，当初の不安は，消費者の顔が見えることや（野菜を作り届けることで）喜んでもらえるやりがいによって期待に変化。」（学習とやりがい）	「入り口は単なるモノのやり取りだったろうが，今はそうではない。三芳の生産者はだんだんと野菜を観察するようになった。消費者はそれをありがたくいただけばよい。」（学習）
	「人のつてがあったからできた。」（消費者グループとの出会い，露木裕喜夫氏からの農法と哲学の伝授）	「三芳の野菜は価格に変動がない。生産者が得ていた収入程度に見合った価格をつけ，実質価格で購入し価格を保証。市場へ出荷すれば旬はお構いなしで，足りない分は輸入（他地域から）で賄われる。三芳の野菜の質と量にクレームがあるかもしれないが，年間を通して考えると市場購入よりも生産の保証につながる。」（提携の思想）
	「作物のことが分かってきて面白くなった。生産グループに入らなければ見ようともしない，考えようともしないこと。自然の摂理といった事象に関心を持つようになった。」（露木氏の哲学）	「生産者が28人いたら28通りの野菜が届くように，消費者もピンからキリまでいる。優秀な消費者ばかりではない。消費者800人で生産者28人を支えている。「1人が100歩前進するより100人が1歩前進を」が共同購入の原理・理念」（現状認識）

6．聞き取りから認識された問題点

　アンケートによる定量情報ではないが，筆者のかかわりから得た定性情報から，以下の5項目が現在の重要な課題として認識された（表5-2）。
　第1は，全量引き取りに関する問題である。生産グループの野菜出荷については発足時から数回にわたって変更が重ねられてきた。時代とともに，消費者のニーズを反映する学習が続いてきた（表5-3）。しかし，生産者，消費者の双方から現状の仕組みの硬直性に対する問題提起がなされた。
　第2は，会員数の減少である。有吉佐和子『複合汚染』ブームの頃に会員数

表5-2 運動が抱える現在の問題（要約）

問題	生産者の声	消費者の声
全量引取	・業務用など新規開拓による販路拡大などの提携概念の弾力的運用。	・野菜の種類を選べないことに対する不満。小口化する消費者のニーズへの対応不備と規販販路拡大など生産者側の努力も不足。
会員数減少	・歴史ゆえに生産者側がやり方を変えづらい現実，小口化・共働き増・マンション居住者の泥付野菜敬遠など消費者側の事情は理解，譲れない部分あり。余剰野菜・卵を生産者世帯で分けることには無理あり，値段を考えると業務用販路の開拓などは困難。	・手間がかかることに若い消費者が馴染めないのなら，熟年夫婦をターゲットにすべき。
生産者配送	・高齢者には配送はきついので，配送専門をつくるしかないが，若い生産者が少ないからどうしようもない。消費者側の勤務形態が多様化してるため，配送に行っても十分なコミュニケーションがとりづらい現実。	—
高齢化	・新規入会しても土づくりなどに相当の経験を積まない限り，経済的自立は無理。近場の消費者を増やせば，高齢者でも配送できる。	—
意識ギャップ	・消費者には生産者の暮らしに無頓着な者もいる。生産者のことも一人ひとりを見ないで「三芳の生産者」としてまとめて見られるのは物足りないし，生産者にも量だけ出れればいいという意識の者もいるのではないか。消費者との接点がある生産者は男性ばかりで，女性同士のコミュニケーションが欠けている。将来のことを先読みして手を打つという発想が生産者に不足。	・提携の思想を理解しない消費者が増えても仕方がない。「食べるだけの人」の増加への危機感。三芳野菜で育てた自分の子供は成人してコンビニ弁当を食べ，若い人には経済的・時間的な問題。

表5-3 野菜出荷方式の変遷

年代	野菜出荷の概要
1976年頃	「全量引き取り」の約束が本格的に機能し始める
1976/77年	野菜が食べきれないというクレーム
1977年	5ユニット制を導入
1978年	自主出荷調整方式を導入
1983	100品目以上もの野菜が生産できるようになる
1980年代後半	野菜が多すぎるという声が出始める
1989年	ユニット単位5刻みから2.5刻みへ切り下げ
1991年	会員の4割が野菜の量を多いと感じている実情
1995年	ユニット数の自由化，宅配便の導入，ワンボックス配送を導入
2000年	1箱の単位量の切り下げ，宅配便の少量サイズや隔週扱い受け入れ，宅配料金の切り下げ，ワンボックス少量サイズの導入，通常野菜の1回の限度枠4,000円と設定

が急増（1975年6月消費者750人，生産者41人）した。1981年のピーク（消費者1,300人）を経て，1990年代以降，有機農業市場の拡大による競合の激化と消費者のライフスタイルや意識の変化により，生産者，消費者とも減少傾向に入る（2005年10月消費者829人，生産者28人）。

　第3は，生産者による配送の問題である。現在，生産者が週3回の配送を行っている。早朝から畑作業，集荷，積荷をし，配送までも行うこと自体，重労働である。高齢化による運転要員の不足から，若手の負担増は必至である。

　第4は，高齢化である。発足時の生産者18名の平均年齢は42歳，現在の28名は平均59歳である。息子や娘婿が跡を継いだのは8人，村外から移住し新規に就農したのは2人である。これは全体の3分の1が若手に替わったに過ぎず，残りはそのまま高齢化した。発足時の消費者111人のデータは残っていないものの，食べる会初代代表の記憶によれば，30歳代後半から40歳代であったという。2003年11月の食べる会の調査では，49歳未満12％，50～54歳16％，55～59歳26％，60～64歳27％，65～69歳13％，70歳以上7％で，50～60歳代が全体の8割以上を占める。生産者・消費者ともに高齢化は深刻だが，聞き取りでは解決策につながる意見は聞くことができなかった。

　第5は，世代間の意識ギャップという問題である。これは，生産者の暮らしに無頓着な若い消費者の増加，消費者ニーズの変化に鈍感な古手の生産者の意識という質的な問題である。創始者から自然農法の心得を直伝された生産者は半分になった。今後，哲学の継承がないまま世代交代が進むことも懸念される。

7．荷降ろし同行調査の結果と所見

　提携は生産者と消費者の顔の見える対等な関係を重視する有機的なつながりである。生産者自ら多大な労力を投じて配送を行うのはそのためである。2005年10月18日，筆者は火曜Aコースのトラック配送・荷降ろしに同行し，荷受側の対応（消費者側の参加人数とやりとりに関する観察）を調査した（表5－4）。荷受に参加した消費者は会員の約3分の1であったが，おおむね提携ならではの生産者と消費者の顔が見える関係がみられた。調査から，①会話では生産者側か

表5-4　火曜Aコースのポストごとの荷受参加人数（2005年10月18日）

地区	ポスト名	会員人数	ユニット数	荷受人数	備考
富山	足達	1	BOX1	未調査	
西東京	たなし	11	7	6	初期からの会員が多数おり，荷受には半数以上が参加，高齢にもかかわらず積極的に荷降ろしを行う。
西東京	田無東	8	4	0	―
西東京	富士	5	5.5	0	―
東久留米	東久留米	3	3	0	―
東久留米	滝山	4	4	4	会員の自宅の庭で荷分をする。お茶とお菓子が用意。
東久留米	白山	10	10	2	幼児をもつ母親たちによる新しいポストにもかかわらず，全員が荷受に参加。
小平	小川団地	6	5	0	―
小平	天神	5	BOX5	0	―
小平	学園東町	8	4.5	8	―
小平	小平	6	3	1	―
小平	一橋	4	5	4	―
国分寺	けやき台	10	8	3	食べる会の現代表が所属。比較的高齢会員が多い。筆者の配送同行をねぎらう。
東大和	湖畔	7	4	0	前週配送した米の紛失があったため，直接会員の自宅まで再配送。
狭山	狭山	6	6	3	予定より1時間遅れで到着。
計		94	74.5	31	―

注：「BOX」はワンボックス会員の数を示す。ワンボックス会員とは，一人用にあらかじめ分けた野菜箱を利用するもので，手間賃として350円がかかる。

ら消費者に話を振る場面が多く，消費者側はあまり生産者，生産物，配送について関心がない（とくに若手消費者に顕著），②道路事情で到着が遅れた場合，農産物や畑の状況について話す時間がなく，本来の生産者配送の意味が薄れてしまう，③到着が予定より早まった場合も，消費者を待たずに次のポストへ行くため，コミュニケーションが取れない，④ルート後半のポストへの到着が遅れた場合，夕食の準備時間にかかってしまい，子供をもつ若い母親には不都合であることが問題として認識された。

8．退会した生産者の意見の要点

　各生産者には生産者番号がつけられている。現在，1番から59番まであり，番号は生涯変わらない。途中で退会した生産者の番号は欠番となる。現在，生

表5－5　生産グループ退会者の聞き取り概要

退会者	退会理由	年齢（歳代）	活動年数	退会理由
A	高齢	70	32	物忘れが激しく，迷惑をかけたくない。
B		80	22	腰を痛め，後継者もいない。
C	本業専念	50	5	養鶏が忙しくなった。
D		40	7	酪農に専念するため。
E	理念の不一致	40	19	ゴルフ場反対運動へのかかわりから自然観の違いに気づいたため。
F		50	11	

産者は28人なので，31人が退会したことになる。筆者はそのうち6人から聞き取りを行った（表5－5）。以下に要点を記す。

　退会理由の第1は，高齢化である。出荷作業の定年はないが，配送の定年は63歳で，高齢者は助手として同行する。しかし，高齢者に出荷や配送同行のすべてを求めることは困難である。退会した高齢者に対する特段のケアや補償，かかわり合いの場はない。労力は提供できなくても高齢者に別の価値を見出し，貢献できるシステムが望まれる[4]。

　第2は，生産グループとは別の本業（酪農や養鶏）に専念するため退会した者である。聞き取りをした2名は，本業で生計を立てられる状況にあった。単独の専業農家として有機農業で生計を立てることの困難性という消極的インセンティブの可能性も逆説的には指摘できよう。

　第3に，活動理念の不一致で退会した会員もいた。1980年代バブル期のリゾート開発ブームの最中，村内でゴルフ場建設計画が持ち上がり，生産グループは環境を守る立場から反対運動にかかわった。聞き取りに応じた2名はそれぞれ，一連の議論のなかでメンバー間の自然や環境に対する認識のばらつきを意識し，それが契機となって，より厳格な自然との付き合いを志向するようになった。現在は，地域で別のグループにかかわり，農作業体験を通じた広域的な教育・啓蒙活動を行う。このことは公益と共益のどちらに重点をおくかという理念上の問題を暗示する。

9．分析と考察

（1）組織・運動の硬直性と高齢化・世代交代という現実

　上記を踏まえ，改めて提起されるべき問題は運動と経営の両面での硬直化である。前者に関して，理念，精神，およびそれらを具現化した実際の手続きやルール（生産者による配送など）がある。後者に関しては，実際の手続きやルール（収益の管理や分配，組織運営に関すること等）のほか，新規消費者の開拓や広報，マーケティング，外部との連携などがある。硬直性には3つの層がある。第1は，生産グループ内部，消費者グループ内部での問題である。前者に関しては，高齢者への対応，異なる考えの会員の退会といった部分に端的に現れている。生産者自身による配送の問題では，高齢化のため運転手が年々減り，顔の見える関係という目的が果たせなくなりつつある。後者に関しては，年齢を問わず新規会員を受け入れてその会員が続けていけるような環境づくりが必要であるが，それらが十分になされていない状況がある。第2は，消費者と生産者との関係における問題である。これに関しては，とくに共働き世帯の増加など消費者の立場に変化がおきたことに起因するもの（構造的・不可避的要因）と，「都会の人，特に若い人の意識は違う（低い）≒責任の所在は彼らにある」といった，相手の提携運動に対するコミットメントのあり方に起因するもの（意識・精神における差異的要因）に分類できる。前者は経営上の問題であり，後者は運動論上の問題であるが，原因と責任の所在について分析的に整理された形での情報の共有がなされていない。第3は，外部環境への対応という次元での問題である。これは，消費者や幼稚園など新規会員の開拓，広報（インターネットの活用なども含む）という部分と，外部からの後継者の呼び込みと育成という次元，三芳村外の広域的な「地域づくり・活性化」に関するネットワークとの関係といった次元での課題（退会者らの指摘）も見出すことができる。

　次に提起されるべきは，生産者と消費者の双方の高齢化・世代交代の問題である。これは，外部への開放性，情報発信の問題にもつながる。外部から新し

い世代の会員を募らない限り，組織（運動）は，世襲化し，やがて衰退してしまうのが常だからである。仮に，世代間にみる意識のギャップが顕在化すれば，高い問題意識を有する数人が孤立する事態を招きかねない。32年の歴史は重い。改革は事が起こってからという体質が組織内に残る可能性がある（地元出身およびⅠターンの生産者（ともに40歳代）の発言）。

（2）二次元マトリックスによる整理と分析

上記において，見出された問題群を，2つの座標軸を用いて，より分析的に整理してみたい。Ｘ軸は，「経営としての合理性⇔運動論としての自然性」という対立軸である。スコットの組織論でいうrational systemとnatural systemにあてはまる（北野　2001）。Ｙ軸は，組織・運動の器自体の「開放性⇔閉鎖性」であり，組織論でいうところのopen systemとclosed systemにあてはまる。自然性と開放性，合理性と閉鎖性は，一見，類似の概念に思えるが，組織内部の問題と，組織と外部との関係の問題という視点では，それぞれは別次元の問題[5]なのである（北野　2001）。

次に問題群の整理を行う。問題の原因には外来型，内発型がある。問題の性質には，組織・運動における内部環境（生産者と消費者との関係を含む）に関するものと，外の世界や環境への適応といった外部環境に関するものがある。これを踏まえ，問題群を4つに分類する（表5－6）。分類は，あくまでも便宜的なものであり，完全な分類はありえない。

図5－3にＸＹ軸のマトリックスに①～④に属する6つの問題群の「相対的」

表5－6　問題群の分類

原因	所在	内容	問題群No
外来	内部環境	消費者の勤労形態（共働き）の変化への配慮	①
外来	外部環境	広域ネットワークへの関与の消極性	②
内発	内部環境	高齢を理由に退会せざるをえない生産者への配慮	③
内発	内部環境	若い消費者の意識の低さへの不満・諦め	④
内発	外部環境	新規会員の呼び込みや育成面での弱さ	⑤
内発	外部環境	広報や情報発信面での取り組みの弱さ	⑥

注：②は，時代や運動の外部の環境がそれを求めているという仮定のもとに外来原因とした。

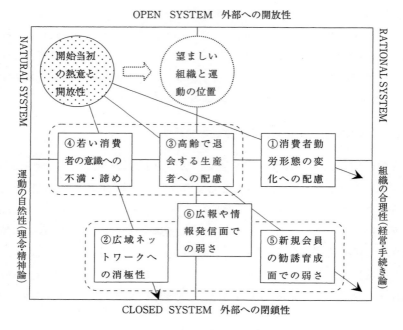

図5-3　事例で見出された問題群の位相分析

な位置づけをプロットした。当然のことながら組織の開放性に位置づけられる問題群は存在しない。同様に①③④は内部問題であるからY軸上はニュートラルであるが，X軸上に問題の性質を位置づけることができる。②⑤⑥は組織の閉鎖性に起因するものであるが，X軸上には位置づけの違いを示すことができる。網掛けの円は，当初の自発的意思と熱意を伴った開放的なときの状態を示す。3本の矢印は，時代と共に外部環境と内部環境が変化していったベクトルを示す。

10. おわりに

有機農業運動にかかわる当事者との対話を通じて分かったことは，彼らのもつ問題意識や，さらには何を問題と感じるかに個々人によって大きな「差異」

があるということであった。世代・立場・各個人によって発する声は一様ではなく，運動・組織の内部の「民主性」の確保は非常な困難を伴うことが改めて確認された。このことは，冒頭（1，3）で言及した「運動か経営か」「公益（社会変革）か共益か」というジレンマの表れだと理解できる。しかし，本章では，提携運動の運営にどれだけの声がいかに反映されたのかについての定量的な把握は行うことはしなかった。

　上からの政策的な指導ではない下からの強烈な問題意識に基づいた内発的な運動がもつ「草の根のメッセージ」は時代が変わろうとも重要である。三芳村の調査をした人類学者Darrellは，次のように述べる。「日本の都市と農村の間には，旧態依然の固定概念ともいうべき分断が横たわる。その分断は，草の根的な運動によって解消され得るだろう。運動が存在しなければ，都市と農村の決して友好的とは言えない関係が作り出す社会構造は，そのまま両者を分断する壁として残る。草の根から上がる影響力こそが，多くの日本人が思いこんでいる都市と農村についての観念や誤解を取り除く」（Darrell　1995：219，筆者の仮訳）。三芳村の有機農業運動は，少なくとも会員の間において，都市と農村の壁が克服された事例である。

　有機農業の基本理念は「循環」である。しかし，組織や社会は循環するものではなく，外部からの参入に耐え，新しいものを柔軟に受け入れるなど，常に流動的である。「開放系」の世界における持続可能性は，シュンペーターのいう「創造的破壊」のなかで存続すること，それが組織であり運動の姿である。もともと有機農業運動はグローバル化の進む市場経済からの独立を目指したダイナミズムであった。新しい「農産物取引のモデル」はできたが，これから「それをいかに使いこなすか」，その持続可能な運用のあり方が次の段階へ進むための条件となる。筆者らの私見を述べるとすれば，「提携」に秘められた精神（草の根のメッセージ）は変質すべきではないが，実際の「提携」の方法は時代の要請やらライフスタイルに敏感でなくてはならないし，同時に「草の根のメッセージ」の教育・伝達の方法の継続的な改良が常に担保されなくてはならない。換言すれば，「食べるだけの人」にいかにしてメッセージを理解してもらうかである。日本の有機農業運動を代表する取り組みとしての本事例の意義はきわ

めて大きく，今後もその展開を注意深く見守っていく必要がある。

[注]
1）三芳村は，2006年3月20日に，安房郡富浦町，富山町，白浜町，千倉町，丸山町，和田町と合併し，南房総市となった。本章では当時の村名のまま記載する。
2）たとえば，「モンドラゴンの奇跡」と形容されたスペイン・バスク地方のモンドラゴン生産協同組合は，地域内で協同組合経済を維持する一方で，中南米の海外生産拠点を有した「多国籍企業化」が進んでいると報告されている（Kasmir 1996（三輪訳 2000））。
3）具体的には，①対当局志向・構成員参加型（抗議する社会運動），②対当局志向・構成員非参加型（議会に代表を出す社会運動），③共益志向・構成員非参加型（サービス組織による社会運動），④共益志向・構成員参加型（自助利他的社会運動）の4類型である（西木戸 2004：86-89）。有機農業の産直提携運動の場合，本来④を志向するが，効率性と経営的志向が高まれば，③的な志向へと変化する可能性がある。これは，運動組織内の要因と，外部の社会経済的な要因の双方に規定されると考えられる。
4）体力が衰えた高齢の生産者は，単なる助手としてかかわるよりも，退会者も含めて，研修，消費者との交流の会など，配送以外でも豊富な経験を活かし，誇りをもってかかわれるような貢献ができれば，その方が望ましい。しかし，現実には，生産者の方も，人手不足が深刻な状況にある。村内や近郊に会員がいれば，高齢の生産者は近場の配送を担当することが可能になるという意見もあった（40歳代の生産者）。
5）運動の自然性イコール外部への開放性ではなく，自然な運動でも外部に対して閉鎖的な状況もありうる。同様に，ビジネスに徹した合理的な経営は社会運動としての産直提携にとって「負」のイメージをもつが，このことが外部の開放性と親和的だという状況も想定できるのである。

第5章　有機農業運動のパイオニアにみる運動の持続性の条件　101

> **考えてみよう　[第5章]**
> 1．運動と経営のジレンマについて，自分の言葉で説明してみよう．
> 2．都市と農村の分断とはどういうことか．草の根運動はなぜその解消に有効なのか考えてみよう．
> 3．有機産品の市場化・資本主義化の時代において，本事例のような運動がもつ意義を考えてみよう．

[引用文献]
［1］安全な食べ物をつくって食べる会30年史刊行委員会（2005）：村と都市を結ぶ三芳野菜―無農薬・無化学肥料30年―，ボロンテ．
［2］岡部守（1988）：共同購入と産直―地域と生活の変革―，日本経済評論社．
［3］片桐新自（1994）：社会運動の総合的把握のための分析枠組，社会運動論研究会編，社会運動の現代的位相，成文堂，pp.1-29．
［4］加納明弘（1978）：ルポ千葉県三芳村の実験，田原総一朗編，穀物マフィア戦争，実業之日本社，pp.137-166．
［5］北野収（2001）：有機農業者グループ（「草の会」）にみる新たな混住化社会の形成と過程，地域経営体制事例報告書―農山村における地域マネージメントとマーケティング活動の関連性―，（財）21世紀村づくり塾，pp.58-74．
［6］多辺田政弘（1978）：生産者と消費者の一体化を目指す産直―『安全な食べ物をつくって食べる会』の事例―，有機農産物の産直運動，国民生活センター．
［7］中野芳彦・中島静司（1982）：有機農業運動研究(1)「安全な食べ物をつくって食べる会」のアンケート調査報告，千葉大学教養学部研究報告A-15．
［8］中野芳彦・中島静司（1983）：有機農業運動研究(2)「三芳村安全食糧生産グループ」の調査報告，千葉大学教養学部研究報告A-16．
［9］西木戸誠（2004）：ボランティアから反戦デモまで，大畑裕嗣ほか編，社会運動の社会学，有斐閣，pp.77-96．
［10］日本有機農業研究会（1993）：日本有機農業研究会の「提携」を軸にした有機農業運動②，土と健康，21（11）pp.12-18．
［11］長谷川公一（1993）：社会運動―不満と動員のメカニズム―，梶田孝道・栗田宣義編，キーワード／社会学―現代社会を解読する―，川島書店，pp.147-163．
［12］桝潟俊子（2004）：提携，天野慶之・高松修・多辺田政弘編，有機農業の事典

新装版, 三省堂.
[13] 保田茂 (1986)：日本の有機農業―運動の展開と経済的考察―, ダイヤモンド社.
[14] 宮崎宏 (1984)：産直運動の到達点と当面の課題, 食糧の生産と消費を結ぶ研究会編, 産地直結の実践―生産と消費を結ぶ―, 時潮社, pp.238-266.
[15] 山本修 (1970)：消費者運動の現状と問題点, 山本修・藤谷築次・若林秀泰, 講座現代農産物流通論第6巻, 農産物流通の近代化と消費者, 家の光協会, pp.107-213.
[16] Darrell, G. M. (1995)：*The Emergent Culture of the Japanese Organic Farming Movement and its Implications for Political Economy*, Ph.D. dissertation, Department of Anthropology, University of Wisconsin, Madison.
[17] Kasmir, Sharryn (1996)：*The Myth of Mondragon : Cooperatives, Politics, and Working-Class Life in a Basque Town*, Stae University of New York Press. (三輪昌男訳 (2000)：モンドラゴンの神話―協同組合の新しいモデルをめざして―, 家の光協会)
[18] Kriesi, H. (1996)：The Organizational Structure of New Social Movements in a Political Context, D. McAdam, *et al.* eds., *Comparative Perspectives on Social Movements : Political Opportunities, Mobilizing Structures, and Cultunal Framings*, Cambridge University Press, pp.152-184.

第6章

有機農業グループの活動と新たな混住化
—群馬県倉渕村の事例から—

北野　収

1. はじめに[1]

　「地域経営」という概念が地域の開発（発展）の一つの捉え方であるとすれば，それをプランニングするのは誰であろうか。固有の自然地理的環境や歴史・文化に規定されたアイデンティティを有する「場所」としての地域のもつ意味は，それをとりまく外部（上部構造としての）経済状勢の変化に対応し，刻々と変化するとともに，その影響によりその「場所」に息づくinstitutionとしての地域も必然的に変化を迫られる（北野　2002）。

　一方，開発（発展）の概念については，従来の経済成長中心主義（結果中心主義）から，人間中心の開発の考え方に移行し，受益者（地域住民）の開発プロセスへのボランタリーな参加がその持続可能性を左右する重要な要素の一つであることが分かってきた（プロセス重視主義）[2]。

　以上の認識に基づいて地域経営論を展開すれば，如何なる地域の発展の姿が想定しうるであろうか。場所としての地域に根ざしつつも，空間的に外部に常に開かれた，オープンでフレキシブルな存在としての地域像が想起される。地域に根ざしつつも，独立した目標と仕組みをもつ目的・機能集団が，果たして「地域」の「経営」の主体，そして，そのプランニングの主体となりうるのであろうか。

　このような観点から，以下に紹介する群馬県倉渕村の事例は，われわれに地域経営の新たな視点を提供するものと考えられる。本章では，キーパーソンであるA氏のリーダーシップとネットワーキングに着目しながら，伝統的な地縁・

血縁集団に対置されるボランタリーな目的・機能集団である有機農業コミュニティの形成過程，活動内容等を開発社会学的な視点からの分析を交えながら紹介し，あくまでも試論として，新しい地域経営・むらづくりのモデルを考える一つの視点を提供することとしたい。

2．開発の谷間としての倉渕村

　群馬県では，1980年代以降，新幹線や関越・上信越高速道路等の交通インフラの整備により沿線の農山村をめぐる地理的環境は大きく変化した。同じ県内でも，すでに全国的にその名を知られるようになった川場村（世田谷区との都市・農村交流），新治村（全村農村公園構想）の事例では観光客の誘致，通勤圏の拡大の両面でポジティブな影響があったとみられるが，逆に「開発の谷間」となってしまった地域もある。

　群馬郡倉渕村は，現在に至るまで依然として高い人口減少率（1985-95年の間で約10％），高齢化（高齢化率25％，1985年）に悩む過疎の村である（人口約5,000人）。地形的には榛名山南西に位置し，山間農業地域に区分される地域である。これといった観光資源はない。それでも草津・長野方面の裏街道として観光シーズンにはそこそこの人がきたが，上信越道の開通により村内の交通量，商店の売り上げは激減した。

　1990年代初め，この村が「クラインガルテン」というドイツ語（小さな庭＝市民農園の意味）とともに一躍注目を浴びた時期があった。村が遊休農地を買い上げ，「倉渕村クラインガルテン」の名で貸農園事業を始めたのである。もっとも，当初，村としては，農業の衰退に伴う耕作放棄地対策として考えていたが（役場担当），これが全国でいち早くクラインガルテン・市民農園ブームの先駆けとなった。しかし，バブル景気の終焉の頃には，類似の施設が各地（とくに都市近郊）にできたことなどから，同施設の利用者は減少してきている。一方，併設の温泉施設は村内，近隣の住民から「公共の温泉」として広く利用されており，どちらがメインかわからなくなってしまった観がある。

　地域経済の衰退が深刻化するなか，新たに伸びている分野が有機農業である。

ここでは，鳴石，相満の２つの集落を中心に，Ａ氏（49歳，現在有機農業者グループ「くらぶち草の会」代表）のリーダーシップのもと，村の若手農業者とＩターン新規参入者が新たな混住化社会ともいうべき有機農業コミュニティを形成し，環境保全型農業の実践と消費者団体等の交流に努めている。なお，「くらぶち草の会」は，2001（平成13）年３月，第６回環境保全型農業推進コンクールで農林水産大臣賞（大賞）を受賞した。

３．地域農業の概要

ここで倉渕村の農業の概要について記しておく[3]。「一級河川烏川の豊かな水資源，内陸性気候，標高320～900ｍと標高差のある変化に富んだ地形を有している」ことから，いずれも大産地を形成しているわけではないが，野菜，花き，果樹等多様な農産物生産が展開している。また，1995年センサスによれば「総耕地面積500haで，その中で畑は306haとなっており，畑の占める部分が大きい」ことが特徴である。農地は，全村の土地利用のわずか６％を占めるに過ぎない。３区分別の産業分類に基づく村平均の就業構造は，おのおのおよそ３分の１ずつであり，2000年では第一次産業就業人口は27％となっている。1995年センサスにみる農家（総農家数808戸）の内訳は，自給的農家が32％，販売農家が68％で，後者の内訳は専業農家（17％），第１種兼業農家（24％），第２種兼業農家（59％）である。経営規模は１ha未満が全体の76％を占める（平均で0.63ha）。男子基幹的農業従事者の73％が65歳以上の高齢者である。以上のことから，以下に紹介する有機農業グループを除き，過疎化，高齢化に悩む北関東における典型的な中山間地域農村であることが分かる。

４．倉渕村における有機農業の展開

2000年４月現在，村内には，40戸弱の有機農業者がおり，２つのグループに所属している（無所属２名）。このうち，認定農業者となっているのは７名である。有機農業者が最初に無農薬栽培を始め，現在も村の有機農業の中心となってい

るのは，鳴石と相満の2集落である。役場担当係長の説明によれば，鳴石集落は世帯数は15戸，うち7戸が有機グループ，うち非農家1戸となっており，集落全体の耕地面積はおよそ60haである。標高800mに位置し，有機野菜栽培に適した気候であるという。

クラインガルテンは倉渕村を有名にし，村が北関東における一種の有機農業のメッカとなる一つの契機となったが，それ以前から，A氏は30年来倉渕村で有機農業に取り組んでおり，村内の若手農家に有機農業を普及させるとともに，有機農業に興味をもち都会から脱サラで入植してくる人たちへの支援活動を積極的に行ってきた。一般農家の著しい高齢化，兼業化が進展するなかで，有機農業者は新規参入者が20～30歳代，それ以外も30～40歳代が中心である。今のところ，近年の有機ブームも手伝って，有機農産物は価格が高値安定「村で元気なのは有機農業者だけ」といわれる状況である。以下，倉渕村における有機農業の歴史について，キーパーソンであるA氏の説明をもとに振り返ってみる。

(1) 黎明期：ほうれん草栽培から有機農業へ

30年前，村で一番最初に有機農業に取り組んだのは，A氏とは別の青年農業者であった。どちらかといえば，有機一色の人で，外部と積極的に交流を進めていくようなタイプではなかったという。したがって，村内では，有機農業はすぐには広まらなかった。当時は，どちらかというと地域住民に理解されず，孤立的なイメージがあったという。当時この地区では，キャベツ，レタス，ほうれん草が主力で，高崎の市場まで輸送し現金化していた。A氏自身もこうした農家の一人であった。当時，ほうれん草が価格的に安定していたため，1982年にハウスほうれん草を始めたという。当初，収穫が安定していため経営的にも安定していたが，やがて全国的な生産過剰による市場価格の下落により収入は減り続け「次はもっと先に夢のもてる農業やりたい」と考えるようになったという。

第6章　有機農業グループの活動と新たな混住化　107

（2）「エコル鳴石」の設立：閉じた有機農業から開かれた有機農業へ

　そこで有機農業に再び注目するようになり[4]，「有機農業を核に周りに開かれていくような農業をやりたい」という希望をもつ一方，ほうれん草の出荷・販売面での体験を踏まえ，価格の安定した契約栽培を始めることにした。すなわち，当初は経済的要請から有機農業に取り組んだということになる。こうして，いわゆる「有機ブーム」が始まる前の1988年，A氏を含む村内の有志3人が集まり，これが現在の有機農業グループの母体となった（このグループは「エコル鳴石」と名乗った。）。当初から，大地の会，らでぃっしゅぼーや等の消費者グループと提携し，消費者団体への直販により安定した販路の確保に努め，消費者との交流に重点をおいて信頼の形成を図ってきた。その結果，高値安定で販売ルートが確立され，経営は軌道に乗った。やがて有機農業のブームが到来するのである。現在，村内で，同じ規模で比較すると有機農法（無農薬）と一般栽培では約2倍の収益の差が出るという。

　しかし，A氏は経済面の目標だけでなく，精神的なものを強調する。「消費者とかかわることを通じて，やっと生産者として（農業にかかわってゆく）将来の楽しみをみつけることができた気がします。農業がより楽しくなりました。そして，収入も安定するようになり，心にゆとりができるようになったのです。消費者と（直接）かかわれるようになったのが楽しいんです。」

　活動開始の3年後，早くも村内から，有機農業への参加者があらわれる（3名）。しかし，活動が本格的に拡大するのは，新規就農者の移住が活発化する1991年以降である。

（3）グループの分裂の危機

　しかし，この頃（1990－91年頃）に，販売方針，取引先に対する考え方の違いから，有機農業グループは2つの集団に分裂し，創立者3人のうちA氏以外は別の集団を作った。A氏をリーダーとするグループは現在「くらぶち草の会」と改称し，一貫して，消費者団体との信頼関係を重視した契約販売と交流活動に重点をおいている。一方の「群馬県環境保全農業研究会」は，どちらかとい

うと一般スーパー，営利企業等を中心に販売を展開し，より営利追求の姿勢を打ち出している(役場担当者の説明)。前者は現在33名(榛名町の村外会員4名を含む)，後者は8名である。このうち，新規就農者を積極的に受け入れているのは前者であり，後者の受け入れ実績はない。また，集荷は前者が直販の形態をとりつつも100％農協を経由するのに対し，後者の農協利用率は70％にとどまる。以下，本章における有機農業グループとは「くらぶち草の会」を意味する。

(4) 発展期：新規就農者の受け入れと活動の質的・量的拡大

クラインガルテンが開業したのは1991年である。この時期は，倉渕村における新規就農者の移住の始まりと増加にほぼ符合する。1990年に最初の新規就農者が移住し，翌年さらに1名が加わる。その後，1996年を境に増加し，ほぼ毎年複数の新規就農者を受け入れてきている。その理由について，A氏自身も当初，やはりクラインガルテンがいい宣伝となったとみている。

その後，集団が拡大し，消費者との交流（ファームスティ，収穫体験，消費者との勉強会，収穫祭等のイベント，その他）が軌道に乗り，活動も活発化するにつれ，実際に交流を行った消費者団体のメンバーから新規就農者がでるなどその数は着実に増加している（現在14名で定着率100％）。

また，環境保全型農業の実践という面でも，村内の養鶏農家からの鶏糞を肥料としての活用したり，高崎市から購入した麦わらを堆肥原料等に使用するなど，地域内外の資源循環・有効利用のネットワークを確立するに至った。これが，上記コンクールでの大賞の受賞につながったわけである。

5．現状の活動内容とその効果について

くらぶち草の会の出荷実績は，1986年は，2千万円程度だったが，会員数の増加もあり，その後順調に伸び続け，1999年は1.4億円を越えている。以下，活動内容を紹介する。

（1） 消費者との交流の重視

　明確な経営方針として，営利の追求よりも消費者団体との信頼関係の確立に重点をおいて販路を確立することとしている。現在の主な出荷先は，らでぃしゅぼーや（50％），大地を守る会（20％）の消費者団体，スーパーのフルセイ（30％）等である。消費者団体とは，交流会，勉強会，収穫体験等を定期的に実施しているほか，フルセイの利用者も収穫体験に招くなど，積極的な交流に努めている。また，大学生，消費者のファームスティを受け入れるため，A氏個人所有の宿泊設備を備えたログハウスを開放し，家族なら2世帯，グループなら20名を収容できるようになっている。メンバーの自宅へのファームスティ受入れも行っている。

（2） 地域住民，行政，農協への配慮

　都市の消費者のみならず，地域住民との交流及び理解の促進等のため，イベントとして収穫祭を開催している。ゲーム，餅つき，農産物即売等を実施している。昨年（1999年）は320人の参加があったという。その他，冬場の地域住民との交流として，リースづくり，味噌づくり，石鹸づくり等の交流が女性を中心に行われている。周囲からの理解を深めるため草刈りを定期的に行っている。会が地域から孤立しないよう，役場や農協との連携を重視している。

（3） 普及センターの積極的な活用

　当然ながら土づくりを重視し，試行錯誤の結果，消毒しなくてもいい技術を確立している（役場担当係長）。技術面においては，普及センターとの関係を重視している。A氏は，メンバーが土壌分析等を受けるほか，普及センターとの土づくり講習会，新規就農者への技術指導全般等を通じて，センターとは十分に良い関係を築いていると自負している。ただし，依然として，土づくりにおける課題はある。それは，小さい農家が個人で堆肥づくりをやっているため，その出来にバラツキがあることである。同じ成分の堆肥を効率的に作るため，1か所に堆肥場を設けて交替で作業する等の対策を考えたいとのことであっ

た。

（4）組織運営について

　草の会は，現在，会の運営に対する発言権のある正会員（15名）とそれ以外の準会員から構成されている。役職分担は，会長1名，副会長1名，書記1名，会計1名，監査1名となっており，副会長以下は互選される。会費は年間1万円で，会員間交流費に充てられる。事務経費等は売り上げの2％を徴収することになっている。会員間の集会は，不定期ではあるが，約1か月に1回のペースで行っている。年に2〜3回は，技術面，経営分析，税務面等に関する勉強会を行っている（このほか，消費者を交えた勉強会がある）。

（5）新規就農の促進と後継者の育成

　これまで，14名の新規就農者を受け入れてきた。彼等の照会先は，①県の新規就農相談所，②役場への直接問い合わせ，③草の会への直接問い合わせが，おのおの3分の1だという。新規就農者の定着率が100％であるのは，会員同士のサポート体制，本人たちの地域へ溶け込もうとする努力もさることながら，やはり，経済面，すなわち安定した販売収入であると考えられる[5]。

　今後期待される効果としては，地域内での後継者の育成への期待がある。今のところ，メンバーの年齢が比較的若く，その後継者が就農年齢に達していないところが多いが，都会から来た若い人や研修生らとの交流によって，農業を継いでも生き生きとした生活を送れることを，子供達が学んでくれることに期待が寄せられている[6]。

（6）新住民との交流による旧住民への刺激

　都会から意欲溢れる若い人達を受け入れ，彼等と交流することにより，地元民にも良い刺激が与えられていると考えられる。具体的には，地域における行事への女性の進出があげられる。青年農業者では，生産者の名前入りで集荷する場合でも夫婦連名で記すことが当たり前となっている。これは，従来の村の常識では考えられなかったことである。さらに，会としては，重要な会議や行

事も夫婦で参加してもらうようにしている。これらのことは，都会から来た若い人には普通のことであるが，旧住民も良い意味で刺激されているわけである。実際，移り住んできた人たちは，地域に溶け込み真剣に農業をやろうという人たちであり，こうした相互に影響し合うプロセス（相互学習）を経て，自然と新しい人を抵抗なく地域に受け入れられるようになってきたという。これが「若い人に負けられない，一緒に頑張ろう」という形で，もともとの地元農家の農業への意欲にも良い刺激となったのである。

（7）今後の課題：ボランタリー集団における適正規模論

　技術面以外での今後の課題は，人数の増加に組織としてどう対応していくかである。現在，会の運営はA氏個人の努力によるところが大きい。新規就農者がこれからも増えつづけたとして，メンバーを今までのようにまとめきれるかが問題となる。草の会は，毎年2〜3人のペースで会員を受け入れている。これ以上，人数が増えて，果たして，A氏のモットーである「農業をやりつつ，楽しみながら」，新規会員の面倒を十分にみきれるかという懸念は早晩現実味を帯びてくるであろう。具体的には，翌週の出荷伝票の振り分けの事務作業がかなりあり，現在はA氏がボランティアで処理しているが，早急に何らかの組織的対応が必要となる[7]。会員には，元コンピューター技術者もいることから，A氏は，そうした人の技術を生かして，コンピューターによる処理システムを作って欲しいとの希望を述べていた。

　しかし，A氏個人としては，できるだけ多くの人を就農させたいと考えており，将来の姿として，既存の農業後継者，新規就農者たちが順調に育つことを前提に，新規就農者が現在の倍の20〜25人位まで受け入れたいと考えている。そうすれば，村内に青年農業者のコミュニティが形成され，それが受け皿になって，地元の若者も村内に定着するようになるのではと考えているからである。そのための行政からの支援（新規就農へのサポート）は，これからも重要である。

6. 本事例が示すインプリケーション

以下，本事例が示唆するインプリケーションについて，社会学的な観点から列記してみよう。

(1) キーパーソンとそのリーダーシップ：
　　ソーシャル・キャピタル論との関連を念頭において[8]

近年，開発学[9]の分野においては，地域・集団における規範，ネットワーク，信頼等をソーシャル・キャピタル（人間関係資本，社会関係資本，以下「SC」）とみなし，地域の持続的な発展（狭義にはプロジェクトの成功）の基盤となっているのではないか，との主張がなされている[10]。一般に途上国開発論の文脈では，SCは元来その地域社会に賦存する所与の社会的資源であるとの立場をとるものが多いが，「規範」「ネットワーク」「信頼」といったものは，SCという言葉をあてはめるかは別としても，集団の行動パフォーマンスや発展に必要不可欠なものであることは容易に察せられる。また，良質のリーダーシップは内発的発展に不可欠な要素である（宇野・鶴見編　1994）。したがって，新たなSCを育成・促進するリーダーシップもあってしかるべきである（表6－1）。

本事例におけるキーパーソンは，言うまでもなく，リーダーのA氏であるが，A氏のリーダーシップとは如何なるものであろうか。一般に地域づくりにおけるリーダーシップは2つのタイプに大別される。第1はカリスマ型である。農協や行政の指導者に進歩的な考えをもち，しかも，政治力のある人物がいる場合このタイプのリーダーシップが発揮される[11]。第2は調整型である。これには，行政レベル[12]のものと草の根レベルのものがある。ことに，後者の場合，いわゆるネットワーカーとして，地域の活動や集団の拡大等に大きな役割を果たすものと考えられる。本事例におけるA氏のリーダーシップは，草の根レベルでのネットワーカーのそれであり，A氏の熱意，技術，人柄等のさまざまな要素が目的・機能集団である有機農業グループ（組織内部および外部との関係の両面において）における信頼，規範，ネットワークを醸成してきたものと考えら

れる。実際，A氏は次のように語っている。「自分には，リーダーとしてやっているという意識はありません。ただ，こうして振り返ってみると自然にうまくやってきただけです。一つ言えることは，常に，みんなの話を聞いてあげられる耳を育てることが重要だと思います。時には決断力も重要です。早く決断した方がいいことがあるからです。リーダーがぐずぐずしていたら後からついてこれないですから。」さらに，A氏はこれまでうまくやってこれた理由についてこう説明する。「自分の利益じゃなくて，仲間の利益を優先してやってきたという気持ちはあります。収穫物を一緒に販売するのもすべて奉仕のつもりでやってきた。たとえば，出荷時には箱に生産者名が入るんです。共同出荷でなくあくまでも個人出荷の形をとります。こういう時に，仲間に，お先にどうぞ（自分はいいから君の名前を入れていいよ）と譲ってやることがしばしばあります。」

表6－1　社会関係，集団の性質，リーダーシップの関係

	ヨコの関係	タテの関係
主体	個人（目的・機能集団としてのコミュニティ）	地縁集団
外部との関係（情報・人的交流）	開放・交流的	閉鎖的？
権限関係	水平・分散型	垂直的
基本的機能	外部との交流・ネットワーキングによる富（パイ）の拡大	地域内の管理・秩序の維持・調整および便益の分配
集団の指向性	変化（攻め）	安定（守り）
効果が発揮されると期待される分野	都市農村交流，地域密着型アグリビジネス等	土地利用，地域資源管理等
危険要素	地域内でのコンセンサスが十分に得られず独走・孤立	秩序維持・利権擁護の面が大きくなり変化・発展を阻害
関連する望ましいリーダー像	優れた経営者マインドを有するとともにコミュニティ・モービライザーとなりうる人	地域内の事情を熟知しつつも外の動きに対して先見的な人

注：あくまでも，著者の試論として社会関係（SCに関連）と地域経営の諸要素との関連を整理したものである。

草の根ネットワーカー型のリーダーシップは，今回の事例に代表される集落横断型目的・機能集団コミュニティの発展，すなわち，活動内容（質的発展），アウトプット（量的拡大），それらの持続性の諸点にとって，どのような作用をするのであろうか。表6－1は，SCと地域経営における組織の性質の関連において，求められる組織（集団）とリーダーシップのプロトタイプを整理したものである。ここでいうヨコのSCとは，地縁・血縁集団である集落組織のドメインを越えて外部へ拡大しようとする開放的・水平的拡大指向のコミュニティにおいて作用すると考えられるSCである。タテのSCとは，伝統的集落組織の秩序をベースにしながら，地縁コミュニティ的な活動により開発（発展）が行われる際に作用すると考えられるSCである。いずれもいわゆる内発的発展の原動力となりうるものである。これは，あくまでも理想型としての整理であり，実際には相互の折衷パターンも存在するものと考えられる。結論として，本事例におけるリーダー像は，ヨコのSCを促進するそれに近いものと推察される。

（2）集落横断的な目的・機能集団が発展する社会的環境とは

　有機農業者は鳴石と相満の2つの集落を中心に村内に分散している。したがって，有機農業グループは集落組織を横断する目的・機能集団である。リーダーは，新規移住者には，草の会の仕事を犠牲にしても集落の仕事を最優先するよう指導しており，新規参入者ももともと意欲的な人が多いので地域社会との関係は良好である。この2集落は村の北端の山裾の最奥部に位置し，戦後の開拓・入植によってできた新しい集落である（鳴石の場合は1946年）。入植者は村内の街道沿（406号線）の商工業者の次・三男たちであった。A氏によれば，ほかの古い農業集落とは異なり集落の行事も少なく，当初から外部者に対してオープンな雰囲気があったという。今回の限られた調査では村内の新旧集落における組織・制度の違い等を社会学的に比較検討することはできなかった。あくまでも類推の域をでないが，新規就農者を受け入れる環境要因の一つとして注目に値する指摘である。

(3) 展開のプロセス：青写真アプローチと学習過程アプローチ

　次に，本事例が示唆するインプリケーションとして，そのプロセスに注目してみたい。つまり，今日時点で到達した成果があらかじめ計画されたものでも，上からの指示に基づくものではなく，小さな取り組みが，先に分析したリーダーシップと外部に対してオープンでネットワーク型の地域経営理念をベースに，まさに内発的に拡大し，展開してきたという点である[13]。
　一般に，日本におけるいわゆる地域づくりの優良事例においては，キーパーソン（前述のカリスマ型リーダー）の指導のもと，事業計画がトップダウンで策定・実施されるという事例が散見される。これは，行政や農協などの既存のオーソリティーが実施主体となる地域づくりの場合，ある意味避け難い部分ではある。とくに，施設建設型のプロジェクトにこのパターンが多くみられることは事実である。しかし，その行政等主導の策定・実施プロセスによって実施された事業における便益分配に一定の偏りがみられた場合（これもある意味避け難い問題ではあるが），地域内に不満や対立が発生する場合がある。本事例は，これと対極をなす自生型（ボトムアップ型）の発展モデルである。諸条件が異なり比較すること自体が意味をなさないとの指摘もあろうが，トップダウン型とボトムアップ型の開発アプローチの最大の相違点はそのプロセスにある。本事例にも通じるプロセス重視の地域開発（発展）という考え方は，日本における地域経営論にとっても有益な示唆となりうるはずである。
　開発論におけるプロジェクト管理の文脈では，しばしば学習過程アプローチ（learning process approach）という概念が用いられる[14]。一般に，行政主導のトップダウン型の事業では，ハード事業，ソフト事業にかかわらず事前に決定された事業計画の達成が「開発の目的」となりこれを達成することがしばしば「地域の発展」として混同されやすい。これを，青写真アプローチ（blueprint approach）という。この手法では，事業計画の段階で住民参加がなされない場合（あるいは限られた住民の参加しかない場合），施設等の完成後に維持管理，利用度等の面でしばしば問題が生じることが報告されている[15]。これは，事業（あるいは集団の活動）に対するオーナーシップを醸成するプロセスが欠落している

からである。一方，学習過程アプローチの場合は，明確な達成目標を設定しないか，設定しても試行錯誤の結果をフィードバックして目標を随時変更できる柔軟性が要求される。これは，行政におけるいわゆる「お役所仕事」が最も苦手とする部分であり，反対に，草の根レベルでのボランタリー組織が最も得意とする部分である。つまり，学習過程アプローチにおける集団の目標は結果（通常は経済的アウトプットの拡大）でなく，集団内外の試行錯誤の過程を経て，メンバー自らが「学習」しそれを自分達の計画・運営・管理に活かしていくエンパワーメントのプロセスを体験することであり，それに付随する結果として経済面での報酬が得られるのである。

　学習過程アプローチに関する科学的な実証研究には，多大な時間と労力および高度な専門的知見を要する。残念ながら，この点に関し，本章では厳密な検証を行うことはできない。ここでは次の点のみを指摘しておきたい。リーダーのA氏は，当初，安定的な収入を確保するための道として，有機農業を始めたわけである。また，在来農法への疑問だけでなく，上述のように当時村内で展開しつつあった自己完結的な有機農業に対する疑問等，自らおよび周囲の体験から学習することにより，次第に活動目標が修正されていった。A氏の説明を筆者なりに要約すれば「人との交流を通じて自分自身が農業を楽しむこと，その結果，経営が安定すればよい（農業は金もうけのためにやるものではない）」というように変化したのである。スタート当初は，永年の収奪農法よる土壌劣化等技術的問題が山積し生産が軌道に乗らなかったばかりか，「おまえの畑からチョウチョが来て，うちの畑に卵を生む」など，周囲の農家との軋轢があったのである（上毛新聞）。また，直接集荷を行うことについても「何故そんなことをやるのか」という声もあったという。さらには，有機農業グループの分裂も経験した。世代も，出身地も，経歴も異なるさまざまな人間が集まってグループをつくり，その活動が15年以上に渡って持続し，拡大していることの裏には，メンバー相互の学習の積み重ねがあると考えることが妥当であろう。

（4）開放指向の組織運営方針

　社会学の組織理論に，スコットが提唱したopen system（開放型システム）と

natural system（自然システム）いう概念がある[16]。Open systemにおいては，その集団（組織）が拠り所とする環境（地域社会等）の変化に開放的かつ柔軟なシステムであるとされる。これは単に，新規就農者を受け入れることに積極的であるとか都市消費者との交流を重視しているということを意味するものではない。時代や環境の変化，外部からの影響（新住民からの影響を含む）を受け入れ，柔軟に対応し，自ら価値観や習慣を変化させていくという，上記の学習過程アプローチの素地ともいえる集団の資質である。同様に，natural systemは，共通の関心を共有するその集団（組織）の構成員は，インフォーマルに組織されつつも集団の共通の関心のために自発的に団結するという動機面での資質である（図6-1）。当然，両者は相反することなく，同時に一つの集団に存在しうるわけである。このような概念を目的・機能集団としての有機農業グループ（およびそれを取り巻く地域社会）の開放指向の組織運営方針にあてはめてみるとその特徴がイメージできる。たとえば，都市から若い移住者を受け入れたことに

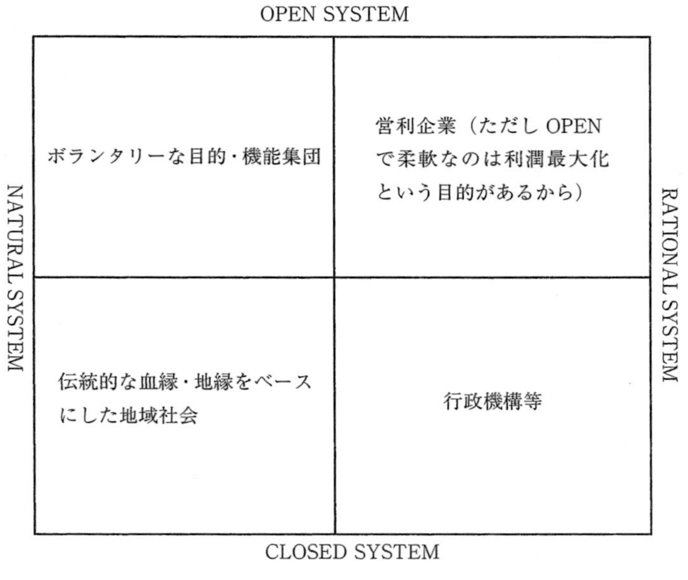

	OPEN SYSTEM	
NATURAL SYSTEM	ボランタリーな目的・機能集団	営利企業（ただしOPENで柔軟なのは利潤最大化という目的があるから）
	伝統的な血縁・地縁をベースにした地域社会	行政機構等
	CLOSED SYSTEM	RATIONAL SYSTEM

図6-1 地域経営主体の4類型とその組織的性格

出典：Scott(1992)を参考に筆者作成

よる刺激が地元の人たちに与えた影響である。これが，目的・機能集団としての有機農業グループの資質によるものなのか，戦後に入植した新しい集落（あるいはこの地域）に固有な社会的環境によるものなのかは分からない。しかし，一般に，頑に閉鎖的な暗いイメージがつきまとう日本の農村社会においても，条件（リーダーシップ，集団の資質等）さえ整えば，意外な柔軟性をもって外部環境に対応できる可能性があると考えるのは，いささか楽天的であろうか。この議論については，もちろん地域性も十分に考慮しなければならない。

　次に，地域に開かれた活動という点に関連して，有機農業グループに属さない地域住民が外から彼等をどう評価しているのかという問題もある。この問いに答えるためには，時間をかけた住民調査が必要となるわけであるが，本章においては以下の２点だけ指摘しておきたい。第１に，Ｉターンで入植した14組の新規就農者の定着率はこれまでのところ100％である。少なくとも，筆者が２年前の1999年６月に倉渕村で行った住民に対する聞き取り調査（25名）においては，他地域でしばしば散見される旧住民と新住民との間の摩擦に関する情報は聞いていない。第２に，これはリーダーのA氏の持論によるものであろうが，都市消費者のみならず，非農家を含む地域住民に開かれたグループであることを心掛ける方針を，その活動を通して明確に打ち出していることである。具体的には，収穫祭等の行事を通じて地域住民との理解・交流を促進していること，事務補助，売上入金等の業務を農協に依託する等[17]，農協との一定の関係も重視していることである。A氏自身「農協や役場とのかかわりは，地域活性化のためには，決して排除できないんです。農協にお願いできる部分はやれる仕事をやってもらってます」と語るように，集団内外に対して常にオープンであろうとする経営者マインドがうかがえる。

7．おわりに

　以上，限られた情報を手がかりに，倉渕村における有機農業グループの活動について，社会学的な観点からいくつかの分析的視点をあげた。残念ながらいずれもが推論の域を出ない。しかしながら，いわゆる地域経営論の文脈におい

て，本事例を検討することの意義だけは証明できたのではなかろうか。そして，本事例についての継続調査も含め，こうした事例に関し，従来の農業経営経済的な分析視点に加えて，社会学的な分析視点からの広範な実証研究がなされることが待たれる。これは，新規事業の検討等，既存の政策的要請に直結するものではないかもしれない。しかし，地域の持続的な発展を考えていくうえで，その３要素の一つである社会・制度的持続可能性(socio-institutional sustainability)に注目していくことはきわめて重要である[18]。

最後に，A氏の手引きで有機農業を始めた青年農業者たちの言葉を引用したい。２人の若者は，地域のあるべき姿について次のように語っている。

「そもそも経済的にどうしても発展する必要はないと思います。(中略) 発展はすごくゆっくりでいいのではないでしょうか。人が少なければ，少ないなりでなりたつシステムがあるはずです。(中略) 片品村は観光開発で人が増えたがごみも増え，子供の非行も増えたといいます。過疎は決して悪いものではないのかもしれない。」(村出身の青年農業者)

「ある程度若者が残ってほしいけど，農村は経済とはちがう面があるのです。町は何よりも収入（お金）だが，農村はそれだけじゃないことが分かりました。もちろん，昔の自給自足経済を復活させるのは無理でしょうが，ある程度そういう面も残すべきではないでしょうか。あまり経済性の追求ばかりでは。そういう価値観の人に残って（来て）もらいたいと思います。」(脱サラ青年農業者)

考えてみよう　[第6章]

1．調整型リーダーとSCの関係性について説明してみよう。
2．青写真アプローチと学習課程アプローチについて説明してみよう。
3．閉鎖的な地域社会をより開放的にするには何が必要か考えてみよう。

[注]

1）本章は組織論的試論の視座を提供することを目的としており，当該事例の最新情報を紹介することではない。記載された情報は2000年の調査時点（北野　2000）の

もので，その後の状況は大きく変化しているものと思われる。倉渕村も2006年に高崎市に合併されている。
2）コーテン（1995），セン（2000）等
3）「第6回環境保全型農業推進コンクール関東ブロック表彰式資料」（p.54）から引用。
4）A氏の目を再び有機栽培に向けさせたのもう一つの理由は，個人的な体験（父の死）であった。肝臓の病気で亡くなった父の死をきっかけに，除草剤等を大量に使用するそれまでの農業に疑問をもつようになったという（上毛新聞，1997年9月23日，第18面）。
5）現状では，1反当たりの収入が約50万円（A氏の場合）であるが，新規就農者の場合はもっと高く，1反当たり約100万円の計算になるという（A氏）。
6）後継者が就農可能年齢に達しているメンバーは現在2名である。A氏の場合，農業大学に進学している娘が卒業後，農業を継ぐことになっている。もう1名，20歳代の息子がいる家があるが，そこも農業を継ぐ予定である（現在は別の土地で花き栽培の研修中）。A氏の経営についてみれば，1戸1法人で，パート6～7人（若い女性や研修生など）が周囲にいる環境で，本当に有機農業が好きできてくれている同世代の若い人がいてくれることが，娘にとって良い刺激となったと述べている。
7）ＦＡＸでメンバーから送られてくる出荷先リストや伝票を整理調整したり仕分けする作業のため，少なくとも週に1日は，夜8時から午前2～3時まで残業する日が発生するという。
8）一般に，リーダーシップ論が直接的にソーシャル・キャピタルの文脈で議論されることはない。ここで述べた考え方は，あくまでもSC的な考え方を念頭においたリーダー像についての筆者の分析を述べたに過ぎない。
9）ここでいう開発学とは，開発社会学，開発行政学，開発人類学，開発経済学等の総称である。
10）SCに関する基本的文献にはPuttnam（1992）やDasgupta and Serageldin（1999）がある。
11）たとえば，同じ群馬県の川場村（世田谷区との都市農村交流），沢田農業協同組合（農産物加工販売），上野村（山村僻地における各種観光開発）の計画・実施においてはこの種のリーダーシップが大きな役割を果たした（Kitano 2000）。
12）農村公園構想で全国的に知られる群馬県新治村における村長の役割がこのタイプであると考えられる。

13) 本章の冒頭で触れたネオ・マルクス主義的空間政治経済理論と内発的発展論の整合性に関する論議は数多くあり，前者の立場には内発的発展論に否定的な立場をとるものも多い（水岡 1992）。両者の整合性については，本章では言及しない。
14) 学習過程アプローチと青写真型アプローチの概念については，Korten (1980) を参照せよ。これらは，一般に，開発プロジェクト管理の技術論的文脈で用いられる概念であり，ここで提示した考え方はあくまでも筆者の試論である。
15) Korten (1980)。
16) これらにそれぞれ対置される概念がclosed system（閉鎖型システム）とrational system（理性的システム）である。これらの概念については，Scott (1992) を参照せよ。
17) 具体的には，手数料として売り上げの2％を支払いの精算事務の補助者（冬期を除く）を，地元農協から派遣してもらっている。このほかに専属事務員が1人（女性，4–12月，非農家）が配置されている。消費者グループとの契約販売においても，全量農協を通して契約を結び，メンバーへの支払いも農協から行われる。
18) あとの2つは，環境・生態学的持続可能性（environmental/ecological sustainability）と経済的持続可能性（economic sustainability）である（Kitano 1998）。

[引用文献]

[1] 宇野重昭・鶴見和子編（1994）：内発的発展と外向型発展―現代中国における交錯―，東京大学出版会.
[2] 関東ブロック環境保全型農業推進会議，第6回環境保全型農業推進コンクール関東ブロック表彰式資料，2001年3月23日.
[3] 北野収（2000）：グローバル化時代のロカリティー―新たな可能性の模索と矛盾―群馬県の事例から―，鈴木直喜編，NGO：新たな視点を求めて（外務省委託開発経験体系化調査研究，マージナリゼーションとNGO研究会，平成11年度報告書），㈶国際開発高等教育機構，pp.57-71.
[4] 北野収（2002）：農村計画における「場所」と「空間」―史的唯物論からのオルタナティヴな視点―，農村計画学会誌，20(4)，pp.265-275.
[5] コーテン，D.（1995）：NGOとボランティアの21世紀，学陽書房.
[6] 上毛新聞1997年9月23日，18面.
[7] セン，A.（2000）：自由と経済開発，日本経済新聞社.
[8] 水岡不二雄（1992）：経済地理学―空間の社会への包摂―，青木書店.

[9] Dasgupta, Partha and Ismail Serageldin (1999) : *Social Capital: A Multifaced Perspective*, World Bank.

[10] Kitano, Shu (1998) : Historical Perspectives on Technical Cooperation in Relation to International Agricultural Development: Definitions, Transitions, and an Effective Mode, *Journal of Rural Issues*, 46, pp.23-29.

[11] Kitano, Shu (2000) : *Moving Beyond Decline and Integration: Uneven Rural Development in Japan*, Ph.D. dissertation, Cornell University.

[12] Korten, David C. (1980) : Community Organization and Rural Development: A Learning Process Approach, *Public Administration Review*, 40, pp.480-511.

[13] Puttnum, Robert (1992) : *Making Democracy Work: Civic Traditions in Modern Italy*, Princeton Paperbacks.

[14] Scott, W. Richard (1992) : *Organizations: Rational, Natural, and Open Systems, 3rd. ed.*, Prentice Hall.

第7章

過疎山村における多様なリアリティが示す地域づくりの姿
―島根県浜田市S町の事例から―

諏訪あす菜

1．はじめに

　農村地域における過疎化・高齢化が社会問題となってから久しい。すでに，都市と農村の格差は，国土全体で「構造化」されてしまった感がある。法律上の過疎市町村[1]の数は738市町村（2006年4月時点）あり，全国市町村の約4割にあたる。農林業の衰退，若者の都会志向，産業構造のトランスナショナル化による地方の製造業の空洞化，そして近年では，「構造改革」による地方での公共事業の削減など，過疎が持続化・恒常化する理由は重層的である。

　一方では，各地でいろいろな地域振興や定住促進の取り組みがなされている。今や，「田舎暮らし」「Iターン」という言葉は一般的になり，テレビや雑誌などにも頻繁に取り上げられている。1990年代のバブル経済の崩壊以降，成長志向一本やりだった日本人の価値観やライフスタイルは多様化した。このことは，1992年の環境サミット以降の世界的な環境意識の高まりとも符合した。いずれにせよ，経済原理主義の結果の一つである過疎問題とそれに対する反動ともいえる田舎暮らし志向という，両義的かつ矛盾をはらんだ状況が，今日の日本社会に存在している。

　田舎暮らし志向という潮流が過疎問題を緩和する大きなうねりとなって現れてくることはないかもしれないが，多くの過疎自治体で新たに都会の人々を誘致し，交流人口，さらには定住人口を確保しようという取り組みがなされている。そのことは，過疎地域における新たな混住化[2]社会の誕生という，ミクロレベルの社会変動にかかわる研究対象が存在することを意味する。

2. 本章の目的

　本章では，過疎化・高齢化が最も進んでいる地域の一つである西日本の中国山地の端に位置する地域を事例として取り上げ，そこで生活し，地域活性化への取り組みに従事する「人」に着目する。地域活性化のための取り組みについて，その実態を客観的に外部から考察するのではなく，当事者の内部の「語り」からアプローチし，現状と課題を明らかにしようとするものである。筆者が地域住民の言葉に着目するのは，「生」の現実社会を構成しているのは，まさに「生身」の人間であり，彼らの主観，経験，価値観などがあって，初めて実際の行動なり取り組みなりが動き出すと考えるからである。その情報から，Ｉターン者の増加やＮＰＯの活動により「新たな混住化」が起こっている地域内を，世代や立場の異なる多様な集団である「住民」がどのように捉えているのか，その地域社会内部における行動と認識の多様性の構図とそこに横たわる「ダイナミクス（力学）」のようなものに接近することができるのではないかと考えている。これらのことを考察することによって，「外部者」が，いわゆる政策としての地域活性化策を考えるための基礎的な情報を提供することが，本章の目的である。

3. 方法論と構成

　筆者は，大学３年の夏休み（2006年）に，国土交通省都市・地域整備局地方整備課が実施する「若者の地方体験交流支援事業（通称「地域づくりインターン」）に応募し，島根県浜田市Ｓ町[3]に２週間滞在する機会を得た。同事業は，三大都市圏の大学・大学院に通う学生を地方に派遣し，各種の体験や地元の人々との交流活動を行い，都会の若者の視点からの意見を地元の人々と交換することにより，地域活性化に役立てようというもので，国と地方自治体とが連携して実施する。筆者の場合，現地での受け入れは後述のＮＰＯであった。

　2006年秋にはＳ町に関する文献資料・統計を収集し，地域概要等をまとめた。

2007年の夏に、再び地域に滞在し、フィールドワークを行った。このフィールドワークでは、前年のインターンで知己を得た地域住民の人たちとのつながりを十分に生かすとともに、さらに、インターンでは触れ合うことのできなかった住民の意見も聞くことができた[4]。分析の方法論としては、インタビューで収集した情報を問題カテゴリー別に抽出し編集した。こうして、編集された「語り」情報から、あらためてどのような構図や問題が見出されるかを考察した。

筆者の現地訪問滞在は合計しても1か月に過ぎず、筆者自身、質量ともに十分なものとは考えていない。しかし、筆者が収集した情報がすべて表面的なものだとも、後段で提示する構図が表面的な情報に基づき構築されたものだとは考えない。都市の1人の若者が縁あって知己を得た村民とのやりとり（コミュニケーション）の場で見出した「リアリティ」なのだと理解したい。

4．地域および各種施策の概要

(1) 地域の概要

島根県浜田市S町は、2005年10月1日をもって浜田市に合併された自治体のうちの一つで、総面積の85％が森林で覆われている中山間地域である。藩政時代には浜田藩、津和野藩に属する純農村であり、良質米の産地として発展した。村内には信号もなく小さなスーパーが1つあるだけで、浜田市の市街地へは25kmの距離にある。気候は裏日本型気候であり、降雨日数が160〜180日と雨が多い地域である。12月初旬からは雪が降り始め、歴史的に雪害は過疎化の原因にもなっている。

1960（昭和35）年に5,288人を越えた人口は、高度経済成長期の出稼ぎ等による流出、基幹産業であった木炭の衰退、ダム建設の完成などによって減少し続けた。1963（昭和38）年には「サンパチ豪雪」と言われる豪雪があり、都市部への流出が雪崩的に進行した。1960〜65年の5年間で人口の3分の1強、1,842人も減少した。その結果、1980年には2,375人と半減した。

S町には小学校と中学校が1校ずつあるのみで、高校進学を機に他市、他県

に出て行くケースが多い。地区に戻ってきても仕事がなく、若い人たちは故郷を離れていってしまう。2000年時点で、総人口1,658人のうち696人が65歳以上である。ただし、高齢化の度合いは、地区によって大きく異なる。全27自治区（集落）のうち最も高齢化率（65歳以上の割合）が低い集落こそ14.3％だが、60～70％台が多く、最も高齢化が進んでいるTN集落では実に100％となっている。

　産業別就業者数は、第1次産業349人（33.6％）、第2次産業288人（27.7％）、第3次産業403人（38.7％）となっている（2000年国勢調査）。総農家数は320戸、販売農家戸数は235戸（このうち専業農家51戸、兼業農家184戸）である。農家1戸当たりの経営耕地面積は74.6aと零細である（2005年農業センサス）。

（2）定住化政策の概要

1）Ｉターン者の増加

　島根県および旧S役場（現浜田市S支所）は、さまざまな定住化促進策を講じてきた。注目すべきは「Ｉターン者」の誘致の実績である。S町は、人口約1,600人のうち実に15％がU・Ｉターン者となっている。後述する定住推進事業によるU・Ｉターン者だけでも、55世帯、163人に上る。この内訳は、Ｕターンが11世帯、32人であり、Ｉターン（Ｊターンを含む）が44世帯、131人となっている。Ｉ（Ｊ）ターン世帯主の本籍地は、当然のことながら浜田市内が多いが、Ｕターン者の本籍地は、中国地方、近畿、関東などである（表7−1）。転入者の職業は、第1次産業が4人、第2次産業が17人、第3次産業が31人である（S

表7−1　Ｉターン世帯主の本籍地

海外	1
東北	1
関東	5
東海	3
近畿	9
中国	5
沖縄	1
県内	7
市内	12

出典：浜田市役所S支所資料

支所資料，2007年6月27日現在）。このように転入者が多い背景には，次にあげる財団やNPOの取り組みがある。

2）ふるさと島根定住財団の取り組み

㈶ふるさと島根定住財団は，定住を総合的に推進する機関として1992年に設立された。1996年からは事業の幅を大きく広げ，U・Iターン希望者に農林水産業に従事してもらう産業体験事業や，住まい確保の支援，定住促進に向けた情報発信・相談などに取り組んでいる。2004年には，若年者の県内就職を支援するサービスセンター「ジョブカフェしまね」を設置するとともに，就職フェアなども開催している。さらに2005年からは，都会から訪れる人々に田舎の良さや価値を再発見してもらう試みとして，「しまね田舎ツーリズム」を県とともに推進している（全国グリーンツーリズムネットワークしまね石見大会パンフレット）。同財団が行う主要事業の説明を表7－2（上段）にまとめた。

3）役場（市）の取り組み

役場レベルおいても，村おこしブームがあった1980年代から，地域活性化のためのさまざまな施策を講じてきた（表7－2中段）。地場産業として現在も推奨されている味噌やトマトジュースの生産の試みがなされたのも，1980年代からである。とくに，S自治体発足30周年の1986年を「村づくり元年」として位置づけ，コンベンションビレッジ計画およびそこにおける拠点施設としてのふるさと体験村の整備が行われ，当時，初年度3,000人，2年目7,000人，3年目13,000人と訪問者を伸ばした（人と国土　1992：109-113）。バブル経済期の1991～94年に，若者定住対策事業として，住宅整備を行っている。ただし，これらの施策は，1980年代，1990年代の当時は，各地の農村で実施されたものであり，当該地域がとくに目新しいわけではない。

浜田市への合併以降の地域活性化策としては，2007年から5か年で実施される「S自治区地域自治機能活性化事業補助金事業」（集落活性化事業）がある。想定される事業例としてU・Iターン希望者受け入れ事業，農家民泊事業（グリーンツーリズムの推進），郷土料理再発見事業，地域間の交流イベント，環境美

表7-2 行政・NPOによる各種施策・取り組み概要

事業主体	事業名等	内容と実績
ふるさと島根定住財団	U・Iターンのための産業体験事業[1]	・県外在住のU・Iターン希望者に1年以内で田舎暮らし・産業体験をしてもらい、産業体験料として月50,000円。3か月～1年間で月30,000円を加算。1世帯当たり月30,000円を加算。1996年から2006年までの10年間で、体験者数は1,089人。そのうち休業期限了後も引き続いて県内に居住している人は504人。定着の出身地は関西31.9%、関東26.4%。
	空き家活用助成制度[2]	・産業体験者やU・Iターン者の住まいとして活用する目的で、自治体が個人の空き家を一定期間借り受けまたは買い上げ、建物を改修する場合、改修費に対して助成。・伝統民家は、地域の重要な資源であり、多数存在する空き家の活用利用が急務。農村地域における不動産業が未発達、空き家の老朽化が進み貸し出すには高額な改修費用が必要。見知らぬ者に貸すことへの不安感などの理由がある。「借り上げ+助成金制度+情報提供」の空き家活用システムを実施。
	島根での暮らし体験ツアーへの助成[3]	・実行委員会に対して、経費の一部を助成。1回当たり80万円以内。参加者数は20名程度（10名以上）。条件としては、現地見学や作業体験などの地域体験、住まいや仕事などの定住情報の提供などを盛り込まなければならない。2008年度には7市町村で計12回のツアーを実施。（その中のひとつがS町の「ふるさと発見ツアー」）。
役場および市の取り組み	コンベンションビレッジ計画（まちむら活性化計画）[4]	・「もらい元年」とされた1986年の翌年には打ち出された計画で、文化を通した体験交流事業によって村おこしを図る。・ふるさと体験村として、農業後継者の育成のために使われていた体験農園の周辺、ログハウス5棟、民家2戸による宿泊施設、食堂、遊具などを加え交流の場として整備。夏休みには、小学生を対象に3泊4日で川遊びやそばずもり自然の中で楽しんでもらう「自然ふれあい学校」も実施。村田舎者の増加機会を増やすとともに、都市在住者のニーズにあった特産品開発のアンテナ機能を果たす。春の「健康まつり」、夏の「ふるさと祭り」、秋の「産業祭」を実施。
	若者定住対策のための各種事業[5]	・世帯主の年齢に応じて月額16,000円～26,500円で住宅を借りてもらう。25年経過後は土地と住宅を無償で払い下げ（年齢40歳以下の人を公募したころ、初年度募集の5戸に対して全国から20件の申し込みがある）、県内1人が当選。1992年から5年間で、住宅を新築した1自治会に対して、その事業に要する費用の一部を助成。・1997年から浜賀の若者通勤者向けに低家賃住宅を28戸建設。29戸が占有（うちIターンは13戸）。
	集落活性化事業[6]	・自治機能の活性化のため、2007年から5か年（S自治区地域自治機能活性化事業補助事業）（自ら地域における自治機能の活性化のための基本的な計画（地域自治計画）を策定、実施する事業に対して、その事業に要する費用の一部を助成。・計画策定に対して5年間で1自治会当たり最大15万円、借り入れ資金の利子相当各5人ずつ計画に基づく事業実施に対する補助（自治会当たり150万円）を助成。実施大1自治会長を自治会アドバイザーとして担当。自治機能維持のための事業、地域資源を生かした魅力ある地域づくりのための事業、集落ごとの問題点を話し合う等ワークショップ等事業、地域間交流活性化のための事業。集落活性化のための事業。
NPO法人ふるさとSネットワーク[7]	農業学校部門	農事組合法人等と連携し、質的生活等を通して村内の交流を深めるため、「第2のふるさと発見ツアー」などを実施。
	交流事業部門	都市部の人たちを対象に企画をして地域づくりを進める。
	有機食品部門	有機食品の認証を通した地域活動を進める。地域農業の基盤づくりを進める。
	環境部門	河川の水質浄化や植林活動を進める。

出典：1) ふるさと島根定住財団「平成18年度版定住支援ガイドブック」
2) 中國・山本 (2006：65-72)
3) ふるさと島根定住財団ホームページ
4) 人と国土 (1992：109-113)
5) S自治体発足30周年記念誌
6) 浜田市S自治区地域自治機能活性化事業補助金事業概要
7) NPOホームページ

化保全事業などである。

4) 交流と地域活性化を推進するNPOの活動

2001年1月に，当時のS自治体に，「石見地方に住む人たちと，この地域のまちづくりにかかわる人たちに対し，都市・農村交流・定住・環境保全・有機食品などをテーマにしたまちづくりの推進を図り，地域社会の自立に貢献すること」（NPO資料）を目的としたNPOが設立された（以下「NPO」）。2006年の会員は12人で，後述するS氏が理事長を務める。

設立の前史として，村おこし・まちづくりを提唱してきた「青年セミナー」の活動がある。17年に及ぶ活動は，島根県の第1回ふるさとづくり大賞でその成果を表彰され，S共同農場との連携を行うことで，NPOを立ち上げるに至った。

活動内容を表7-2（下段）に示した。具体的には，「島根わが酒サミット」の開催，「銘木マップ」の作成，筆者が参加した国土交通省の「地域づくりインターン」の受け入れなどに取り組んできた。NPOの活動の中心になっているのが，年2回開催（2006年以降は年1回）されている「第2のふるさと発見ツアー」である。このツアーは，田舎暮らしを真剣に考えている人のためのIターンへのきっかけづくりを提供する。実際に5年間で13組のツアー参加者が定住するほどの成果がでている（JT氏，2006年8月6日）。ふるさと島根定住財団の資金援助により，参加費は大人1人15,000円となっている。ツアー内容を表7-3に示す。

しかし，問題がないわけではない。最近では，安価に観光ができるという理由で参加する常連が増えている。リピーターが多いということは，本来，ツアーが充実していることを示すはずであるが，実態は本来の趣旨からはずれているという面もある（JT氏，2006年8月6日）。

5) 地域農業振興に取り組む2つの組織

1979年から15年間で圃場整備事業が進められた。これが契機となり，9集落に生産組合が組織され，農業機械の共同利用や転作対応などの取り組みなど，

表7-3 2006年「第2のふるさと発見ツアー」の内容

8月4日	13:00	三隅町石正美術館 喫茶カミュ集合
		ツアー説明,自己紹介
	14:00	紙漉き体験
	17:00	棚田,みのり市見学
	18:30	歓迎会
	21:00	二次会 利き酒大会
		ホテルはりも泊
8月5日	8:30	ボベ貝獲り体験
	11:00	はりも山にてボベ飯作り(郷土料理体験)
		はりも山手づくり委員会の方と交流
	13:30	和紙加工体験,落款作り
	16:30	海辺で地場産バーベキュー,交流会
	19:00	神楽鑑賞 夕日神楽
	22:00	夜神楽(希望者は朝まで)
		ホテルはりも泊
8月6日	9:00	S村 ふるさと体験村
	12:00	藁葺き屋根の森川邸にて昼食
	14:00	Iさん夫婦とお茶
	19:00	どぶろく囲んで交流会
		ふるさと体験村泊
8月7日	10:00	アンケート・意見交換
	11:00	解散

出典:筆者の参加体験に基づいて作成

　地域農業の維持・振興における重要な役割を果たしている。しかし，耕作面積が狭いことや高齢化の進行などの問題が顕在化している。現在，島根県農林水産部の浜田農林振興センターでは，集落営農を通じた活性化を働きかけている。このような状況のなかで，前向きに活動を展開する以下の2組織が注目を集めている。

　第1は，D集落農事組合法人である。D集落には農家が20戸ある。この集落では圃場整備事業が進められるなかで，集落営農の取り組みについて意欲的な話し合いがもたれた。1979年に整備事業が完成すると，「D農業生産組合」を結成し，1990年からは集落内の全水田を3ブロックに分けて，3年で一巡するブロックローテーション方式の集団転作を実施した。集落営農への取り組みを

通じて，農地の効率的利用や生産コスト削減につなげるとともに，女性や高齢者を含めた総参加型の営農方式を実現している。これらの取り組みが評価され，1994年には「水田営農活性化優秀集団」として農林水産大臣賞を授与された。1999年には農事組合法人となった。主な事業は，①水稲・大豆・エダマメ等の有機栽培および低農薬栽培，②エダマメ・菓子・漬物等の加工・販売，③村内他集落の転作作物としての有機大豆の生産作業を受託，④研修生の受け入れ，⑤大豆のオーナー制（1口5,000円，都市と農村の交流を目的とする）である（楠木 2004）。

　第2に，地域からの認知度も高く期待されているのが，有限会社「S共同農場」（以下「共同農場」）である。表7-4に，共同農場のあゆみをまとめた。1972年，当時高度経済成長下にあった都会生活の矛盾との葛藤から広島や大阪出身の4人の青年たちが「人間性が活かせる有機農業の里づくり」を実現しようと，S町に移住してきた。このときのメンバーの1人が，現在社長を務めているTK氏である。4人はまず，標高500m前後の休耕田を開墾し，牛や豚を飼い，試行錯誤を繰り返し旧組織「S之郷共同体」を結成した。この組織が1988年に有限会社として法人化された。現在，正社員11人とパート12人を雇用し，年間2億5,000万円の売り上げを出す（楠木 2004）。事業内容は，水稲5ha，野菜3.5ha，大豆・エダマメ・麦35ha，シイタケ2万本，味噌加工・年間400トン，豆腐・日産1,000パック，そのほかにもレトルト食品製造なども手がける。また，都市農村交流にも力を入れ，研修生を村内に定住・就農させている（楠木 2004）。山村ゆえに，当初は，「よそ者」的な扱いもなかったわけではないが，現在では，D集落農事組合法人と連携し，他の5集落で生産された有機大豆の全量を，共同農場で加工原料として買い入れている。また，1997年には村内の女性たちに呼びかけ，生産者21人で，農事組合法人「R工房生産組合」を立ち上げ，有機栽培した野菜の詰め合わせを，登録された消費者全員に毎週宅配する事業を支援している（楠木 2004）。

表7－4　共同農場のあゆみ

年	主な出来事
1972	メンバー4人で入村。 休耕田の開墾を始める。
1973	ワークキャンプ開催。メンバー増加。 広島へ野菜直販開始。
1977	村の女性達と一緒に味噌作りを始める。
1979	行政・村人と一緒に村作りキャンプ開催。
1982	「村の暮らしを体験しよう」の新聞記事に問合せが393件。 S生産組合（S共同農場含む）と役場の体験農園スタート。
1985	消費者からの融資により，味噌の新工場建設。 原木4,000本植菌して椎茸生産開始。 1年研修制度を含む「コミューン学校」始める。
1986	大阪の消費者の子供達を中心に「こどもコミューン学校」開始。 パソコン導入。財務と販売管理システムを作る。
1988	目標を明らかにする。「地域性を生かした有畜農業と有機流通をやろう。」
1989	生産，流通部門を「（有）S共同農場」として法人化。 みそ，牛，豚，椎茸，畑，水田の6部門生産体制を組む。
1991	関西を中心に手作り味噌の講習会が活発になる。 味噌の貯蔵庫が完成。
1994	青年セミナーとの交流が活発になる。
1995	地元の有機農業家が集う「あおむしの会」に加わる。
1996	タイ東北部に有機農業交流ツアー。 南部アフリカのジンバブエよりNPOのメンバー3名。 第1回S農芸学校を開催。23名が参加する。
1997	有機栽培の野菜と米の生産者21戸が農業組合法人「R工房生産組合」を結成。 広島の有機農産物の宅配会社「BYC」の設立。
1998	第1回「秋祭りツアー」を開催，関東・京阪神・広島より50名の年金生活者が参加。
2000	研修生10名受け入れ。
2001	NPOふるさとSネットワーク立ち上げ。 農産物有機認証取得。
2002	加工品有機認証取得。

出典：S共同農場資料

5．住民インタビューの結果

(1) インタビューについて

　文献調査や定量的な調査では知ることのできない個々人のリアリティを把握するため，2007年8月3日～15日にインタビュー調査を行った。もともとの地元住民が6名（うち女性3名），Iターン者が12名（うち女性4名）である。この数には，夫婦一緒にインタビューを行った人数も含まれている。年齢は20歳代後半から80歳代と広範囲に設定した。居住地区は9集落にわたり，できるだけ特定地区に偏らないように配慮するとともに，高齢化率の低い地区と高い地区の両方の集落をカバーするようにした。被調査者の一覧を表7-5に示す。

　被調査者の選定はランダムではない。前年のインターンのときの交流を通じて知り合った住民を中心に，筆者の村内でのつながりを活用して選定した。一部は飛び込みインタビューである。被調査者の代表性における偏りの可能性は排除できないが，本インタビュー調査の目的は，客観的な意見，村内の意見の「平均値」を知ることではなく，あくまでも，個々人の主観に基づくリアリティの相違や多様性にアプローチすることを目的としている。

　インタビューは半構造化インタビューである[5]。所要時間は1人当たり1～2時間である。インタビューにおける会話は，録音または詳細にとったメモに基づいて，被調査者別にパソコン上の文字情報としてデータ化した。その情報の読み込みを行い，見出された問題群別に整理した。なお，本文中の年齢はすべてインタビュー時点の年齢である。

(2) Iターン者たちのリアリティ

1) Iターン者たちの動機と苦労

　「第2のふるさと発見ツアー」がきっかけで，移住を決めた3組のIターン者の動機を紹介する。

　N夫妻（ともに30歳代）は，2006年に広島地区から小学生の子供を連れて転入

表7-5 インタビュー者リスト

名前	年齢	性別	属性カテゴリー	出身地	転入年	集落	職業	備考
KNさん	82	男	地元			N集落	元村長	63歳〜75歳、12年間村長を務める。
ZSさん	50代	女	地元			S集落	体験村スタッフ	子どもは3人。若い頃、Sの特産品「もぎたてトマト」の製造に関わる。体験村のスタッフ。
NIさん	69	男	地元			Z集落	農業	妻と2人暮らし。長男で一度もS町を出ていない。
MMさん	84	男	地元			T集落	農業	過疎化が最も進む集落に住む。夫婦で一番上。子どもは1人で、浜田に住んでいる。
MYさん	80	女	地元			N集落		
ZKさん	65	女	地元			H集落	農業	グループで朝市をしている。夫と2人暮らし。息子が3人。
HMさん	38	男	Iターン	関西地区	1999年	D集落	S支所産業課アロマセラピー	夫婦でIターン。夫はG集落の自治会長。
HSさん	36	女	Iターン					
NMさん	36	男	Iターン	広島地区	2006年	G集落	共同農場	ふるさと発見ツアーに参加後、小学生の娘を連れて転入。夫の前職業は建築関係のコンサルタント。
NRさん	30代	女	Uターン					
EKさん	50	男	Iターン	県内他市	1995年	Z集落	共同農場	転入以前にも、1979年から「共同体」に関わる。子どもは2人。Z集落の自治会長。
JTさん	28	男	Iターン	関西地区	2004年	T集落	蔵の準社員	元NPO事務局長。酒造り修行のため1年の半分は蔵入り。2007年6月に結婚。
MYさん	30	男	Iターン	関西地区	2005年	G集落	農業	母が隣町のＳの人。発見ツアーに参加後、Iターン。独身。
KJさん	60代	女	Iターン	県内他市	2001年	U集落	民宿	夫がSの人。夫婦で萱葺屋根の宿「萱葺の縁」をしている。元介護婦。
DSさん	30	男	Iターン	県内他町	2005年	G集落	市役所	隣町出身。妻は体験村のスタッフ。子どもは1人（インタビュー当時1歳6ヶ月）。
TKさん	53	男	Iターン	広島地区	1972年	T集落	共同農場社長	18歳の時、仲間4人で入村。村の誰もが知っている。
ISさん	50代	男	Iターン	関西地区	2004年	T集落	民宿	夫婦でIターン。グリーン・ツーリズムの宿を経営。夫は大手メーカー社員。
IEさん	50代	女						調理師の資格をもつ。子ども2人は大阪に住んでいる。

した。夫は建設関係のコンサルタントをしていた。浜田には以前から海水浴に訪れており，Ｓ町にも宿泊経験があった。2004年秋のツアーに参加し，Ｉターンを決意し，現在は共同農場で働いている。もともと田舎の出身の夫（ＮＭさん）は，以前から「もう一度昔ながらの生活をしたい，子どもにも味あわせてあげたい」という気持ちがあり，35歳までには農業をやりたいと考えていたという。農業に縁の薄かった妻も，何度か訪問することにより，徐々に「今まで接することのなかった四季の移り変わりや日本の伝統を知りたい」と思うようになったという。

　古民家を利用した農家民宿を経営するＩ夫妻（ともに50歳代）は，子供を残し，関西地区から移住した。Ｉ夫妻は，30歳代の頃から，Ｉターンする場所を探しに，週末を利用して各地に出かけていた。そうしたなか，以前訪れたことのあるＳ町に移住を決めたのは，地元のリーダー（ＮＰＯ理事長）の熱心な誘いがあったからである。夫（ＩＳさん）が20歳代の頃，九州の山村に転勤になったときに，自然が溢れる「田舎」に住みたいと思ったのがきっかけであった。2人ともアレルギーをもつＩ夫妻は，以前からエコロジーに関心があり，きれいな自然の水がある場所を探していた。Ｉ夫妻の民家は，Ｔ集落の奥の方にあり，地元の人からも，「よくあんなとこに住むね」と驚かれたという。しかし，少なくとも，Ｉ夫妻にとっては，そこは，非常に住み心地の良い場所であり，多くの人がマイナスのイメージをもっている「過疎」ではないと語っていた。

　ＭＹさん（30歳代前半，男性，独身）は，2005年にやはり関西地区から移住した。もともと，人が少ないところに行きたかったからだという。Ｓ町を選んだのは，母親が近隣の出身だったからである。現在は，Ｇ集落の研修棟に住み，ほうれん草の栽培に従事している。

　当然のことながら，Ｉターンには苦労はつきものである。そうした「苦労」には，住んでみて初めて解かるものが少なくない。

　都会で便利な生活をしていたＩターン者にとって，村内の中心部にスーパーが一軒あるだけでは，買い物で不便に感じることも多い。インタビューをしたＩターン者の多くは，買い物は大型店がある浜田の市街地まで行くという。上記のＮ夫妻の場合，以前住んでいたところが非常に便利な場所であり，3分も

行けば郵便局も学校もスーパーもある環境だったため，ギャップに戸惑ったという。買い物は，週1回市街地に出てまとめ買いをしている。夫の仕事の休みは日曜のみであるが，月によっては，毎週末，集落の集まりや仕事が入ることから，決して田舎の生活が都会に比べて「忙しくない」わけではないと感じている。夫妻は家賃2万3,000円の村営住宅に住んでいる。都会と比べれば，家賃が低く感じるが，現在の収入からすれば，結局，相対的な金銭感覚はあまり変わらない。S町の自然環境は子供にとって素晴らしいものであるが，子供の数が少ない（1学年10人以下）ため，放課後は限られた友達としか遊べないということが分かった。しかし，子供自身は，今は「こっちの方がいい」と言っているという。ただし，高校からは，浜田まで出なくてはいけないため，そのときにどうするか考えなくてはならない。

　Iターン後の支援はとくになく，住居の整備などもすべて自分でやらなくてはならないので，N夫妻の場合は，共同農場の存在がとても大きかったという。しかし，農業で，独立するのには莫大な費用がかかるという現実がある。

2）「パイオニア」のTKさんの場合

　共同農場の社長であるTKさん（50歳代）は，S町における「Iターン」のパイオニアである。もっとも，TKさんが転入してきた1970年代初頭は，「Iターン」という言葉はまだ存在しなかったし，TKさんの動機も，上記でみたIターン者のそれとは異なったものであった。以下，TKさんの入村の経緯を紹介する。

　TKさんは広島県の開拓部落で育った。戦後，国有林を開墾し，農地造成するために払い下げられたものである。TKさんの父が山に入って開墾した。両親はともに教師をしていた。TKさんは高校3年生のときに生徒会の活動をしており，そのなかで，部落解放運動をしている人たちとの付き合いがあった。卒業後，都市に住む貧しい出稼ぎ労働者の支援活動にかかわるようになった。高度経済成長の頃，農村からの出稼ぎ労働者が都市で経済的自立ができず，「ダンボール生活」を余儀なくされていた人々が1970年代当時も存在していたのである（現在のホームレスの人々とは状況が異なる）。農業の雇用吸収力が不足してい

るから,「ダンボール生活」者は, 地元に戻ることもできない。そうしたなか, ＴＫさんは, 彼らが田舎に帰れないなら, 自分たちが農村に入ってそういう人たちが帰れる田舎を作りたいと考えた。味噌汁を配るなどして彼らを支援してきたが, 過疎が進む農村を変える, こういった活動のほうが問題の「根っこ」を変えていけると考えた。縁もゆかりもないＳ町を選んだのは,「ど過疎だったから」という。

18歳のとき,「人間性が活かせる有機農業の里づくり」を実現するために4人の仲間とＳ町に入村した。1972年のことである。後に, Ｓ共同農場となるＳ郷共同体（以下「共同体[6]」）を設立し, 鍬一本で荒地を畑に戻すことから始めた。保守的なこの村で共同体が成功したのは, 地元の人と「ギブ＆テイク」の関係をとったからである。地元の人に, 夕飯をご馳走になり, 一緒に酒を飲み, 自己紹介していくうちに共同体は地元の人たちに知られていった。ＴＫさんは, 入村するまでに経済や簿記の勉強をしていなかったため, 味噌作りや野菜作りをしながら, 夜は本を読んで4時頃まで農村社会学や経済学, ものを共有するというのはどういうことかといった「今生かせること」を勉強した。1973年から, 当時まだ珍しかった野菜の直販を始めた。小型トラックで無農薬野菜を広島に運び, 販売するのである。これが評判となり, 共同体の生産だけでは間に合わなくなり, 地元農家が自家消費用に生産する野菜を少量買って共同出荷を始めたのである。農家は市場出荷用の野菜には農薬を使用していたが, 自家消費用は無農薬だったからである。入村したときのリーダーは1980年代になる前に村を去り, 以後, ＴＫさんがリーダーとなった。

インタビューで, 筆者が「地元の人に受け入れられたのはいつ頃か」と尋ねたところ, 意外な答が返ってきた。

「いや, 今でも受け入れられてないよ。今は逆に, 僕は別にここの住民だと思ってない, ずっと思ったこともない, だけど地元の人が言うからそうなんかなと思うだけ。別にここに根付こうと思って来たわけでもない。鞄ひとつで来て, 事業やって, もしその事業が失敗しても, 鞄ひとつに戻るだけのこと。違いがあるからこそこの村にいる価値があるんよ。この中に同化したり溶け込ん

だりしたらなんの価値もない。僕らはここを変えようと思ってきたんだから，ここの仲間に入れてくださいって来たんじゃないから。それが，結局長く続いている秘訣なの。少々のことで，ここを畳もうって気にもならんし。」（TKさん談，2007年8月12日）

　これは，もちろん彼らが地元の人と険悪な関係にあることを意味するのではない。むしろ逆である。こうした本音を他人に堂々と話せるほど，オープンで信頼感のある関係が築かれているのである。共同体の理念に共感し，関西からS町に来たのがTKさんの妻である。彼女は，経理・営業部門を担当する。夫妻には3人の子供がいるが，共同農場のスタッフとして働く26歳の長男は結婚し，妻子とともに村内に住む。
　TKさんによれば，これまでにスタッフに給料を払えなかったことや借金が返せなくなったことは一度もないという。TKさんは自分たちの強さをこう語る。

　「ない。「挫折」って言葉がない。考えたらずっと挫折かもしれん。たとえば，自転車は漕ぐのをやめたことはなかったけど，必ずしも前に進んでたかは分からん。もしかしたら反対に進んでたかもしれん。でも，降りようとしたことはなかったけど。たとえば，能力のあるやつがやめる，そういう逆境にうちはすごい強いねん。去年と比べても，うちすごいバージョンアップしてんのよ。たとえば，10年いたやつが辞めたり，いろいろあるんだよ，マイナス要因が。そうすると周りの人は，「あっこは大丈夫かな，やってけんのか」と心配するが，そういうときにうちはぐぁーっと伸びる。島根県だけじゃおもしろくないから，広島に新しい圃場を作ってバランスをとってやる。（中略）普遍化しなきゃいけん。いろんな地域に応用できるものでないと……。」（TKさん談，2007年8月12日）

　TKさんは，全農に任せきりにしてきた物流のコントロールを，自分たち生産者が担い，事業的にもしっかりした農業をやるために，現在，「西日本ファーマーズユニオン」という団体設立に向けて，西日本の仲間とともに動き始め

ている。また共同農場の後継世代についても考えているという。

（2）「草刈り」にみる慣習の変化

　住民の15％を占めるまでになったIターン者による「新たな混住化」によって，地域の慣習や人々の考え方にどのような変化が生じてきているのだろうか。定量調査でない限界は認識しつつ，興味深い発言をまとめてみた。

　集落での役務には，四季ごとの祭，自治会費の集金などがあるが，最も重要な義務の一つが草刈りである。草刈りをしていないことは他人に不愉快な思いをさせる行為であり，恥ずかしいこととみなされる。2004年に関西地区からきたJTさん（元NPO事務局長）も転入当初は，そのことをあまり理解できておらず，自分の田んぼの草刈をきちんとしていなかったときがあった。地元の人から，「恥ずかしいから，人に見えるところだけは刈ってくれ」と言われた。

　集落によって異なるが，一般的には，草刈りはおよそ2か月に1回の頻度で行われる。とくに，盆前は必ず実施しなくてはならない。Iターン者のなかには，そういう習慣に馴染めず，帰った人もいる。一方，Iターン者が多いG集落やT集落では，草刈りに対する義務感が他集落に比べて薄らいできているという。

　しかしIターン者も，地域の事情を知るにつれて，草刈りの重要性を理解するようになる例もある。1999年に関西から移住したHさん夫妻は，G集落の村営住宅に住み，田んぼを借りて米づくりをしている。きっかけは共同農場の社員の奥さんが友人だったことであった。夫のMさんは，公務員試験を受け，S支所に勤務している。妻のSさんは，以前は公民館に勤務していたが，現在はアロマセラピーの資格をとりそれを仕事にしている。夫妻は，以前住んでいた都市のマンションの集会にも参加していなかったことから，S町でも当初は草刈りにはあまり積極的ではなかった。G集落では，草刈りは日曜の朝7時から始まる。欠席者は出不足料（1,500円）を払うことになっている。2007年に夫のMさんが自治会長になったことから，草刈りに毎回出ざるをえなくなった。それにより，草刈りの大変さと重要さを理解することができたという。地元の人は余程の事情がないかぎり皆参加しており，出不足料で済ますわけにはいかな

いと考えを改めた。

　T集落に住むIターン者のJTさんは，草刈りの重要性について次のように語る。

「仕事ならね，仕事があってどうしても出れないっていうのはしょうがないと思うけど，なにはさておき予定は入れちゃいけない，草刈りは。みんなでやるもんなんよ。（中略）動けないおばぁちゃんもね，とりあえず出てきて座りながら草むしりしたり，自分は集落の一員ですよってことを自覚して，お互い何かあったときに協力しあえるっていうのをそこで確かめあうっていうのもひとつだと思うよ。そういうことで集落の一員として認められる。」（JTさん談，2007年8月9日）

　草刈りの大切さを教えるのが，自治会長の役目である。もし出られないときは，始めだけでも顔を出すだとか，別の日にフォローしておくということを，新参者に教えなくてはならない。しかし，自治会長の世代が若年化してきていることなどから，知り合いもなく村に入ってきたIターン者のなかには，草刈りの重要性を十分に理解できない人もいる。今後，Iターン者が多い集落を中心に，「草刈りの伝統」が薄らぐ傾向が強まってくるかもしれない。

　次に，Iターン者の増加とは直接結びつくものではないが，興味深い発言を紹介したい。地元に生まれ育った69歳のNIさんは，工場の手伝いなどをしながら農家として生活してきた。現在は体力的な理由から，作付面積は以前の3分の1となった。さらに，米価が以前の半分程度になったため，年金だけでは不安だと感じるという。「昔はお金がなくても平気だったのに，今はみんなが贅沢になっているから，毎日お金がないと心配になる。毎日どうやって生きていこうということを考えている。」（NIさん談，2007年8月10日）つまり，近代化がもたらした意識の変化を指摘しているのである。S町のような地域では，比較的近年まで，農業で自給自足に近い生活が営まれていた。食料や水に困ることはなかったし，不作の年や天災があったときには，誰も責めることはできず自分たちでどうにかするしかなかった。しかし，貨幣経済を前提とした近代

的な嗜好が定着することにより，現金収入が少ないことを地元の人が気にかけるようになったのである[7]。

（3）新旧住民の間に存在する「認識の差」という壁

外部者であるＩターン者と内部者である地元住民の間に，組織や集落，人の思考や行動にいたるまで，異なった捉え方が存在するのは，至極当然のことといえる。上記のＴＫさんの発言にあるように，異なった認識を有する住民が地域内で混ざり合うことで，互いの長所・短所に気がつくようになる。お互いの差異の指摘のなかに，こうしたポジティブな意義を見出すことができた。

1）Ｉターン者からみた村の「組織と人」

県内の近隣の農村から転入してきた者でも，Ｓ町は伝統的な付き合いが強く残っているところだと感じている。30歳代前半のＤＳさんは，結婚を機に2005年にＳ町に転入してきた。ＤＳさんは隣町の出身だが，Ｓ町と隣町では，付き合いや慣習が異なるところもあり，相対的にいえば，Ｓ町の方が祭などの伝統，葬式の手伝い，その他の自治会機能が強く残っていると感じている。現に，こうしたことは，会社や役場の仕事よりも優先しなくてはならないといった風潮があることも事実である。「準」地元出身者であるＤＳさん自身はそのことは承知しているが，「Ｉターン者のなかには，こういった付き合いが負担になる人も多いのではないか」と理解を示す。村のなかでは若者世代であるＤＳさんは，昔からの伝統の大切さは認識しつつも，新参者に対してそれをそのままお願いするのではなく，変えられるところは少しずつ変えていってもよいのではないかと考えている。

一方，Ｉターン者のなかには，Ｓ町の伝統を守ることに積極的な見解を示す人もいる。前出のＩさん夫妻は，今では集落が受け継いできたものを大事にするべきだという考えをもっている。その伝統が間違っていないからこそ今の集落，村が存続してきたのであって，Ｉターンして2～3年の自分達が地元の人に逆らえる権利はないという。変えるべきところは，地元のお年寄りの方たちがいなくなったとき，自分たちの時代になったときに変えていけばいいのだか

ら，とりあえず今は昔からの伝統に従うべきだという見解である。

　外部からきた転入者には，住民と行政との関係にみる農村地域の気質について，警鐘を鳴らす人もいる。あくまでも相対的な比較だが，貨幣経済が浸透した前提で存在する都市部における市民社会と行政との関係と，農村部におけるそれとは明らかに違うはずである。もちろん，そのすべてが悪いわけではないにせよ，外からみて，改善すべき点，気づくべき点がないわけではないだろう。これまで，常に行政の施策に乗る形でわずかな資金をもらい，しかし，その資金が事業の発展につながることは少ないという状況があった。行政に依存しなくても，できるところから何かを始めていく。補助金はたとえ「権利」であっても，その出所は都市部の勤労者が納めた税金であり，そういうことを含めた「貨幣価値」が十分に理解されてない状況を踏まえて，地元の人間が都会の人間と向き合っていかなくてはならない，と指摘するのは前出のＴＫさんである。

　また，都市部のサラリーマンが勤務先や取引先での人とのコミュニケーションに慣れているのに比べると，専業農家が多いＳ町では，外部の人間とのコミュニケーションは得意でない人が多いと感じた，という別の人の指摘もあった。やはり，ムラ社会特有の保守性（長いものに巻かれる，嫉妬など）も残っており，「新たな混住化」を前提とした共生の実現のためには改善していくべき部分もあるように思われた。

　以上のこととは全く次元が異なる点からの役場への要望も存在する。ＴＫさんによれば，Ｓ町を活性化するには，維持されている集落機能の「良いところ」を活用すべきだが，現状ではその認識が十分でないのではないか，という。ＴＫさん自身，「平成のコメ不足」をきっかけとして，まず自分たちが，ひいては集落が自立してやっていかなくてはいけないと考えるようになり，その後の活動にその問題意識を反映させるように努めてきた。しかし，行政は下からの改革の重要性にまだ十分に気づいていないし，相変わらず，手を変え品を変えるように，さまざまな施策を提示してくる。そういった環境のなかでは，地元の人たちが，自分たちの問題は自分たちで考えなくてはならない，ということに気づかない状況ができてしまう。それが続けば地域は滅びるが，滅びていくものをただトップダウン的に支えるのではなく，別のことを考えていかねばな

らない時期にきているというのである[8]（ＴＫさん談，2007年8月12日）。同様に，ＪＴさんも，行政の取り組みについては，「1年1年で短期的に結果出さなきゃあかんし。個人がなにか夢をもってやっているのとは違う。メッセージ性がない」と述べる[9]。

　前出の集落活性化事業についても，集落の実情を十分に理解せずに実施されているという指摘がある。各集落には役場の担当職員が割り当てられ，地域活性化の取り組みに関する合意形成やアドバイスが行われることになっているが，前記でみたように，集落の生活は週末も含めて決して「暇」ではない。草刈りなどの通常の集落活動に加えて，活性化事業のための集会が入ってくることに抵抗感をもたざるをえない住民もいるのである。Ｔ集落の場合，浄水場周りの草刈りは役場の仕事となっているが，年2回しか行われないため，すぐに伸びてしまう。貴重な水源の周囲の雑草が放置された状態は恥ずべきことだと住民は考えており，集落のニーズとしては，活性化事業よりも先ず浄水場周りの草刈りが優先されるべきであるということになる。子供の環境活動を推進するなど集落活動に精力的にかかわっているＥＫさんのような人でも，活性化事業の負担感を感じているのである。

2）地元の人からみた「Ｉターン者」

　Ｉターン者が入ってくることに対して，地元の人はどう思っているのだろうか。元村長のＫＮさんは，Ｉターン者の増加について好意的に語る。

　「ここに住む人は，都会に出て少し金もうけをしたらすぐ都会に走っていってしまう傾向があって，どちらかっていうと村の良さがわからなかった。案外，こういった田舎の良さはここの人にはわからないことで，それをそういった血をいれることによって，自分たちが目覚めることも必要かなと思ってＩターン制度をしているんじゃないかな。外部の人が入ってくることによって刺激になる。（中略）いろんな村というものを見つめなおすきっかけになった。」（ＫＮさん談，2007年8月8日）

Iターン者のなかには，集落での付き合いや古い因習に馴染めず帰ってしまった事例もあるが，地域に良い刺激を与えてくれたIターン者も多いという[10]。

　夫と2人でH集落に住むZKさんは（65歳）で，地元生まれの地元育ちである。5人兄弟の長女であり，家族で都会に出ようとしたこともあったが「都会に来ちゃだめだ」と東京のおじから言われ，一度もS町から出ていない。ZKさんの三男はふるさと発見ツアーで出会った妻と隣町で暮らしている。ZKさんの住むH集落にはIターン者は少ないが，自治会長がIターン者で，元気があり，草刈りのときはとても助かっているという。Iターン者との距離はそれぞれの人による。Iターン者から積極的に集落の付き合いに入ってきてくれれば，地元の人も受け入れられるという。

　ふるさと体験村で働くZEさん（S集落，女性）によると，寄り合いでの声かけも，以前のように相手の近況を聞いたり，世間話することが減って，あっさりと用件を伝えるだけになってきている。また，地域のことについて話しているときも，自分は知っていることが当たり前だと思って話していても，相手（Iターン者）は理解していないことに気が付いたことも少なくない。これは致し方ないことかもしれないが，「新たな混住化」が進むということは，良し悪しは別にして，旧住民に何らかの「気付き」を要求するものなのである。

3）合併問題にみる「想い」の相違

　S村は，2005年10月に4自治体と合併し，浜田市の一部となった。合併前に実施された村民アンケートは，回収率40％で合併が決まってしまった。一般に，地元の人は，「町」になることについてあまりこだわりはない。元村長のKNさんが，元の名称の方が希少価値があると思うが，村民は「村」というレッテルを貼られ，肩身が狭い思いをしていたのかもしれないと述べるように，旧来の住民の間には，村から市へと「昇格」することを歓迎するような「近代化への憧れ」のような感情があることは，一般論として，容易に推察できよう。一方，これもまた一般論としてだが，Iターン者のなかには「ここはどう見たって町ではない。村に戻したい」と思っている人も多いはずである。

第7章　過疎山村における多様なリアリティが示す地域づくりの姿　145

　しかし，地元出身者の感情も単純ではない。たとえば，合併のときの委員の一人だった地元出身者のＺＳさん（50歳代，女性）は次のように語る。

　「合併してね……合併のときの委員の一人だったんですよ。いろいろな話があるなかで，なんとかＳとして残していきたいなぁと思って。だけどＳだけでは無理なので，合併してみなさんと一緒に足並みをそろえていこうということになったんだけど，なかには悲観的になるんですね。合併したら何にもなくなる，自分らがやってきたことが全然なくなる。違う，違う，体験村を残したいと思ったんですよ。なんでかって言ったら他の町にはいろいろな施設があるんですけど，このＳにはここしかないんですよね，みなさんに知ってもらえる施設というのが。それで体験村を残して，みなさんに来てもらう，そこを拠点にして地域のみなさんの活性化になることはないかな，っていう思いがすごく強くてね。」（ＺＳさん談，2007年8月8日）

　ＺＳさんは，保育園や建設会社でのパートを経験し，2001年からふるさと体験村で働いている。歓迎を表す方言「ようきさんちゃったな」で挨拶し，田舎の素朴な良さを伝えたいという。7月の後半から8月末までは，関東圏からの客も多く，とても忙しくなるという。

（4）ＮＰＯの問題点

　周知のとおり，1998年の特定非営利活動法（ＮＰＯ法）の施行後，約10年を経て，ＮＰＯ法人（特定非営利活動法人）が，地域の福祉，環境保全，活性化に関するさまざまな非営利活動において，注目を集め，市民生活のさまざまな局面において「市民権」を獲得しつつある。これらは主に都市部の地域における動向だが，農村地域の活性化に対するＮＰＯへの期待も当然あるはずである。こうしたなかで，Ｓ町におけるＮＰＯの経験から，私たちは貴重な教訓を学ぶことができる。大学の新卒としてＳ町入りをしたＪＴさんの体験談に耳を傾けてみたい。

　ＪＴさんは，大学を卒業して2004年4月，25歳で酒づくりをするためにＳ町

にきた。在学中就職活動はしなかったが，コンビニでアルバイトをしていて毎日捨てられる100個のおにぎりをみて，おかしいと考えていた。そういう疑問を抱いていたところで，ある酒づくりのビデオで杜氏の顔を見たときに，「あ，この人なにか知っているな」と直感で感じ，酒造りがしたいと強い想いをもった。まずは米づくりからやりたいと，インターネットで農業研修生募集をしている地域を全国を対象に調べていたところ，一つだけ「頭でっかち」ではないメッセージが書かれたところがあった。それが，S共同農場であった。調べてみると地酒の酒造もしていて，JTさんはさっそく前出のTKさんに手紙を書き，受け入れの手引きをしてもらった。現在は酒造会社で働いている。

　Iターンして1年目に，S町で酒のサミットが開かれることになった。島根県内には数か所，酒造りのトラスト[11]があり，サミットとはその関係者が一堂に会する大会のことである。当時，NPOの事務局長は1年間のボランティアとしてきていた女性だったが，TKさんらに，一緒にやらないかと誘われ，当日や事前の準備の手伝いをした。ボランティアの女性がいなくなった後，蔵入りしていない半年間は時間があることもあり，NPOはJTさん中心でやっていくことになった。恩を返したい気持ちもあって前向きに引き受けたという。当時はNPO会員の会議を開くと大多数が参加し，活動も活発的に行われていた。

　JTさんによれば，前の事務局長は1年間の任期ではあったが通年でNPOに従事できるのに対し，酒造りを本業とするJTさんの場合，1年のうち半分はかかわることができず，村内の様子にも疎くなりがちだという。その時期に周囲との連携やフォローも十分に行われなかったこともあり，ほかに代役を見つけることも困難な状況であったことから，NPOの活動も停滞してきたと感じている。新しい事業を立ち上げ，活動を広げていくには，誰かが，全エネルギーを注ぐほど，NPOに傾注しなくてはならない。しかし，JTさんも，蔵入りしているときは，修行中の身で酒造り以外のことは考えることはできないという深刻なジレンマがある。

　筆者は，これがJTさんの怠慢だとは思わない。このNPOに限らず，NPOの活動の，とりわけ立ち上げ期から安定期には，時間や給与を度外視して，

第7章　過疎山村における多様なリアリティが示す地域づくりの姿　147

全精力を活動に注げるような人材がいることが望ましいが，Ｓ町ではそうした状況になかっただけのことである。また，スタッフに対してきちんと給料を払えないため（当初無償，２年目から１か月２万円），これまで身近な人で済ましてきた。ＮＰＯの仕事を優先させて，会社を休んでもそれに対する補償は当然ない。以上のことから，財政的基盤が十分でないにもかかわらず，仕事そのものは片手間では収まらないという矛盾した状況にあったことが，改めて認識されるのである。

　農村地域特有のＮＰＯの困難性も指摘することができる。住民インタビューから，村内でのＮＰＯの認知度はきわめて低いことがわかった。ＴＮ集落のＭさん夫妻（ともに80歳代）は，「ＮＰＯは名前は聞くけどね。ＮＰＯって人を集めるとこなん？集めて仕事をするん？」と言っていた。高齢化率が100％のこの集落では，ＮＰＯの活動にかかわっている人もいないため，その活動について知る機会がないのである。また，ＺＫさんは，息子がＮＰＯの活動にかかわっているため自分もＨ集落の人に活動を広めようと呼びかけるが，難しいという。高齢者が多い集落では，ＮＰＯという横文字について理解している人はほとんどいない。ＪＴさんも，ＮＰＯの認知度については，悲観的であった。

（5）過疎に対する「想い」と展望

１）住民のリアリティとしての「過疎化」

　元村長のＫＮさんの昔話に耳を傾ける機会があった。それによれば，Ｓの過疎のきっかけは，天災と高度経済成長だという。ただし，1943（昭和18）年に大震災があったときは食糧難の時代であり，農業が盛んなこの村へ多くの人が移住した。その後，1963（昭和38）年の豪雪で多くの家が崩れかけ，高度成長もあいまって人口減少が進んだ。時はすでに，高度経済成長期の真っ只中であった。依然として，1965年頃までは木炭の生産が，県下で１～２位を争うぐらい盛んであった。その後，農村でも燃料革命が起こり採算が合わなくなった。それでも，しいたけの栽培だけで１億円ほどの歳入があったが，それも生産者の高齢化と輸入品との価格競争で落ち込んでいったのである。過疎地の住民にとって，交通アクセス改善への願いはことのほか強い。村長時代には，「浜田

市から役場まで30分で行けるようにしよう」を合言葉に，道路整備に力を入れた。年1回の市町村会議では，浜田方面から整備したのでは「いつＳまでくるのか」と住民が不安になるから，一番奥のＳから着工して欲しいと呼びかけたこともあった。

　Ｚ集落に住むＮＩさん（60歳代後半，男性）は，昔この地区で栄えていたという「たたら製鉄」の話をしてくれた。大正の初め頃，両親の時代に，今でいう鉄鋼産業がとても盛んであった。たたらとは，日本刀を作るための鉄で，かまどで砂鉄を溶かして作る。良い木炭と水が豊富にあったことがこの地区で栄えた理由で，これをやるためにここに住みついた人たちの末裔が今もこの集落に住んでいるという。この地区に製鉄工場があったため，原料の砂鉄を浜田から馬車に積んで運んでくる人がたくさん訪れ，ご両親は労働者のための宿を開いていたそうである。しかし，時代とともに交通が便利になり，都会でも製鉄ができるようになると衰退していった。ＮＩさんは言う。「昔はこの辺も家が50軒ぐらいあったのに……今は淋しくなってしまった。冬はとくに淋しい。」（ＮＩさん談，2007年8月10日）

　過疎化の推移を統計数値でみることは誰にでも簡単にできる。それは，日本において過疎化が著しい西日本・中国山地の山村のありふれた傾向であるかも知れない。しかし，ＫＮさんやＺＩさんのような地元の長老ともいうべき人々の「言葉」は，本当に重い。そこには，近代化の歴史のなかで翻弄される小さな村における大切な「リアリティ」を見出すことができるのである。

2）「過疎」地域への愛着

　過疎化が進むＳ町だが，自分の住んでいる集落を大事にし，毎日を一生懸命に暮らしている人も多い。Ｈ集落に住むＺＫさん（60歳代，女性）は，「この過疎化をどうにかしなきゃと思うけど，何か活動も起こせない。誰もついてこないしね。」と言う。集落の人は，70〜80歳代の人ばかりでＺＫさんと同じ60歳代の人がいないため話が合わず淋しい思いをしていた。そこで，2004年にＺ集落の人が始めたあるグループの朝市に参加し，毎週水・土の朝6時半から，20人ほどの仲間と一緒に，自分で作った野菜を売っている。

Z集落の自治会長として活躍しているのがEKさんである。集落には，EKさんの子供2人を含めて5人しか子供がいない。そこで，「この集落を愛してくれる子どもに育ってほしい」という思いで「Z公園子どもエコクラブ」を作った。子どもたちと一緒に公園にブルーベリーを100本植え，ジャムにして集落の人に分けている。集落の人はサポーターとして草刈りをしてくれたり，収穫の手伝いをしてくれている。EKさんは，Z公園を軸として集落の交流を広げたいと考えており，自分の子どもには，なるべく近所の人に顔を見せるようにしている。たとえば，活動内容を呼びかけるエコクラブの冊子を配るときも，子供を車で連れていくが自分で手渡しさせるようにしている。

　ZSさんは高校だけ浜田に出ていたが，やはりS（町）の山や田んぼをみて生活するのが一番いいと感じたという。若い頃からあまり都会の喧騒が好きではなく，浜田で半日買い物をして帰ってくるとき，S（町）の風を感じてほっとしていたという。ZSさんは結婚が早く，家にいたため，バレーボールをする仲間で集まって若妻会という会を作った。若妻会では，自分たちで作った野菜を売って小遣いを稼ぐことを目的とし，農業改良普及所の指導で味噌作りや朝市を始めた。後にこの活動は，コンテストで全国大会にいき，奨励賞を受賞した。若妻会が生み出した無添加のトマトジュース「もぎたてトマト」は名産物になった。

　1997年，TN集落の学校跡にふれあい共同住宅（風呂共同，6つの部屋）が作られた。NHKの全国放送で放送されたことで話題になり，2001（平成13）年には，集落で神楽の舞と郷土料理をふるまったところ，100人以上の人が訪れた。Mさん夫妻は当時のことを，「ここを出てって人に久しぶりに会って，教わった先生とかも来てすごく楽しかった。それこそ童心に返った。ほんと楽しかったな。（中略）あれが，初めてのいとまごい。ほんと，あのときはよかったなぁ」（8月11日）と回想する。

　以上3組の住民の言葉から，筆者は，深刻な過疎化と地域経済の疲弊に苦しむ村においても，そこにおける暮らしには「喜び」があり，住民は愛着をもって生活をしている，という実に当たり前のことを，改めて感じずにはいられな

かった。都会の人間が自分たちの価値観と平均化されたデータをもって，農山村地域に対して，「貧しい」「大変そう」「お気の毒に」などとバイアスがかったイメージを抱き続けているとすれば，それは愚かなことではなかろうか。

3）Ｉターン者が語る村の未来

　地域の将来について，2人のＩターン者の見解を紹介したい。ＴＫさんは，過疎化に抗するのではなく，自然に受け入れてもいいのではないかという見解をもつ。この発言には，産業構造と人口動態の巨大な流れを変えることは難しいということだけではなく，前記でみた行政や住民の意識のなかに，活性化させるために自分たちで行動を起こしていくという発想が生まれなければ，状況を変えることはできないのではないかというメッセージが含まれている。ただし，ＴＫさんは，過去30年間は村のなかから変えていくというスタンスでやってきたが，社会状況が変わった今，その方法だけではいけないとも考えている。今後は，より広い視野から，（外部の）多くの人を巻き込みながら活動していく必要があるというのである。

　ＪＴさんは，これからのＳ町を考えるうえで一番大切にしていることは，今生きている人たちが地域に最後まで誇りをもち，ここで暮らしていて元気になることだという。隣町で酒造りの修行をするＪＴさんは，酒米を生産をしているＳ町の人たちが，誰に対しても誇れるような地酒を作り，その地酒を通してＳに興味をもった人が増え，地域の人たちに満足してもらうことが今自分がここにいる意味だと語る。また，これからの地域づくりは「地元の人が愛する地域」と「外部からみた地域」の両方の見方が必要であるため，Ｉターン者同士が語り合える機会や気軽に集まれるカフェのようなものが村内にできて欲しいと考えている。当地では集落内でのつながりが強いため，かえって集落を超えた人との横のつながりができにくい面もある。必然的に，他のＩターン者が何の仕事をしていて，どういう思いをもって移入してきたかなどを知る機会も少なくなってしまう。ＪＴさんも，ＴＫさんと同様に，過疎化に歯止めがかかることはないと思うが，それぞれ個人ができる範囲のことをしていけば，少しずつ変わっていくのではないかと考えている。

「変えるためにはね，自分たちが愛せないと外にも愛情を出せないんですよ。知れば知るほど好きになっていく。いろんな人とかかわりをもったり，どこに何があるか知ったり，そうすると自然とSのことを好きになる。そうしたら自然とSをもっといろんな人に知ってもらいたいと思う。そういう人が増えていけばいいけど。」(JTさん談，2007年8月9日)

こうしたIターン者の見解を，旧来の住民はどのように捉えるだろうか。それについて，筆者のインタビューにおいては，明示的に語られてはいない。

(6) 小括

インタビューから，Iターン者の苦労，地元の変化，新旧住民・役場の間の複雑な相互認識，NPOが抱える問題点，地域への愛着と将来について，多様な見解の一端を知ることができた。繰り返しになるが，地元住民，Iターン者，年配者，若い世代など，それぞれの立場によって，地域とのかかわり方，現状の捉え方は異なっても，地域への愛着のようなものを，インタビュー全般を通じて感じることができた。地域を「愛すること」自体，幾通りもの姿があるということである。

6．おわりに―本当の「まなざし」を求めて

Iターン者の増加による「新たな混住化」が進むS町だが，Iターン者が増えることによって生ずる影響には，さまざまな側面があることが分かった。外部の人が入ってくることが良い刺激になり，地元の人が自分たちでは気付けなかった村の価値を知ることができる。しかし反面，Iターン者のなかには都会の感覚で転入し，草刈りなどの集落行事に参加せず，村の伝統を受け入れない人もいる。ただし，ここで大切なことは，単なる善悪で評価するのでなく，この現実を踏まえて，具体論として，これから何が必要かを考えることである。

筆者は，Iターン者が増え村の活性化に繋がることは良いことだと思うが，

Ｉターン者にこの村の伝統の重要性や生活の大変さを教える「キーパーソン」あるいは「世話人」のような人の存在が不可欠だと考える。現に，ＮＰＯ元事務局長のＪＴさんは，転入者第１号のＴＫさんを頼って来たため，ＴＫさんに草刈りの大切さなどを教わり，集落の付き合いなどを理解して生活している。行政は，Ｉターン者に対して住宅建設などハード面の政策しか行わないが，コミュニティのレベルでは，都会からのＩターン者と地元の人の架け橋となる人材が必要である。

　実は，その架け橋を目指していたのがＮＰＯであった。「第２のふるさと発見ツアー」を実施し，Ｉターン者と地元の人が交流する機会をつくった。実際にこのツアーに参加し，５年で13組が定住するほど成果があった。しかし，ＮＰＯの活動も現在は停滞している。主体的になって活動できる人材がいないことや資金がないことが問題点としてあげられ，農村におけるＮＰＯ定着の困難性を知ることができる。この事例から得たＮＰＯ定着の必要条件は，人材（できれば地元の人が良いが，いない場合は外部から），スタッフにきちんと給料が払える体制，事業を行うための資金，地域の人の認知度である。また，農村での活動の場合，行政との連携によって活動範囲を広げることができると考える。

　当たり前のことではあるが，個人個人の「語り」から見出されるのは，村内にはいろいろな対立関係や人間関係が存在するということである。それを「過疎の村」とひとまとめに単純化・画一化して良いのだろうかと疑問に思う。筆者も初めてＳ町を訪れた際は，自分の住む「都会」と「過疎の村」としてのＳ町を単純に比べていた。しかし，今回インタビュー調査などで住民の本音（リアリティ）を聞くことで，村内の複雑な問題を内側から知ることができ，自分自身に先入観（バイアス）があったことに気付いた。近年，田舎暮らしが話題となり，テレビなどでも田舎暮らしの良い面が多数取り上げられているが，そこには本当の「まなざし」があるのだろうか。田舎暮らしの良さや厳しさは，１日や２日滞在したからといってわかるはずもなく，地元の人の笑顔の奥には毎日生活していくための苦労がある。また，商業メディアは，ステレオタイプ的に「田舎の人はみんな心が温かい」という美化されたイメージを繰り返して映す傾向があるが，それは日常のほんの一部であって，田舎であっても都会と

同じようにねたみや悪口もあるのである。

　田舎暮らしに関することだけでなく，私たちはテレビや一部の情報だけで人や地域に先入観をもってはいないだろうか。この意味において，現地目線に立った本当の「まなざし」で地域を知ることは重要である。

> **考えてみよう** ［第7章］
> 1．メディアが流す「田舎」のイメージの例を挙げてみよう。
> 2．新住民（Iターン者）は旧来からの慣習を守るべきか，それとも改善していくべきか，理由も添えて説明してみよう。
> 3．市町村合併の功罪について，自由に意見交換をしてみよう。

［注］
1）過疎地域自立促進特別措置法（過疎法，2002（平成12）年）によって指定されているもの。
2）一般に，混住化とは，都市の外延的拡大（スプロール化）に伴い，その周辺部に位置した農村が都市化の波にのまれ，都市住民と農家が無秩序に混在する状況のことをいう。筆者がいう新たな混住化とは，農山村地域に都市住民が入り込むことによって，混住状況が生じることへの比喩的表現である。
3）本章では，市町村未満の地名および人名はすべてアルファベットによる仮称アルファベットで示した。アルファベットは，必ずしも実名のイニシアルとは一致しない。
4）さらに，同年11月には，筆者と他大学の友人が発起人となり，関東地区の大学生を対象とした，田舎暮らし体験の自主ツアー（2007年11月9日〜13日）を企画・実施し，参加者を対象に記述式のアンケート調査を行ったが，本章では紙幅の都合上，割愛した。
5）インタビューを実施して感じたことは，調査者（筆者）が，①前年に地域づくりインターンとして村に派遣されたこと，②学生であること，③若い女性であること，等から，被調査者がリラックスして自由な雰囲気で語ってくれたということであった。ただし，調査者のインタビューへの不慣れもあり，相手によっては，結果として，事実関係の確認に関する情報の収集に終始してしまったケースもあった。
6）1970年前後のヒッピーブームの頃，自然回帰思考をもった若者たちが農村に移住し，共同生活をおくる例がみられたが，この流れにも関係するものと思われる。

7) ラミスは，開発途上国の近代化に関して，「資本主義的価値・様式の浸透が生み出す新たな貧困」(1998：118-119) という考えを提唱するが，ＮＩさんの発言はこれに通じるものである。
8) ＴＫさんは，ここ２年ぐらい行政からの補助金を一切受け入れていない。経済的には結構厳しい面もあるが，そのことにより，むしろ「足元がしっかり固まった」と語る。もう「地域のためにとか偽善者ぶったこと」はやめにして，「自分たちのスタンスで必要に応じて地域の人たちとかかわっていく」ことにしたという。
9) たとえば，どぶろく特区の指定を受けて，Ｓ町オリジナルの酵母を作ろうということになり，あるとき，いろいろな花から酵母とろうとしたところ，そのときはユリからだけ酵母が発生した。役場は，すぐにこれをＳ町の酵母にすべきであると言ったそうである。ここで懸念されるのは，目先にあるとりあえずの結果だけで物事を決めようとしているのではないかということである。また，どぶろくを醸造する団体・個人は村内に４か所あり，そのうちの１つが，全国どぶろくコンテストの濃醇の部で最優秀賞を受賞したことを受けて，そのどぶろくを大々的に宣伝したいという希望が当事者から出された。しかし，受賞からもれたほかの事業者への配慮から，役場側はそのことに消極的な見解を示した。
10) たとえば，毎年行われるしおかぜ駅伝に出場する地元チームの監督もＩターン者であり，もう何年もチームを引っ張っている。
11) 米づくりから酒造りまで地元密着型の本物の地酒を造ろうと活動しているグループのこと。2006年現在島根県内には20以上のグループがあるという。

[引用文献]
［１］Ｓ自治体発足30周年記念誌，浜田市Ｓ支所．
［２］ＮＰＯ法人ＨＰ　http://www.iwami.or.jp/furusato/（2006年11月21日）
［３］楠木雅弘（2004）：多様な担い手のネットワーク式提携，現代農業，３月号，pp.350-354．
［４］全国グリーンツーリズムネットワークしまね石見大会パンフレット，島根県西部県民センター地域振興グループ．
［５］中園眞人・山本幸子（2006）：「ふるさと島根定住財団」の空き家活用助成制度と自治体の取り組み　―農村地域における空き家活用システムに関する研究―，日本建築学会計画系論文集，603，pp.65-72．
［６］農業センサス（1960-2000）：農林水産省．

［7］浜田市Ｓ自治区地域自治機能活性化事業補助金事業概要，Ｓ支所資料
［8］人と国土（1992）：きんさいむら，おいしいむら，コンベンションビレッジ弥栄村　島根県弥栄村，人と国土，pp.109-113.
［9］ふるさと島根定住財団ＨＰ　http://www.teiju.or.jp/（2006年11月21日）
［10］ふるさと島根定住財団，平成18年度版定住支援ガイドブック．
［11］ラミス，C. ダグラス（1998）：ラディカル・デモクラシー—可能性の政治学—，岩波書店．

第8章

「ユニバーサル交流」にみる
開かれた都市農村交流の可能性と存立条件

遠藤　健

1．はじめに

　21世紀は「共生の時代」といわれるが，ここには，人間と自然，異なる文化，都市と農村など，さまざまな「共生」軸が想定できる。筆者はこのなかに，健常者と障害者という「共生」軸も積極的に含めていくべきだと考えている。

　今日，農村空間が提供するやすらぎや交流を通じた地域活性化に対するニーズからグリーン・ツーリズムの重要性が認識されつつあり，すべての人に開かれた農村空間の形成が求められている。一方，まちづくりの文脈では，高齢者や障害者に配慮したバリアフリー／ユニバーサルデザイン化（施設などのハード面だけでなく，障害者等の社会参加・ノーマライゼーションなどソフト面を含む概念，詳細は後述）が求められている。このことから，本来的には，農村空間とその便益に対するアクセス面においても，さまざまなバリアが克服・軽減されるべきだと考えられる。

　今後は，グリーン・ツーリズムなどを通じた農業・農村のもつ便益へのアクセス面においても，ハード／ソフト両面のユニバーサルデザイン化が求められる時代がくることが予想される。本章は，グリーン・ツーリズムの分野におけるユニバーサルデザインに配慮した先駆的事例を取り上げ，その現状と課題を検討することにより，将来の方策の方向性に関する何らかの含意を得ようとするものである。具体的には，施設整備や建築などハードでの対応（「点」）だけでなく，「線」（交通面のアクセス整備），「面」（人的交流，精神的な豊かさ）を，より総合的・多面的に改善していくための方策なりその方向性の検討が，将来必

要となると考えられるためである。そのための基礎となる研究として位置づけることとしたい。

ただし，現状では，上記で示した問題意識は，広く一般に共有されているものではなく，農山漁村に立地する個人経営の宿泊施設等を事例として取り上げざるをえない面もある。本章では，いわゆる行政用語としての「グリーン・ツーリズム」に限定することなく，農山漁村地域で営まれる交流活動一般を「ユニバーサル交流」と定義する（詳細は後述）。

2．目的と方法論

本章の目的は，実際の萌芽的事例を通じて，「ユニバーサル交流」に関する日本の現状と課題，取り組みにかかわる国内の先駆者たちの福祉観，農村観，直面するジレンマなどを明らかにしたうえで，「ユニバーサル交流」の存立条件を考えることである。

そのための方法論として，萌芽的な事例に対する調査に基づき，定性的な情報の積み上げによる「ユニバーサル交流」の方向性を演繹的に明らかにする[1]。また，経営者や関係者の生の声から得られた教訓を提示する。事例の選定については，都市農山漁村交流活性化機構の事例調査報告書（都市農山漁村交流活性化機構 2002, 2003）をベースに「ユニバーサル交流」の先駆的な取り組みと考えられるものを7か所選定し，筆者自身が実際に現地に宿泊して，関係者からの聞き取りを行った。そこには，手足に若干の障害を有する筆者自身の視線も反映されている。

3．主要概念の整理

（1）農村空間の公益性とグリーン・ツーリズム

農業・農村は，従来の食料生産という基礎的役割を担うだけでなく，「多面的機能」と呼ばれる外部経済的な公益機能を有しているとされている。たとえ

ば，「食料・農業・農村基本計画」においては，次のような記述がみられる。

「国民がゆとりややすらぎをこれまで以上に重視するようになっている中で，農業については，食料その他の農産物を供給する機能以外の機能，すなわち，国土の保全，水源のかん養，自然環境の保全，良好な景観の形成，文化の伝承等多面にわたる機能への期待が高まっている。これらの機能がもたらす効果は，農産物のように市場において評価されるものではないが，国民生活及び国民経済の安定に果たす役割にかんがみ，農村で農業生産活動が行われることにより生ずるこれらの多面的機能が，将来にわたって適切かつ十分に発揮されるようにしなければならない。」

本来，農業・農村空間が保持する多面的機能は誰もが享受できる（すべき）ものであるはずである。ここでいう「誰もが」とは，文字通り「万人」でなくてはならない。つまり，「ユニバーサル」なものであり，排他的であってはならない。本章が念頭におく「万人に開かれた農村空間」の必要性という命題の論拠は，まず，この多面的機能・公益性に求められるべきである。

「グリーン・ツーリズム」という概念が提唱され，政策として，あるいは地域づくりの実践において，導入されるようになって久しい。グリーン・ツーリズムを端的に表現すれば，農業体験，農産物加工体験および直売，農家民宿への宿泊（佐藤・篠原・山崎 2005：120）を通して，農村住民との交流を楽しむ旅ということになる。今日では，都市住民一般においても，都市農村交流という余暇活動のスタイルが広がりつつあるとともに，「農村民泊」「ワーキングホリデー」「ツーリズム大学」といった「日本型グリーン・ツーリズム」としての展開（青木 2004：67）もみられる。都市生活者の余暇の過ごし方として，農村の地域活性化策の一つとして，グリーン・ツーリズムは着実に普及し，市民権を得つつある。換言すれば，すべての人が，グリーン・ツーリズムを享受する「権利」を有するものと理解することができよう。

農業・農村を真の意味で，「万人に開かれた空間[2]」とするためには，当然，次節で言及する障害者や高齢者などへの配慮も含まれるはずである。すなわち，

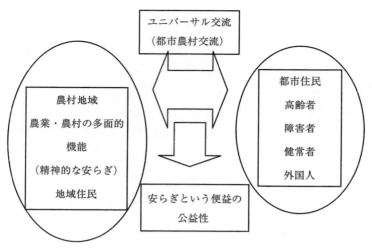

図8-1　公益性とユニバーサル交流の関係

グリーン・ツーリズムに対する心理的，物理的，社会的なアクセシビリティを確保・拡大することは，今後の重要な課題であり，「公共的」な政策目標とならなければならない，と考えられるのである（図8-1）。

（2）福祉キーワードと「障害の普遍化」という命題

　今日，「ノーマライゼーション」「バリアフリー」「ユニバーサルデザイン」などさまざまなカタカナ福祉用語を頻繁に目にするようになった。このことは，社会における福祉への意識が高まりつつある証といえなくもないが，実際にこれらの概念について，どの程度，理解が普及しているのかについては，必ずしも十分であるとはいえない。

　ノーマライゼーション（normalization）概念は，1950年代初頭に，デンマークで誕生した（花村1998：10, 80-81）。これは，障害者や高齢者が社会生活で経験するさまざまなバリアを除去し，誰にとっても平等，普遍的な社会生活を実現しなくてはならないという「理念」であった。その後，スウェーデンやその他の北欧諸国へと広まった。日本では，1970～90年代のまちづくり条例などにこの概念が用いられるようになった。

　バリアフリー（barrier free）概念は，国連で，バリアフリーデザインに関す

る専門家会議が1974年に開催され,「バリアフリーデザイン」という報告書がまとめられて以降,建築デザイン関係者を中心に使われるようになったとされている（手塚 2002：38）。バリアフリーとは,「障害のある人が社会生活をしていく上で障壁（バリア）となるものを除去するという意味でもともと住宅建築用語として登場し,段差等の物理的障壁の除去をいうことが多いが,より広く障害者の社会参加を困難にしている社会的,制度的,心理的なすべての障壁の除去という意味でも用いられる。」（2002（平成14）年12月,障害者基本計画（内閣府 2002：37））とあるように,「障害者などが地域で普通の生活を営むことを当然とする福祉の基本的考え」（広辞苑）となっている。ノーマライゼーションが純粋に「理念」にとどまるのに対し,バリアフリーは理念と実行を包含した概念である。

　ユニバーサルデザイン（universal design）という用語は,もともと,ノースカロライナ州立大学（NCSU）の教授であり建築家,製品デザイナーであったロン・メイスが1985年に提唱した次のような概念であった。「ユニバーサルデザインとは,建物や施設を追加の費用なく,あるいは最低の費用で,障害のある人だけではなく全ての人にとって機能的で魅力的にデザインする方法である。（中略）ユニバーサルデザインは増大するアクセスのニーズに対し,経済的に可能な方法で答えうる唯一の方法である」（川内（2001：17）からの再引用,傍点筆者）。ユニバーサルデザインには,その名が示すとおり,次のような「普遍性」（ユニバーサル）に関する含意があることを忘れてはならない。つまり,ユニバーサルデザインが,ノーマライゼーションやバリアフリーと決定的に異なるのは,後者が対象を障害者や高齢者に限定しているのに対し,前者は文字通り「すべての人」「万人」を対象とすべきだとする点である。後者が所詮,健常者からみた障害者対応という範疇にとどまるのに対し,前者は文字通り,万人を念頭においた概念,世界観である。この世界観を,福祉分野,さらには,社会のあり方にまで発展,応用させたものが,今日の「ユニバーサルデザイン」論である[3]。

　まとめとして,図8－2に,3つのキーワードの関係を示した。ノーマライゼーションが障害者の生活水準を健常者一般と同様にするという理念,バリア

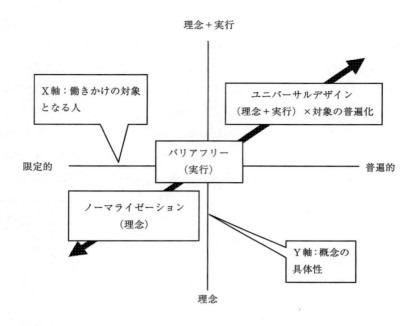

図8-2　3概念の関係性

フリーはその概念を踏襲したものであり，障害のある人に対し，生活を同等のものにするための実行[4]を踏まえた概念，さらに理念と実行を合体させ，「障害者のために何かを整備する」のではなく，誰もが生活しやすく，ユニバーサルに利用できる環境を創造するものとしてのユニバーサルデザインとそれぞれに発展してきたのである。

　高齢化については，2006年の2,617万2,000人（20.5％）から，2050年には3,586万3,000人（35.7％）と，969万1,000人（15.2％）増加するという推計がなされている（国立人口問題・社会保障研究所2002年1月中位推計）。障害者の数も知的障害者と精神障害者において増加しており，また，身体障害者には65歳以上の高齢者の割合が高くなっている。超高齢社会の到来により，障害者と高齢者は併行して増加していくと予想されるのである。換言すれば「障害の普遍化」ともいうべき時代に突入しつつあるといえる。このなかで，筆者は，ユニバーサルデ

ザインという概念は，今後，とくに重要なキーワードとして認識されるべきだと考える。

（3）農山村における「ユニバーサル交流」の意義

前記の検討を念頭におけば，ユニバーサルデザインとは，「万人のために」を念頭にさまざまな物理的，心理的，制度的な障壁を作らない社会を築くことであり，究極的には社会を変革していく意味合いをもつ。したがって，都市だけを対象とすればよいものではなく，当然，農山漁村にもかかわってくる。高齢化という面でみれば，農山漁村のほうが，ユニバーサルデザインの必要性が高いともいえる。一方，グリーン・ツーリズムには，都市と農村の人間同士の交流，あるいは，人間と環境・文化との共生・共存を実現するための営みという側面もあり，公共空間としての農村地域が提供しうるさまざまな便益への「万人」のアクセスという観点からは，当然のことながら，グリーン・ツーリズムにおけるユニバーサルデザインという問題領域が注目されなくてはならない。

近年，都市農村交流では都市および農村における共生が叫ばれている一方で，障害者および健常者双方が共に生きる社会を作り出すという「共生社会」概念の重要性の認識が高まりつつある。矢口（2007：38）は，「まず「共生社会」とは，協働・協創・協生（日常的なコミュニケーション・交流をとおして信頼関係をつくりあげ，そこでの合意や納得を契約や協定・規約にまとめ，これに基づき協力し合って行動・労働し，知恵を出し合って新しいものを創りあげ，そして支えあって暮らすこと）を満たした持続可能な社会である」と定義している。これを本章の視点に援用すれば，共生社会とは，「健常者」と「障害者」が個々に二分化された形で暮らすという「共存」にとどまらないものであり，ユニバーサルな社会を構築するうえでとくに重要な概念であるといえる。

そこで，本章においては，障害者，高齢者も対象にしたグリーン・ツーリズムおよびそれに関する活動を「ユニバーサル交流」と定義する。ユニバーサル交流とは，高齢あるいは障害の有無にかかわらず，農山村における地域住民との人と人の交流を楽しむための諸活動の総称であり，究極的には共生社会を築くための人的交流活動のことである。ただし，この用語は，後段で分析を行う

岩手県の事例（学校の宿・希望の丘）のキーパーソンがすでに提唱している概念ではあるが，まだ，行政用語，福祉用語として一般に定着した用語ではない[5]。

「ユニバーサル交流」の普及・定着には，ハード面の整備とソフト面の充実が必要である。ここでいう「ハード」とは施設における物理的なバリアの改善といった狭義のバリアフリー概念に相当する。さらに，当該施設への交通アクセス面の改善も広義の「ハード」に含めることができよう。一方，「ソフト」とは，施設内でのサービス面における障害配慮，情報提供面での配慮，交流体験に関する地域内での連携面での配慮などを指す。さらには，健常者の意識や認識に対する働きかけ（意識面でのバリアの除去）も，広義の「ソフト」に含めることができる。後段の事例の記述・分析において言及される「ハード」「ソフト」面とは，以上の定義を念頭においている。

日本においても，超高齢社会への突入に伴い，観光産業全体における高齢者需要は間違いなく増大するであろうが，グリーン・ツーリズムに限っていえば，障害者をも視野にいれたアクセシブル観光概念がすぐに広まり，定着するとは考えにくい。しかし，それが障害者，高齢者，さらには外国人をグリーン・ツーリズムから排除する要因になってはならない。現時点における萌芽的事例から農山村における「ユニバーサル交流」の成立条件や課題を探る必要があるのである。

4．調査した7事例の概要

(1) 農山村における「ユニバーサル交流」の現状

いわゆる「グリーン・ツーリズム」の観点から，障害者へのユニバーサルデザインを実現した事例は，現在のところきわめて少ないが，それらは大別して2つのタイプに分類できる。第1は，福祉に関する一定の問題意識と知見を有する個人のイニシアチブによって始まった取り組みで，農山漁村部に立地し，宿泊施設面でのバリアフリー化およびプラスアルファとしてのさまざまな工夫がみられるものである。第2は，より地域内外との連携[6]やネットワークを

意識した取り組みで，いわゆる都市農村交流やグリーン・ツーリズムの枠組のなかで，「ユニバーサル交流」を展開していると考えられるものである。

　前者が，どちらかといえば，「点」としてのユニバーサル交流に終始する傾向にあったのに対し，後者は，より，「線」「面」的な展開を志向しているといえる。しかし，両者に共通するのは，強い問題意識を有する特定個人に依拠している点であり，このことは地域における取り組みに関する「持続可能性」の問題に深くかかわってくるものと考えられる。

　以下にみるいずれの事例も，厳密には，通常の「グリーン・ツーリズム」の文脈で議論することは困難である。しかし，いずれも農的な体験プログラムを導入しているか，または，将来的に地元のグリーン・ツーリズム研究会との連携が見込まれるなど，筆者が明らかにしようとする「方向性」に関する「萌芽的事例」として位置づけ，検討に供するものである。

（2）先進的理念を有する個人主導型

1）東京都大島町「バリアフリーペンションすばる」

　点字ボランティアや高齢者ヘルパー等の経験をもつ妻の発案で，栃木県で会社員をしていた夫（元会社員）の出身地の伊豆大島に，定年後にUターンし，2000年にバリアフリーペンションを開業した。施設面でのバリアフリー化については，介護ベッド，手すり，車椅子対応トイレ，車椅子対応送迎車などがあげられ，必要最小限の物理的バリアフリーにとどめるとしている。サービス面での対応では，点字翻訳，手話通訳のサービスのほか，食事面におけるアレルギー対策，刻み食など希望に応じて特別な配慮を行う。年間でおよそ延べ1,000泊の利用があり，稼働状況は良好である。利用者の30％が障害者である。通常，障害者は健常者である同伴者とともに利用することを考えればこの数字はなかなかの実績だといえる。「すばる」は，東京都障害者休養ホーム事業[7]に登録されている。

　現在のところグリーン・ツーリズム（ブルー・ツーリズム）的なプログラムは用意されていないが，注目したいのは，「大島グリーン・ツーリズム研究会」を通じた地域内連携の可能性である。2000年に発足した同研究会は，農林業体

験やダイビングなど海洋自然体験，宿泊業者など35のメンバー（2002年3月時点）からなり，地域活性化と観光業の振興のための意見交換を行うフォーラムであり，地域において障害者の受け入れに関する専門的知見を有する人材として信頼を得ている「すばる」のＳＤ夫妻からのアドバイスを得て，バリアフリー観光，アクセシブル観光へ発展していく可能性がある。

2）長野県茅野市「ペンション山ぼうし」

　妻の実家がある長野県茅野市の山間部に，東京から夫婦で移り住み，障害者にやさしいペンション「山ぼうし」を1984年に開業した。妻は保母をしていたときに知的障害児と接した経験をもつ。ＳＪ夫妻がこの構想を抱いたのは1970年代末であった。1984年という時期は，7事例のなかで最も古く，日本におけるこの種の取り組みのパイオニアの一つである。「東京都障害者休養ホーム事業」にも1984年に加入しており（当時の加入数は全国で16か所），その先見性は注目に値する。

　施設面でのバリアフリー化としては，階段の手すり，車椅子対応トイレ，バスリフト[8]，リクライニングベッドなどである。「山ぼうし」においても，施設面の整備は意識的に最小限に抑えている。サービス面でのバリアフリー化については，刻み食等への対応，車椅子の貸出しを行っている。「山ぼうし」の特徴は，妻の実家が農家であることから，山菜摘み，里山体験，きのこ狩り，パン作り，餅つき等の体験メニューが用意されていることである。しかし，現在のところ障害者が利用した実績はない（2006年8月現在）。利用者の内訳は，障害者4割，健常者6割と，障害者の比率が高い。

　健常者の利用客は，都市の喧騒を離れ，自然豊かな茅野市の田舎へと自分の居場所を求めてやってくる。そこで，障害者と交わることにより，健常者が生活のうえで感じる苦しさ，嬉しさ，欲望等の感情と，障害者のそれは全く同様のものだということを知る。この学習の場こそが「山ぼうし」なのだと，ＳＪ夫妻は考えている。ＳＪ夫妻は，交流を通しての，障害者に対する健常者の「意識的リハビリセンター」としての役割を担おうとしている。

3）北海道弟子屈町プチホテル「ピュアフィールド風曜日」

　レクリエーション関連の仕事を通じて，養護学校の身体障害をもった生徒が利用できる宿泊施設がないことを知った妻が，ユニバーサルデザインの宿泊施設（プチホテル）を作ることを決意した。妻の実兄がユースホステルを営む弟子屈町に，夫の定年退職後の1999年に，国内初のユニバーサルデザインのプチホテル「ピュアフィールド風曜日」を開業した。妻は福祉学の専門家で，短大・専門学校での教歴をもつ。弟子屈町は釧路支庁北部に位置し，酪農，畜産，畑作（ばれいしょ，てんさい）が盛んな地域である。観光立地的には，東部に根室高原が連なり，南部は漂茶町を経て釧路湿原に隣接し，摩周湖，屈斜路湖，釧路川，硫黄山，摩周岳，美羅尾山等の豊かな観光資源に囲まれている。町内には，露天風呂，温泉，「900草原」（牧場　レストハウス，散策路，ゴルフパーク，周遊道路が整備されている）があるほか，屈斜路コタンアイヌ民俗資料館，川湯エコミュージアムセンターという施設もある。

　施設面のバリアフリー化としては，駐車場から館内まで段差の解消，冷蔵庫や洗面台，スイッチ類の高さを車イス目線にする配慮，すべての扉の引き戸化，点字ブロック導線，館内案内版や自動販売機などの点字配備，部屋のドアのセンサー（ドアノックセンサー），共同浴場のリフト，介護用電動ベッド，筆記用具への配慮（丸い取手が付き，握りやすい形状のユニバーサルペン）など，徹底している。サービス面での対応としては，食事対応や補助犬の受け入れなどを行う。当ホテルは，開業後，マスコミの報道により大きな反響を呼び，MK夫妻は行政や地域住民に対しても観光・地域振興におけるバリアフリーに関するアドバイスを行う存在となっている。また，各種の表彰を受けている[9]。利用状況は，年間1,500名で，北海道ということもあり，2～4泊の連泊客が多い。リピーターが増加傾向にある。2005年からは，障害者と健常者の利用比率が逆転し，障害者（高齢者を含む）が6割，健常者が4割となっている。ただし，当ホテルは，あくまでもユニバーサルな宿であり，「障害者専用」の施設ではない。

　いわゆるグリーン・ツーリズム的なプログラムとしては，近隣農家等との連携を通じた牧場体験やカヌー体験があり，これらを通じて，MK夫妻は地域の農家や住民に対して，障害者受け入れに関するノウハウを伝授している。たと

えば，提携しているＷ牧場での体験プログラムの場合，障害者用トイレの設置，トラクターの荷台に車イスを乗せての草原周遊が行われている。

　ＭＫ夫妻は，弟子屈町のボランティア協議会とも協力してホテル等において，障害者がアクセスできる環境の整備状況に関する調査を行った。その結果，バリアフリートイレや段差解消への取り組みが拡大した。ＭＫ夫妻は地域における福祉のまちづくりにおけるキーパーソン的存在といえる。

(3) 地域内交流指向型

1) 山梨県笛吹市一宮町バリアフリー観光農園「浅間園」[10]

　「浅間園」は，モモとブドウの専業農家であった先代のＳＤ氏が農産物直売所と観光農園（1967年開業）を母体として，1998年から始まったバリアフリー観光農園である。名称の由来は，1954年に合併された旧浅間村にちなんだものである。観光農園としては，県内初（1999年）の農業生産法人としての認定を受けた。2003年には，持続性の高い農業生産方式の導入に関する法律（1999年）に基づくエコファーマー（個人）に認定されている。1995年以降は，当時の法制度に基づき，生産部門と販売・レストラン部門が分離され，後者は㈱浅間グリーンヒルズとなっていたが，2001年の農地法一部改正を受け，2005年に生産・販売の両部門ともに，㈱浅間園に一元化された。社員は7名で，繁忙期にはパートを含め計25人体制となる。

　1967年の開業当初より高齢者の利用が多かったが，施設の老朽化に伴うリニューアルの際，利用者の要望を踏まえ，バリアフリーにより積極的に配慮した観光農園とすることを決意し，1998年に約1億円をかけて園内をバリアフリー化した。趣旨は障害者と健常者の分け隔てなく楽しめる場所とすることであるが，このような意識は，それまでの障害者・高齢者の利用者との交流を通じて醸成されたという。2006年時点では，モモとブドウ各2haずつが観光農園として活用されている。利用状況は年間12～13万人で，うち障害者は約4,000人である。障害者団体や施設からの団体利用も多い。

　施設面でのバリアフリー化として，農園を平坦にするとともに，果樹の低木化，車椅子通行のための農園内の舗装化で，当然のことながらトイレやレスト

ランはすべてバリアフリー化されている。サービス面のバリアフリー化としては，第1に，イギリスで生まれた基本原則「Tourism For All」の精神に基づき，誰に対しても公平に接することを心がけているという。第2に，必要に応じて介助を行う「サービス介助士[11]」(ケアフィッター)の資格をもつ社員が2名いる。そのほか，車椅子の貸出し，補助犬の入園などの対応がなされている。

　筆者が注目するのは，年間売上げ2億円というビジネス面での成功である[12]。障害者の利用数は全体の3％強に過ぎないが，付添者や高齢者を含めれば，実際の経済効果はこの数字より大きい。また，直接売上げに反映されなくても，県下唯一のバリアフリー観光農園というイメージがマーケティングにおける差別化に貢献しているはずである。障害者に（高齢者・障害者に優しい）アクセス可能な農園とアピールしたことで確実な利用客の確保を実現している。

2) 岩手県八幡平市安代地区「学校の宿・希望の丘」

　2003年に廃校となった小学校の校舎の再利用について，卒業生とＰＴＡ会長ら16名が，宮城県廃校活用グリーン・ツーリズム第1号の「さんさん館」を視察し，経営者のＨＲ氏に協力を要請した。同氏がかねてから関心を有するユニバーサルデザインに配慮した取り組みとして，2006年に「学校の宿・希望の丘」がスタートし，そこを拠点とした都市農村交流が開始された。ＨＲ氏は，東京でレストランや食関係の広告のコピーライターとして働いていた。1990年に，仕事でフランスを訪れた際，農家民宿や農家レストランに魅せられ，グリーン・ツーリズムに関心をもつようになった。その後，日本各地を視察し，1995に宮城県に移住している。本章において筆者が用いる「ユニバーサル交流」という用語は，ＨＲ氏が考案・提唱している概念である。

　施設面のバリアフリー化としては，ユニバーサルデザイン仕様の部屋が用意され，引き戸，車椅子での入室が可能となっている。手すりの設置，スロープ，点字案内板，エレベーター，水中使用の車椅子などが用意されている。サービス面でのバリアフリー化としては，希望により食事対応を行う。特筆すべきは，障害者を雇用していることである（調査時点では，常勤1名，パート2名）。

　体験プログラムは70種類以上あり，充実している。地域の農家との連携によ

り，障害者を対象とした農作業体験，食農体験（そば打ち，ジャム作り等），農村文化体験を積極的に推進している。「孫にあげるお小遣いができた」と農家にも好評である。利用実績については，2006年4月に開業したばかりであるが，同年8月の調査時点では，4か月間の利用者の約3割が障害者であった。

　HR氏は，ハード面のユニバーサルデザイン化のみならず，「人と人との交流」というソフト面の重要性を認識し，将来は，広島県，岩手県，三重県においても，同様の廃校活用型ユニバーサル交流を構想している。この取り組みをモデルとして，2007年度から3か年，岩手県立大学，障害者団体との連携によるさらなる検討が開始されており，HR氏の経験とリーダーシップに基づくアドバイスが求められている。

3）和歌山県紀美野町「民宿ひらい」[13]

　大阪で自然食品店や薬局を営んでいたH夫婦が，田舎暮らしをするため，和歌山県紀美野町（2006年に旧野上町と美里町が合併）へ1998年にIターン移住した。大阪圏から1～2時間圏内という交通立地上の利便性と棚田など農村の原風景が残る環境が紀美野町を選んだ理由であった。役場元職員から「かもい造り」の農家の空き家を紹介してもらい，地元の人から借り受け，1999年通常の民宿として開業した。

　障害者を意識したサービスを開始したきっかけは，2000年に，障害者団体や作業所との密接なつながりを有していた大阪府内の学童保育の関係者が宿泊した際に，「ここはスペースが広いので，障害者の利用にも適しているのではないか」と助言されたことであった。古民家であることから施設面のバリアフリー化は特段に行わず，その代わりに，刻み食，アレルギー食への対応と，利用者との入念な打ち合わせに基づき，障害者の利用ニーズを最大限考慮したサービスを行う。とくに，妻の専門的知識を生かし，食事面においてきめ細かな対応を行っている。料理の食材は，野菜や米は基本的に地域の農家からの調達である。障害者と高齢者を合わせた利用者は，およそ全体の2割～3割強であるという。ただし，きめ細かなサービスを行うため，宿泊は1組限定方式を採っている。

農家との連携により，コンニャクづくり，柿の収穫など，約30種類もの農業体験プログラムを実施しており，このことが地域農家が障害者と接する機会を提供している。

こうした取り組みが，ユニバーサル交流（障害者，外国人）の推進を検討する紀美野町役場にも注目され，すでに地域においては，（ユニバーサル交流の）先駆者として認知されており，「民宿ひらい」のノウハウを地域内で移転・普及することが期待されている。

4）富山県立山町の外国人をターゲットにしたグリーン・ツーリズム

本事例は言語や文化のバリアへの配慮という観点から「ユニバーサル交流」として位置づけ，紹介するものである。

日本有数の観光地「立山黒部アルペンルート」を背後に擁する富山県立山町ではあるが，従来，アルペンルート観光の通過点となっており，立山観光の経済効果は農村部には波及していなかった。そこで，立山町においても，当時の町長の発案により，グリーン・ツーリズムの推進が役場主導で検討されたのである。2002年には，町長と町議会有志が，大分県の安心院への視察を行っている。

役場職員のA氏は，立山グリーン・ツーリズムの推進のキーパーソンの一人であり，町のグリーン・ツーリズム推進協議会の立ち上げのみならず，その後の企画実施のすべてにおいて，リーダーシップを発揮している。「グリーン・ツーリズム」という用語は1990年代後半には，すでに各地においてブームとなり，内容はともかく，農村部の自治体としてそれに取り組んでいないところを探すほうが困難なくらいであった。後発の立山町は，独自性をどうやって発揮できるのかという問題に直面した。立山町自体は，平地の稲作地帯が太宗を占め，早くから兼業化が進んでいたため，山間僻地のような社会経済状況とは異なっていた。そこで，京都～奈良～金沢～立山というルートで旅行する外国人のツアー客が多いことから，外国人をターゲットにした「立山型」のグリーン・ツーリズムが検討されたのである。

町内で，伝統的景観や古民家が最も残る東谷地区が，県の「とやま都市農山

村交流活性化支援事業」の重点地区として指定を受けた。地区の農家の協力により，2004年に外国人民泊のモニター活動が開始された。内容は，農家民泊，田植え，そば打ち体験など一般的グリーン・ツーリズムと変わらないが，案内板やホームページの表記には英語，中国語，韓国語を使用している。これらの実現には，日本人と結婚した地域在住の女性，県内のＡＬＴ（英語補助教員），富山空港に乗り入れるアシアナ航空社員などの外国人の協力がある。現在，中核となる2軒の農家を中心として，台湾，韓国などの東アジアを中心に外国人観光客の誘致が検討されている。ユニバーサルデザインという観点からすれば，障害者・高齢者のみならず，外国人の言語的バリアの軽減という領域も想定でき，その面での先駆的取り組みとして今後の展開が注目される。そのためにも，今後は，地域内の農家の認識がさらに深まり，広がるよう，官民連携による取り組みの積み重ねが必要だと思われる。

(4) まとめ

表8－1に7事例の概要をまとめた。

「個人主導型」は，それぞれ健常者と障害者・高齢者をともに受け入れるというユニバーサルデザインの理念に基づいた各個人の先進的理念によって始まった取り組みである。3者に共通する事柄は，いずれも妻が仕事上，福祉とのかかわりをもった経験をもち，夫も自然豊かな場所に落ち着きたいという願望をもっていたということであった。3事例のオーナー夫妻は，障害者受入れに関する豊富な経験とノウハウを有し，程度の差こそあれ，各地域における社会福祉分野における中心人物（キーパーソン）として存在しているといえる。「グリーン・ツーリズム」という観点から述べるならば，各オーナーは基本的に非農家であり，直接的な農業とのかかわりはなかった[14]。しかし，いずれの事例も「農」と全く無関係ではなく，現状はともかく，むしろ，「農」との関係については「自覚的」であるといえる。こうした部分を汲み取りつつ，地域内における問題提起，情報発信のパイオニアとして，積極的に評価できる面を有している。しかし，障害者と健常者との交流という点からも，「交流」は宿泊施設内に限定されている現状にあり，「地域」「農村」という観点からは，今後は

表8-1 「ユニバーサル交流」7事例の概要

名称（開始年）	運営主体/キーパーソン	農家/非農家	「ユニバーサル交流」としての意義	課題と展望
東京都大島町「バリアフリーペンションすばる」（2000年）	Ｉターン夫婦	非農家	・夫妻のノウハウが，地域で取組が注目。 ・地元グリーン・ツーリズム研究会との連携の可能性。	「個人主導型」としての取り組みとして，障害者対応には相当の専門的ノウハウの蓄積を有するが，地域内における広域的取組には至らない（「点」としての存在）。一部においては，地域内連携の萌芽がみられる。
長野県茅野市「ペンション山ぼうし」（1984年）	Ｕターン夫婦	妻は農家出身	・宿泊者との交流に終始する現状にあるが，受け入れノウハウ・視点は非常に先駆的。 ・開始時期が7事例のうち最も古く，この分野のパイオニア的存在	
北海道弟子屈町「ピュアフィールド風曜日」（1999年）	Ｉターン夫婦	非農家	・豊富な体験プログラム。 ・小学校の総合学習への協力。 ・行政との連携の模索，地域住民への働きかけ。	
山梨県笛吹市 バリアフリー観光農園「浅間園」（1998年）	果樹農家	農家	・農園内での交流に重点。農園（農地）という面的バリアフリーという側面。 ・ビジネスとして成立。	グリーン・ツーリズム的性格を有する「地域内交流指向型」として，地域農家等との有機的な交流の可能性（「線」「面」の側面）。「ユニバーサル交流」のさらなる普及に向けた地域内連携への深化が望まれる。
岩手県八幡平市「学校の宿・希望の丘」（2006年）	Ｉターン者（ＨＲ氏）	非農家	・現状は個人ベースに近いが，「ユニバーサル交流」を「岩手型グリーン・ツーリズム」として確立すべく，地域内交流型へシフト。 ・障害者雇用の実績。	
和歌山県紀美野町「民宿ひらい」（2000年）	Ｉターン夫婦	非農家	・非農家かつ個人主導だが，「ユニバーサル交流」のキーパーソンとして地域内で連携。	
富山県立山町のグリーン・ツーリズム（2004年）	役場（Ａ氏）と農家有志	農家	・役場主導で開始されたグリーン・ツーリズム。 ・役場職員Ａ氏のイニシアチブと地元農家有志の連携。	

地域内での理解の浸透および地域内連携の展開を期待したい。

「地域内交流指向型」では，四者四様の展開がみられた。ビジネスとしてもある程度成立させていたこと（浅間園），運営組合を核とした地域内連携色の強い取り組み（希望の丘），個人経営の民宿ながら，同じく地域内連携色がみられた事例（民宿ひらい），外国人への言語・文化的ユニバーサル交流のパイオニアとして注目すべき事例（富山県立山町）に，共通のインプリケーションを見出すことは容易ではないが，強いて言えば，①当初より，宿泊施設のバリアフリー化よりも，農家との連携，体験プログラムなど，交流のコンテンツ（ソフト）

を意識・重視する傾向，②特定個人のリーダーシップに大きく依存しつつも，より組織的な対応・連携を指向していること，③いわゆる「グリーン・ツーリズム」とユニバーサル交流が直接的に結びついていること，の３点に集約できる。

5．「ユニバーサル交流」関係者自身の学び・意識化

　聞き取り調査においては，上記でみた取り組みの背景や展開過程および経営概況に関する「ヒアリング」だけでなく，これまでの試行錯誤から学んだことやユニバーサルデザインに関する個々人の哲学やこだわりのようなものを，意識的に聞くことに心がけた。紙幅の関係上，ここに詳細を述べることはできないが，結論から言えば，「ハード（施設・整備）重視から，ソフト（交流・理解・認識）重視」に，関係者が学び，気付いたということになる。
　「すばる」のＳＤ氏は，次のように述べている[15]。

　「お客の受け入れに対して，障害の有無は関係ありません。障害者とのかかわりが今までになくとも，人として接していくうちに彼らも人間として健常者と何ら違いがないことが分かります。障害者の受け入れに際して，最低限[16]のことはするけれど，それ以外に関してはとくに普通の対応（特別な対応をしない）をして，交流をして楽しんでもらいます。そういった人と人との交流・対応が，バリアフリーないしユニバーサルデザインとして成り立っていくのではないでしょうか。」（ＳＤ氏談，2006年７月７日）

　また，「民宿ひらい」と連携し，障害者の体験受け入れを行ったことのある地元農家女性も次のように述べている。

　「障害者も健常者も基本的に受け入れる側としては皆同じです。ワラ作りやコンニャク，お米を作ったり野菜の収穫をしたりする体験をしたとき，途中で作業を止めたり，身体的理由でできない人もいたけれど，基本的にできる範囲

内でやってもらっていたし，障害者を受け入れるという点で苦労することもなかったですよ。」（ＮＵさん談，2007年2月27日）

　2人とほぼ同意のことは他の事例のオーナー達からも聞くことができた。
　以前，福祉関係の仕事の経験があるオーナーでさえ，障害者の受け入れを始めて，より身近に障害者と接することにより，障害の種類の多様性，一般的なイメージに基づく誤解（可愛そう，不幸な人たちといったバイアスの存在），コミュニケーションの重要性などを，改めて知ることが多いという。たとえば，身体的障害をもつ一組の夫婦が「山ぼうし」を利用したとき，夫婦で互いに協力し合い，早起きをして，服を着替えるのに計2時間を要したことを知って，驚きかつ敬服したことをオーナーのＳＪ夫人は語った。
　文脈は異なるものの，「特別なことはしない」という信条については，立山町で外国人受け入れに協力する地元農家のリーダー的存在のＴ氏も語っている。

　「何よりグリーン・ツーリズムは特別なおもてなしをする必要がないものだというところが良いですよ。うちで私達が普段通り生活のままで良い。違いといえばただ私達のなかに泊まりにきているお客さんがいるということ。それだけで良いのです。とくにうちは特別なものも何もないけれど，泊っていきたいのなら泊っていってもいいよというくらいです。（中略）もちろん，さまざまな人を受け入れるのは忙しいのだが，やはりそれが楽しいのです。」（Ｔ氏談，2006年8月28日）

　自然豊かな農山村という「環境」は，訪れる障害者にもある種の「公益」を提供するはずだと考えるのは，「民宿ひらい」のＨ氏である。

　「（利用者）はいわゆる寝たきりで一人では何もすることができない人だったのです。そのような人がうちの民宿に来たとき，外に出て何をやらせればよいのか分からなくなったときがあったのですが，付き添いの人がこう言ったので

す。「何もできないわけではないですよ。目もあり，口もあり，鼻もある。だから外に出て外の空気や風の音，景色，畑の土の香りを五感で感じさせてあげればよいのです。そうすることによって彼らも楽しみ，笑顔をこぼすこともあるのですよ。」それをはじめて聞いたときに，農山村にいる（住んでいる）ことの素晴らしさを実感させられました（中略）。障害のある人にとって受け入れられる場所があるということが安心と喜びを与える，ということを知りました。」
（H氏談，2007年2月26日）

　「ピュアフィールド風曜日」のMK氏は，オーナーのみならず，雇用されているスタッフや健常者の同泊者にとっても，こうした取り組みは，障害者と接し，理解する貴重な機会となっていると指摘する。健常者からは，「汚ないから何とかしてくれ」といったような苦情は今まで一切ない。むしろ「色々と勉強になった」という声や「こういうのが，風曜日のようなものが，もっとあると良いですね」という好意的な励ましの声が多いという。
　インタビューにおいて，異口同音に語られた「ソフト重視」という信条は，以上のように，さまざまな障害をもつ宿泊客と交流した経験に基づくものである。ハード面の物理的アクセスを確保することは基本であるが，いかに障害者を含めた多種多様な人々を受け入れ，障害者が往々に経験する「意識面でのバリア」を解消することも，同様に非常に重要だということが「ソフト重視」の本意である。
　障害者のことを知るということには，健常者と同様に，障害者の間にも農山村への滞在や旅行というニーズが存在するという当たり前のことを「知る」ということも含まれる。とりわけ，宿泊施設については，障害者ということで，通常の宿泊業者では受け入れてもらえない（断られる）ということも少なくなく，「ユニバーサル交流」の宿が決定的に不足している状況にある。また，「浅間園」のビジネス面での成功は，宿泊施設以外でも，障害者が収穫体験を楽しめる施設（地域）がほとんど存在していないこと，同時に，そうした楽しみへのニーズも根強くあることを物語る。「浅間園」の現オーナーのSD氏は次のように述べる。

「障害者と呼ばれる人たちは，ちょっと前まで施設に入れられていて自分で旅行して楽しもうというようなことはなかなかしようとしなかった。またそういうことがなかなかできなかったですよね。しかし最近では障害をもった人たちでも積極的に外出するようになってきました。そういう人たちを個人または団体で受け入れることは収益の面でも大きく，障害者だからといって受け入れない理由はないと思っています。それに，健常者でも障害者でも区別することなく，すべての人を一人のお客としてみなし，平等に接する。（中略）確かに普通の人達よりも手がかかったりすることはあるかも知れませんが，お客には違いありませんよね。だから，より多くの人にきてもらって，浅間園の桃やぶどうを存分に楽しんでもらいたいと思っています。」（ＳＤ氏談，2007年2月13日）

最後に，上記の諸点を総括するコメントとして，グリーン・ツーリズムにかかわるようになってから福祉や障害者のことを学び始めたＨ氏（希望の丘）は，「ユニバーサル交流」における受け入れの基本姿勢について，障害の有無にかかわらず，①万人が安心して楽しく泊まり，食事ができるようになること（ハード面も必要），②万人が有するグリーン・ツーリズムを楽しむ権利に応えること（ハード＋ソフト（サービス面）の必要性），③健常者がグリーン・ツーリズムを楽しむなかでの障害者との深い交流（深い意味での「ソフト面」）の3点をあげている。

6．おわりに

「ユニバーサルデザイン」を取り入れた都市農村交流そのものが前例のない新しい活動領域であり，現状では，取り上げた事例のすべてが，所詮，時代をより先に見据えた先見的な経営者個人による萌芽的な取り組みにとどまっていると言わざるをえない。こうした状況下での課題設定から導き出された結果は，必然的に，明確な実証によるものではなく，ある種の期待を込めた新たな仮説として，展開方向のベクトルの確認と提言の提示というレベルにとどまざるを

えなかった。

　通常のグリーン・ツーリズムの普及には地域経済活性化という経済的インセンティブの後押しがあるが,「ユニバーサル交流」にそれと同じ構図を見出すことは,現実的でないかもしれない。しかし,本章の冒頭でみたように,「ユニバーサル交流」の意義は経済性のみに求められるべきではなく,むしろ,農業・農村が有する「公益機能へのアクセス権」が共生社会の実現の条件の一つだという,弁証法的な理解に求められるべきである。だとすれば,上記7事例から見出された普及・発展の萌芽に,少なくとも,「ユニバーサル交流」のさらなる発展の可能性は見出すことができよう。

　しかし,中長期的な視点からは,現状の個人主体による取り組みだけでは明らかに限界がある。経営者個人による散発的な「試み」に終始してしまう可能性があるからである。より持続的な「ユニバーサル交流」を農山村地域で展開していくためには,地域内の農家や行政との連携,複数のキーパーソンの養成などの「広域化」が早晩,必須となるであろう。地域住民と行政がともに取り組む「地域内連携」を発展させるには,公的支援を含めた「地域マネジメント」の視点が今後はより重要になると考えられる。残念ながら,上記事例に「地域マネジメント」という要素を見出すことは容易ではない。一定の組織・制度化に基づいた運営主体を各地域で確立することが望まれる。現状は,各事例において,地域内のキーパーソンによって,地域内の「ユニバーサル交流」に対する「意識化」を促進するために奔走している段階であり,地域内の組織・制度化に向けたブレークスルー,すなわち一刻も早い「意識の覚醒」が必要である。それを経たうえで,その後の段階で具体的発展へ向けた道筋が立てられるものと考えられる。必要なこととして,①今後は「ユニバーサル交流」の取り組みに特化する支援制度の整備が求められるべきであること,②主体的に運営する関係者のみならず,地域住民が「ユニバーサル交流」に関心をもつように働きかけなければならないこと,の2点を提言したい。

　最後に,農村地域においてはとくにハード面を整備せずとも,経営者が意識面でのバリアを取り払い,可能な範囲で対応することで円滑な都市農村交流を展開すれば良いという側面もある。一言でいえば,「意識的バリア」を取り除

けば誰もが「ユニバーサル交流」の実践を行える可能性があるのである。都市と農村を結んだ形で，あるいは，超越したレベルでの「意識面でのバリアフリー化（≒ユニバーサルデザイン）」が進展すれば，真の意味での「共生社会」の実現に少しでも近づくことができる。こうした観点から，経済的な利益だけでなく，意識面でのバリアフリー化を重視し，日々実践と研究を重ねている人々が数は少ないながらも存在し，間違いなく広がりつつあるという「事実」は，非常に重いものである。こうした先駆的な取り組みは，現状では非常に先進的なものに思えるかもしれない。しかし，10年後，20年後の社会では都市・農山村地域にかかわらず，当然のこととして取り組まれていくべきものである。「ユニバーサル交流」が達成されることで「共生社会」が実現するといっても過言ではない。とりあえず，現時点での萌芽を摘んではならない。

考えてみよう　[第8章]

1．農村空間の公益性とユニバーサル交流の関係について考えてみよう。
2．個人主導型，地域内交流指向型それぞれのキーパーソンの特徴をまとめてみよう。
3．ユニバーサル交流の展開に対して，政府・行政はどのような政策的支援をすることが望ましいか。あなたの考えを説明してみよう。

[注]
1）本章のオリジナルは約180ページの修士論文であり，本章はその要約を簡潔に整理したものである。
2）社会科学における「空間」概念には，物理的な空間という意味以外に，「市民的公共空間」といった表現にみられるような，人と人の対話が展開される認識論的空間概念や，「サイバーネット空間」「資本の空間」といった情報やカネが移動するフローの空間という概念もある。本論文が念頭におく「空間」概念は，物理的空間と認識論的空間の両方である。
3）「障害者基本計画」においては，バリアフリーおよびユニバーサルデザインという用語の説明として「バリアフリーは，障害によりもたらされるバリア（障壁）に対処するとの考え方であるのに対し，ユニバーサルデザインはあらかじめ，障害の有無，年齢，性別，人種等にかかわらず，多様な人々が利用しやすいよう都市や生

活環境をデザインする考え方」（p.37）と明確に区別されている。
4）障害のある人に対して「専用」のものを作るというもの。
5）筆者がイメージする「ユニバーサル交流」に比較的近い概念に，イギリスにおけるTourism For All（万人のための観光）という概念がある。これは，農村に限定した概念ではないが，グリーン・ツーリズム先進国のイギリスではこのなかに農村における対応も位置づけられている。ただし，福祉面からの関心によるものではなく，拡大する高齢者市場を念頭においたビジネス面からの関心によるところが大である。
6）ここでいう「地域連携」とは，農業経営や農村計画などの分野で用いられる農政用語としてのそれではない。あくまでも，地域において複数の関係者の間に何らかの連携がある，という「文字通りの言葉」として理解する。
7）障害者の旅行やレジャー活動に対する補助制度。1981年開始。
8）自力で浴槽に深く座ることできない人をサポートする設備。
9）北海道福祉のまちづくりコンクールの「北海道福祉のまちづくり賞ソフト部門優秀賞」（1999年，2004年の2回），「'99北のくらし大賞」，経済産業省主催の「メロウ・グランプリ優秀賞」（2001年），全国旅館生活衛生同業組合連合会の「人にやさしい地域の宿づくり賞」の「会長賞」を受賞している。
10）浅間園は農家が自主的に始めた農場をベースにした交流活動であり，この点で「個人主導型」とは根本的に性格が異なるため，農家が経営する観光農園ということを踏まえ「地域内交流指向型」に分類した。
11）ＮＰＯ日本ケアフィットサービス協会東京本部が認定する資格。
12）宣伝媒体としては，利用者の口コミ，旅行社，ホームページや雑誌広告である。
13）本事例は個人経営の民宿であるが，地域の農家との連携がより明確に打ち出されていることから「地域内交流指向型」に分類した。
14）「山ぼうし」のみ妻の実家が農家。
15）手も足もなく，目も見えない，口も利けない人が付き添いの介助人とともに宿泊したことがあった。その人が，触覚や嗅覚，味覚を駆使して，周りの環境を少しずつ感じ取り，ここにきていることを実感し，その人はその人なりに「すばる」の空間を楽しんでいるということが分かったことは，オーナー夫妻が人生のなかでも最も感動したことの一つであったという。
16）ハード面において手すり等を取り付けるといった必要最低限のことを指している。

[引用文献]

［1］青木辰司（2004）：グリーン・ツーリズム実践の社会学，丸善.
［2］川内美彦（2001）：ユニバーサル・デザイン―バリアフリーへの問いかけ―，学芸出版社.
［3］佐藤誠・篠原徹・山崎光博（2005）：佐藤誠・篠原徹・山崎光博編著，グリーンライフ入門―都市農村交流の理論と実際―，農山漁村文化協会.
［4］手塚元廣（2002）：Ⅳ.高齢の人，障害のある人にとって参加しやすい交流型施設等のあり方―ユニバーサルデザインの視点―，平成13年度　高齢者交流型グリーン・ツーリズム事例調査研究事業，高齢者交流型グリーン・ツーリズム事例調査研究報告書，都市農山漁村交流活性化機構，pp.37-46.
［5］都市農山漁村交流活性化機構（2002）：平成13年度　高齢者交流型グリーン・ツーリズム事例調査研究事業，高齢者交流型グリーン・ツーリズム事例調査研究報告書，都市農山漁村交流活性化機構.
［6］都市農山漁村交流活性化機構（2003）：平成14年度　高齢者交流型グリーン・ツーリズム事例調査研究事業，高齢者交流型グリーン・ツーリズム事例調査研究報告書―熟年者を対象にしたグリーン・ツーリズムでの受入のあり方―，都市農山漁村交流活性化機構.
［7］内閣府（2002）：障害者基本計画，内閣府.
［8］花村春樹（1998）：花村春樹訳・著，増補改訂版「ノーマリゼーションの父」N・E・バンク－ミケルセン―その生涯と思想―，ミネルヴァ書房.
［9］矢口芳生（2007）：「共生社会システム学」の提唱―農業経済学・「社会関係資本」論の観点から―，共生社会システム研究，1（1），pp.33-51.

第9章

都市農業公園の存立条件
― 横浜市ふるさと村の事例から ―

岩松　良実・北野　収

1. はじめに

　今日，都市農業に関する政策的位置づけは低い。とくに生産面では農政の対象外という状況である。農業白書に都市（近郊）農業に関する記述がみられたのは昭和47年度版が最後であり，食料・農業・農村基本法においても，「都市と農村との交流の促進」や「市民農園の整備の促進」に関する文言はあるが，都市農業についての言及はない。農政上の最重要命題の一つである多面的機能は，中山間地域など農山村地域の専売特許なのだろうか。これまで都市農業公園はあまり注目されてこなかったが，生産力か生きがいかという二者択一ではなく，町づくりの一環としても，多面的機能（とくに，都市的緊張の緩和，土地空間の保全，地域社会文化の形成維持）を発揮できる領域だと筆者らは考える。このような観点から，本章では，横浜市の2事例を取り上げ，時代背景と現状の比較から、都市農業公園の意義と持続性に関する含意を得る。

2. 本章における都市農業公園の概念

　都市公園は都市計画法と都市公園法に基づく法律用語であり，農村公園は地方自治法が定める公共施設で，各種補助事業も適用される行政用語である。農業公園は法律・行政用語ではない。しかし明確な定義はないものの，農業公園という用語は研究者の間では使用されており，長谷山は，「地域の資源を活用して，農村文化・農村環境・農的生産・農村社会の維持・再生・成長を図るた

め,地元民だけでなく都市民らにも「農」の理解を促した農的魅力提供の場」(長谷山 2004:47,傍点筆者)と定義している。筆者が着目すべきと考えるのは,「「農」の理解を促した農的魅力提供」という部分である。農村住民の福祉の増進を目的とした「農村公園」が必ずしも,農(業)的要素を要件としないのに対し,農業公園は文字通り農的要素を不可欠なものとし,都市の一般市民に農的空間を提供する。

　日本最初の農業公園は1984年に開園された神戸市立農業公園であり,その後,都市住民・農家双方の異なるニーズを背景に,各地で農業公園が開設されるようになる(宅間・桑原・小口 2003;長谷山 2004)。神戸市,横浜市ともに,市町村合併の結果,広大な市域を有する自治体であり,地区によっては都市とはいえないところもある。しかし,こうした地区に立地する農業公園も,大都市圏の内側に取り込まれた形となっているか,あるいは周辺に立地し,農山村地域や地方中小都市の類似施設とは,立地上性格を異にすることから,本章では都市農業公園と呼ぶ。

3. 横浜市の農業概況と農政

　合併による市域の外延的拡大(434km²)によるところが大だが,人口350万人を超える大都市でありながら,県内最大の農地面積(3,520ha)を誇る。郊外部では台地上の畑と河川に沿った水田と雑木林と谷戸の風景,住宅地の間に大小の農地や斜面緑地が点在する風景が広がる(横浜市緑政局 1996:3)。横浜市独自の制度である農業専用地区(後述)を中心にして農業地帯を形成しており,野菜,果樹,花きを中心に植木類や河川沿岸の水稲,畜産など,多様な農業生産が行われる(横浜市緑政局 1996:3)。

　表9-1は,国と横浜市の農政の流れを比較したものである。1960年代の大都市郊外では,人口増加に対応するため,里山等を開発し,ニュータウンと呼ばれる大規模な住宅団地の造成が行われた。横浜市でも,1965年,緑区,港北区にまたがる地域総面積2,500haの港北ニュータウン計画が策定された。この計画の特徴は,1960年代という時代にあって,農業の存続や緑保全を兼ねた都

市づくりが盛り込まれていたことである。とくに，開発対象地域の実態や地元農業者の要望を踏まえて農業の位置づけが明確に打ち出され，計画的な農用地の保全，近郊野菜・花き・園芸の供給地としての生産緑地，景観を保持した都市と農業との調和など，地域農業を包括した新しい都市の実現を目指すこととされた（関東農政局　1987：5）。基本的な土地利用は開発区域と農業区域の2つに分けられ，後者に農地を集団化して農業継続を希望する農家の生産の場を確保することが，市と地元との話し合いで合意された。もっとも，実際の運用面において，ゾーニングをめぐるトラブルがなかったわけではない。

　1968年には宅地開発要綱が策定され，とくにニュータウン区域内での農業振興等のための独自のゾーニングである農業専用地区制度を創設した[1]。同制度を前提として，1968年に「港北ニュータウン農業対策要綱」が制定され，都市農業の確立に向けた指導が行われた（江成　1991：98）。農業専用地区の設定は港北ニュータウン計画と一体となって進められ，1969年には，新羽大熊地区をはじめとした最初の6地区，230haが農業専用地区に設定された（都市農業問題研究会　1970）。これらの農地確保施策が，国の動き（新都市計画法，農振法）よりも以前に行われたという点は，注目すべきである。

　新都市計画法施行（1969年）を受け，横浜市では1970年に線引きが実施された。市域面積の74.4％にあたる約3万1,000haが市街化区域に，25.6％の約1万1,000haが調整区域に指定された。他の大都市と比較すると，調整区域が非常に大きく，その分布は複雑である（図9－1）。もともと，農地が多く存在していたことに加え，調整区域を最大限にとろうと，全市の土地利用状況によって詳細に線が引かれ，計画的な都市開発が見込まれる地域だけを市街化区域に取り入れるように区域を決定したためである（江成　1991：101-102）。

　1969年の農振法（農業振興地域の整備に関する法律，1969年）の制定を受け，横浜市では1972年に農振地域の指定，1973年には農用地区域の設定がなされた。これらは，先行して指定された農業専用地区によるゾーニングを追い越す形で全市域の集団的農地をカバーすることになった。つまり，横浜市では国の農振制度と，市の農業専用地区制度の二重地域設定がなされたのである（江成　1991：105-107）。

表9－1　国と横浜市の政策の動向とふるさと村整備の経緯

年	国政・農政における主な関連事項	横浜市政とふるさと村における主な事項
1965		・港北ニュータウン計画策定（都市農業の確立に向け計画的な農用地の保全や近郊野菜、花き・園芸の供給地としての特性を生かし、生産緑地として、また景観を保持しながら都市との調和を図るなど、近郊農業を包括した新しい都市を目指す）
1968	・新都市計画法制定（線引き制度）	・宅地開発要綱制定（乱開発を抑制・計画的な都市づくり） ・都市農業問題研究会の結成（港北ニュータウン区域内で営まれていた農業を計画的に再編し都市づくりに位置づけ、総合的な政策提言） ・農業専用地区制度の創設（ニュータウン区域内で市街化を抑制し、オープンスペースを確保するとともに、農業振興を図るためのゾーニングを行う） ・港北ニュータウン農業対策要綱制定
1969	・新都市計画法の施行	・市で農業専用地区の設定（新羽大熊地区をはじめ、最初の6地区、230haが設定）
1970	・農業振興地域の整備に関する法律の制定	・市で線引きを開始（市街化区域・調整区域を決定）
1971	・白書「都市が拡大する中で農業は縮小してその影響が及ぶようになる。」	・総合計画策定（横浜市農政にとって最初のもの） ・横浜市農業専用地区要綱制定（対象地区をニュータウンから市全域に） ・公園部から農政局へ（緑政局と農業を一体的に対応するようになる）
1972	・白書「都市が拡大し、都市近郊地帯が市街地へ追いやられるように、近郊地帯の農業自体衰退傾向」	・市内の農業振興地域の指定
1973	・市街化区域内農地の宅地並課税法案成立	・市内の農用地区域の指定
1974	・生産緑地法制定（生産緑地制度を創設、市街化区域内農地を保全するとしたもの。農地・野菜の安定的供給、緑地空間の確保、多目的保留として認識）	
1975	・農振法改正	
1978	・白書「農業の生産以外の機能に注目するようになる。（以降の農業白書においては、農業の多面的な機能についての記述が多くなる）	
1981	※1980年代（都市開発に拍車=宅地化促進）	・よこはま21世紀プラン策定（「市民と農業とのふれあい」が施策目標に）
1982	・長期営農継続農地制度（営農が継続されることで納税猶予、または徴税免除）	○横浜ふるさと村実施計画
1983		○ふるさと村の来整備（12ha）、連絡路整備（2.6km）
1984	※1980年代中後半（市街化区域内農地の宅地並課税論の高まり）	○ふるさと村の来整備（山林下刈ほか、体験農園施設（3棟1,677㎡）、体験温室（326㎡）、釣り堀1か所、排水施設整備（800m）、郷土文化保存伝習施設（郷土文化館240㎡、陶芸舎174㎡、経営管理施設（直売所ほか運動広場整備（7,000㎡）
1985		○ふるさと村事業導入のための「土地利用基本構想調査」実施、市営地下鉄「舞岡駅」開業（ふるさと村地区内）、南区睦町婦人部と直売開始 ●ふるさと村事業導入のための自然環境活用センター（四季の家）基盤整備造成、駐車場3,800㎡）

第 9 章　都市農業公園の存立条件　187

年	関連政策・法制度	事業展開
1986	・宅地並み課税制度、長期営農継続農地制度の見直し	○自然環境活用センター 656㎡（2か年工事）、地力増進施設（家畜糞乾燥ハウス233㎡）設置 ●寺家ふるさと村を視察
1987		●進進事業、自然環境活用センター設置 ●寺家ふるさと村開村 地元大手スーパーへの直納開始、横浜南農協舞岡支店の店先を利用した野菜の直売開始（ふるさと村事業導入のための試行的事業） ●第1〜2回ふるさと村導入全体説明会
1988	市民農園整備促進法	●舞岡出荷組合設立（37名 ふるさと村事業導入のための組織として） ●第3回ふるさと村事業導入全体説明会 ●第1次ふるさと村事業導入地区別説明会
1989		●よこはま21世紀プラン改訂（"農"あるまちづくりをテーマとした新たな政策理念に基づく「都市農業総合計画」を策定） ●第2〜3次ふるさと村事業導入地区別説明会及び意見聴取開始、第4〜5回ふるさと村事業導入全体説明会、事業導入に伴う戸別訪問説明
1990		●第6回ふるさと村事業導入全体説明会（事業導入決定） ●ふるさと村の指定、舞岡ふるさと村推進協議会設立、事業着手
1991	・「新政策」発表、グリーン・ツーリズムの提唱 ・農業の育つ多面的機能の評価の試み開始	
1992		●舞岡土地改良区設立　土地基盤整備着工
1994	・「ゆめはま2010プラン」（農業経営の安定と市民と農のふれあいをすすめながら、自然環境の維持や防災治水などの多様な機能をもつ農地の保全をはかり、大消費地に立地するという利点を生かした都市農業の展開を基本方針に）	●農畜産物集出荷貯蔵施設設置
1995	・農山漁村滞在型余暇活動促進法、食糧法	●農畜産物処理加工施設「ハム工房まいおか」設置
1997		●舞岡虹の家管理運営委員会設立
1999	・食料・農業・農村基本法	
2001	・農業・農村・食料基本計画 ・循環型社会形成基本法	●市民の森指定（名称：舞岡ふるさとの森）、舞岡ふるさとの森開園、ふるさとの森愛護会設立 ●2001年度農林水産祭むらづくり部門大臣賞（舞岡ふるさと村推進協議会）ほか表彰2件

出典：農林水産省（1970, 1972, 2001）、関東農政局（1987:5）、横浜市緑政局（1987, 1996）、江波（1991）、田代編（1991）、髙木（2001）、石田（1990）、農林水産省（2005）、1）、7）。

注：1）白書「　」は、筆者が当該年度の農業白書の記述から抽出した。
　　2）○は寺家地区、●は舞岡地区に関係する事項。

1971年に同市で最初の農政総合計画が策定され,「港北ニュータウン農業対策要綱」を拡大し,対象を市全体とした「横浜市農業専用地区設定要綱」が制定された。従前の要綱がニュータウンにおける営農再編対策として生産拠点を形成する色彩を帯びていたのに対し,新要綱では,農業専用地区の目的として

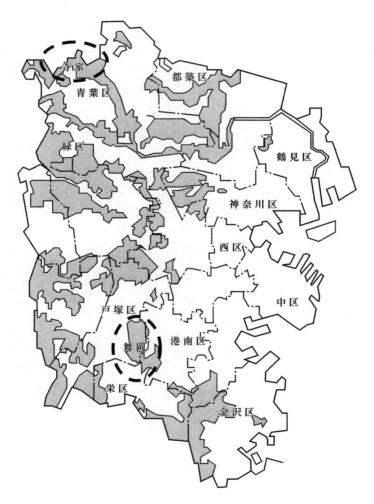

図9－1　市街化調整区域の分布（1984年以降）とふるさと村の位置
出典：江成（1991：102）

市内の農産物生産の確保と都市環境の保全に焦点を当て，地区設定の要件として市街化調整区域内で20ha以上の集団的農地[2]とした（江成　1991：103-104）。農業専用地区は毎年1〜2地区ずつ誕生し，市街化調整区域内でのゾーニングを行うことにより，市農政が計画的な都市づくりにも貢献した。すでに行政組織面でも，1971年に農政局に公園部局を統合して緑政局とし，緑地整備と農業振興を一体的に位置づけた[1]。

　安定成長期に入り，市政においても，各種の土地利用法制度が実現したことにより，個別の地域の都市基盤の整備や生活環境の充実が政策課題のなかで比重を増すようになってきた。よそ者同士の集まりであった新興住宅地にもコミュニティの安定と成熟がみられるようになり，ゆとりや潤いを実感する機会として農業にも関心が高まった[1]。1981年の「よこはま21世紀プラン」を踏まえた「横浜市の農業－展望と対策」においては，緑や自然を求める市民の声を反映させ，「ふれあい」の分野が加わる（江成　1991：113）。これが，都市農業公園としての横浜ふるさと村構想の政策的位置づけを提供した。

　当初，横浜ふるさと村構想は，単独プロジェクトに近い位置づけで，独自の「横浜ふるさと村設置事業要綱[3]」により，1982年に地域指定が行われた。ゾーニングのレベルや設定要件からすると農業専用地区の一類型に相当するため，第1号指定の寺家地区も農業専用地区に加えられた（江成　1991：114-115）。

　「よこはま21世紀プラン」が1989年に改訂され，農政分野では，「"農"あるまちづくり」をテーマとした新たな政策理念に基づく「都市農業総合計画」が策定された。横浜市農業の存在意義として，①農畜産物の生産・供給，②地域の自然環境の保全，③レクリエーション・教育・福祉・地域文化の形成，を掲げ，農業の振興が市政の目標として明確化された（江成　1991：130-133）。バブル経済の最中であり，食料・農業・農村基本法制定の10年前である。

　1994年には，2010年を目標とした長期計画「ゆめはま2010プラン」が策定された。ゆめはま2010プランに基づく豊かなふるさとづくりを目指す施策として，少農薬・有機栽培の促進，横浜ブランドの開発，農業の担い手の育成，地場農産物の多様な流通の確保，農業専用地区の設定，恵みの里[4]，市民農園の整備等が進められている（横浜市緑政局　1996：3）。

4．寺家ふるさと村の背景と現状

（1）地区概要と開設の背景

　寺家地区は，もともと寺家集落であり，集落および圃場等がそのままふるさと村として指定された。市北部の青葉区寺家町に位置する。面積は，農地28.9ha，山林23.4ha，宅地等33.8haを含む計86.1haであり（横浜市緑政局　1996：47），住宅地に囲まれていながら，雑木林の丘に挟まれた谷戸田と呼ばれる細長く伸びた水田が幾筋もあり，その奥には静かに水をたたえた溜め池が点在した昔ながらの田園風景が色濃く残る[2]。世帯数と人口は109戸337人である（青葉区町別世帯と人口　2000）。このうち農家戸数は31戸で（農業センサス　2000），これは江戸時代からほとんど変わっていない。このため，集落のまとまりは良く，ふるさと村開園時点では，正月の元旦祭など旧来からの農村の行事や習慣が強く残っていた。また，茶道用の炭では全国の70％を出荷するなど，地場産業が盛んであった（寺家ふるさと村四季の家パンフレット）。

　全域が農業振興地域に指定されたため多くの農地が残ったが，1970年代当時，すでに農業者の減少・高齢化が進み，地域農業の先行きは不透明であった[2]。構想では，農業・農地だけでなく，地区内の里山や水系を対象に，生産環境・集落環境の整備やレクリエーション利用等のサービス機能の向上を図るとされた（江成　1991：114-115）。対象地選定にあたっては，地元のキーパーソン的な人物であるA氏が推進したといわれている。寺家町の出身で，当時，市議会議員および横浜市北農協の組合長であったA氏は，地元振興に情熱をもった人物で，積極的に計画にかかわった。

（2）計画・運営概要

　1981年に基本計画，翌1982年に全体計画（実施計画）が打ち出された後，1983年に着手され，ふるさとの森整備から始まり，1987年11月の四季の家の開館までに各種の施設が整備された。構想の柱は，①美しい田園景観を保全しな

表9-2　寺家ふるさと村の構想と目的

①里山をふるさと村の森として整備し，市民の利用に供す。
②果樹園の増設と整備により市民に新鮮な味覚と季節を送り届けると共に農業経営の改善を目指す。
③いちご，メロン，花卉などの温室栽培により四季それぞれの農業体験の場を市民に提供する。
④陶芸，農産加工の実習の場や直売所，集会場，更にはふるさと村の管理機能を持たせる管理センターを建設する。
⑤ゲートボール，バレーボールなど多目的に使用できる広場を設置し，農家の利用のみならず広く市民の利用にも供し，農村と都市市民の交流の場とする。
⑥恵まれた自然の中の溜池を釣り堀として整備し，ふるさと村の魅力の1つとして活用を図る。失われてゆく農村の民俗資料などを展示し，農村文化伝承の場とする。
⑦四季の花咲く地域づくりのため，植樹などにより景観保全に努める。
⑧作付栽培協定の締結により，農地の有効利用とれんげの花むしろを復活する。
⑨テニスコート，宿泊施設の整備を融資事業で計画し，農業地域にふさわしいレクリエーションの場を提供する。

資料：寺家ふるさと村体験農業振興組合（1986），2］

がら，土地，人をも含めての農村資源の活用を図る，②観光農業の推進等で農業の第3次産業化を促し，農家生活の安定と寺家のなかでの就業機会の増大に努め，地区の活性化を図る，③市民が自然，農業，農村文化を体験することにより，健康で心豊かな人づくりに役立てるとともに，都市部と農村部の相互理

表9-3　ふるさと村の体験行事（平成18年度）

寺家ふるさと村（四季の家）	舞岡ふるさと村（虹の家）
自然観察会（通年，8回） メダカ鑑賞会（7月1回） ホタル観察会（6・7月，各1回） 野鳥観察会（10月～3月，4回） 男の料理教室（9月～3月，都合5回） そばうち教室（10月～2月，7回） 味噌造り教室（不明）	手作りウインナー（毎月1回） 自然観察会（毎月1回） そばうち（毎月1～2回） 竹の子料理（4月，1回） 梅もぎ・ジュースづくり（5・6月，2回） 梅干作り（6月，都合4回） 夏野菜料理（6月，1回） 夏休み親子教室（ウインナー，パン，押し花，竹工作））（各1回） 舞岡の自然を撮ろう（7・8月，4回） 舞岡スケッチ教室（9・10月，4回） パン教室（10月，1回） 干し柿作り（11月，1回） 押し花作り（11・12月，2回） 味噌造り（1月，都合4回） 漬物教室（2月，2回） 経験者のためのそばうち教室（2・3月，3回）

出典：3］，4］，6］

解を深める，の3点である[2]（施設整備経過は表9－1，構想は表9－2を参照）。

事業組織としては，寺家ふるさと村体験農業振興組合と寺家ふるさと村四季の家管理運営委員会がある[5]。前者が体験温室，体験農業園地管理施設を，郷土文化保存伝習施設，釣り堀施設の管理運営，ふるさとの森の管理受託等，後者が四季の家の管理運営および味噌造り教室等自主事業の実施を行う（横浜市緑政局 1996）。四季の家管理運営委員会の自主事業の例を表9－3に示す。開村に当たり，味噌・醤油造り等の伝統工芸家数名が地域外から招聘され，体験活動の指導に従事した。ただし両組織の相互の連携は弱く，それぞれが別個に機能している状況である[6]。

（3）利用状況と農家戸数・販売部門の推移[7]

1998年度～2000年度をピークに利用者数は減少傾向にある（図9－2）。四季の家が開設された1987年度に約12万人だった合計利用者数は，1999年度には35万人弱に達する。しかし2005年度は30万人を下回っている。ただし体験温室等の農業関係施設と一般的な公園施設間には増減傾向の違いはみられない。最高

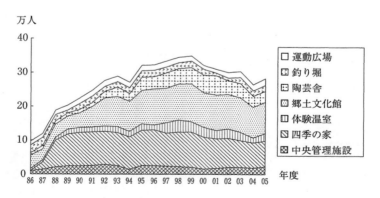

図9－2　寺家ふるさと村年度別利用状況

出典：横浜市北部農政事務所からの聞き取り・情報提供に基づく

注：1）合計数値は，複数の施設の利用者の重複計上，単なる散策者等の未計上を前提とした数値である。
　　2）寺家ふるさと村の開設は1987年だが，実際には，四季の家以外の施設は前年から営業を開始しているため，1986年以降の数値を記載した。

表9-4 寺家町の農家戸数の推移

(単位:戸)

	総農家	専業農家	1種兼業	2種兼業	販売農家	農産物販売1位部門別農家								
						稲作	いも・雑穀	露地野菜	施設野菜	果樹	酪農	養豚	養鶏	畜産その他
1975年	35	4	16	15	20	2	-	8	2	1	2	1	4	-
1980年	36	2	8	26	25	6	-	7	3	4	1	-	3	1
1985年	36	5	13	18	22	6	1	5	1	5	1	-	2	1
1990年	35	3	8	24	27	8	1	7	1	7	1	-	2	-
1995年	32	1	10	21	27	2	-	14	1	8	1	-	1	-
2000年	31				20	3	-	7	1	9	-	-	-	-
2005年	18				16	5	-	3	1	7	-	-	-	-

出典:農業センサス (1975～2005)
注:1995年の農業センサスから「専業農家」および「兼業農家」の分類を改めたため,2000年においては,総農家数以外の項目は不明となっている。

利用者数を記録した年度は,運動広場と中央管理施設が1992年度,体験温室が1998年度,郷土文化館が1999年度,陶芸舎が2001年度,釣り堀が1987年度,四季の家が1996年度,全体では1999年度である。ただし,この数値には複数施設の利用者が重複して計上されているので,あくまでも目安として用いることとする。

総農家数は,1975年は35戸で,1990年まではその数値を保ったが,その後,減少している。専業農家数はもともと少なく,1975年には4戸,1995年には1戸となる。第1種兼業農家数,第2種兼業農家数ともに,1995年まで,増減を繰り返し,安定していない(表9-4)。1975年に20戸あった販売農家は,1990年・1995年には27戸となる。2000年には再び20戸となるものの,2005年には16戸となった。販売1位部門別農家数では,1975年は露地野菜が8戸(40%),養鶏が4戸(20%)となっていたが,2000年は果樹が9戸(45%),露地野菜が7戸(35%)である。露地野菜・施設野菜が減少傾向にある一方,果樹が増加している。梨は比較的容易に栽培することができ,収入も高いため,近年横浜市で広がってきた。稲作は1990年までは上位であったが,以降はその割合を下げている。

(4) 小括

寺家ふるさと村は,横浜市の緑農政策の一環として開設されたが,課題もある。2006年度から地域農家の高齢化による指導者確保の困難性により,体験水

田が休止扱いとなった。背後には,「実際のところ,高齢の農家の人々にとっては,外部の人々を受け入れ指導するよりも,機械を入れて作業を進めてしまいたい気持ちもあるのではないか」という農家側の本音も指摘される。行政側の財政状況は厳しく,今後の寺家ふるさと村に対する十分な予算措置は期待できない状況にある(横浜市北部農政事務所聞き取り)。また,事業組織が分かれており,相互の連携が希薄であることから,統括的な運営主体がはっきりしない。さらにA氏の没後,地区内に強力なまとめ役は存在しない。田園景観は保全されているが,ふるさと村事業の本来の目的であった「農業者と市民との交流を通じて地域活性化と農業振興を図る」という観点からは,今後の停滞・衰退も予想される。

5. 舞岡ふるさと村の背景と現状

(1) 地区概要と開設の背景

舞岡ふるさと村は,横浜市の南部,戸塚区舞岡町に位置し,戸塚駅から市営地下鉄でひと駅(最寄駅,舞岡)のところにある。寺家町よりも市街地化・都市化が進んだ地域である(表9-5)。面積は,農地35.2ha,山林24ha,宅地等43.4haを含む計102.6haであり,周囲を大規模な住宅地に囲まれながらも,雑木林や田畑が広がっている。一帯は,柏尾川の支流である舞岡川の上流から中流

表9-5 寺家町と舞岡町の人口と人口密度の比較

	年	1997	1998	1999	2000	2001	2002	2003	2004	2005	2006
寺家	人口	336	331	332	337	339	365	360	340	337	333
	人口密度	3.9	3.8	3.9	3.9	3.9	4.2	4.2	3.9	3.9	3.9
舞岡	人口	6,712	6,704	6,700	6,729	6,978	6,947	6,918	7,034	7,017	6,978
	人口密度	28.3	28.2	28.2	28.3	29.4	29.3	29.1	29.6	29.6	29.4

出典:青葉区町別世帯と人口(1997-2006),戸塚区町別世帯と人口(1997-2006)を参考に筆者作成。
注:人口密度は,1ha当たりの人数を示す。面積は,寺家町が86.1ha,舞岡町が237.4haである。

に位置した典型的な谷戸の地形である[3]。舞岡町の世帯数と人口は2,671戸6,729人（戸塚区町別世帯と人口　2000）で，うち農家戸数は41戸である。市の緑地を公園として整備した舞岡公園[8]が隣接し，ふるさと村とともに舞岡地区の美しい景観を形成している。

　高度経済成長期以降の急速な都市化，実質的にほぼ未組織状態にあった地域営農など，寺家地区以上に農業の存続が危ぶまれる状況であった。地元農業者から「農業で生きていきたい」との声があがり，1979年に農業専用地区の指定を受けた（開設・整備の経緯は表9－1参照）。同時に，地元農家55戸による農業専用地区協議会が設立された。組織として農業専用地区で活動するなかで，周辺住民に対する直販を開始し，1987年には大手スーパーへの直納へと活動を広げる。地域での話し合いが行われるなかで，農業者の営農意欲や自立意識が醸成され，経営規模や専兼の枠を越えた組織的推進体制が必要との認識が高まった。1980年代のこうした取り組みのうえに，1990年に横浜ふるさと村第2号の指定を受け，同じく農家55戸からなる舞岡ふるさと村推進協議会も設立された。

（2）計画・運営の概要

　整備事業は1992年より着手され，1997年に完了した。その内容は，①圃場や農道等の土地基盤整備，②体験温室や農産物直売所等の近代化施設整備，③散策路等の地域環境整備，④総合案内所や多目的広場等のふるさと村施設整備の4つに分類できる。この①〜④は，a）観光農業の展開（梨狩りや芋掘り，苺摘み等），b）地域ブランド化と農業体験，c）市民が自然に触れ散策等を楽しむ場の提供，d）都市住民と農業者との交流の場や青少年の教育の場の提供，という目的に対応する[3]。

　組織運営体制を図9－3に示す。農畜産物集出荷貯蔵施設・直売所「舞岡や」，農畜産物処理加工施設「ハム工房まいおか」，管理休養施設（舞岡やに併設），体験温室（トマト栽培10棟，花き栽培1棟），堆肥供給施設，総合案内所「虹の家」といった施設が整備されている[4]。舞岡土地改良区による土地改良事業は現在も継続中である（2006年11月の調査時点）。

　ふるさと村の運営主体は舞岡ふるさと村推進協議会である。同協議会とその

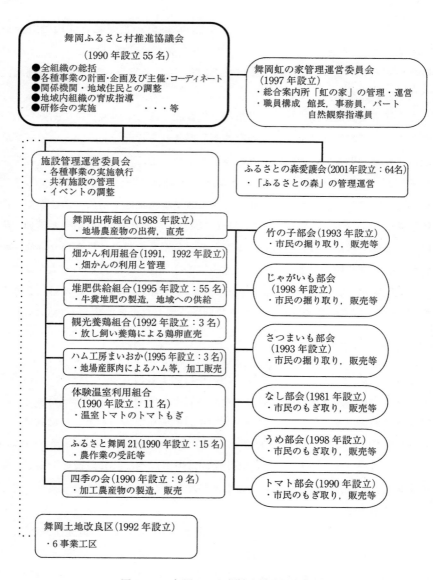

図 9-3　舞岡ふるさと村の運営組織体制

出典：横浜市南部農政事務所資料
注：畑かんとは，畑に必要な水を供給するための施設のこと。

事務局がある横浜農協舞岡支店が中心となり，各種専門部会等による交流事業が展開される。舞岡ふるさと村虹の家管理運営委員会[9]が総合案内所である虹の家の管理運営が行う。運営面で注目すべきは，都市農業の維持・向上のためには，農への市民の理解が不可欠であるとの認識から，農業者が主体となり，新鮮で安全な地場産農畜産物の販売や市民を対象としたイベントの開催を行っていることである[5]。舞岡やでは地場産の野菜約120品目，花約20品目，果物6品目，鶏卵，漬物などが，ハム工房まいおかでは舞岡で生産された豚を材料としたハム，ソーセージ，豚肉，各種ギフトセットなどが，販売されている（表9－3）。竹の子，じゃがいも，さつまいもの収穫期には，それぞれの祭が催され，模擬店が出店される[6]。年間を通じて，相当数のイベントが万遍なく行われている[10]。

零細農家が多い都市農業の特性を踏まえ，舞岡地区で生まれたのが，一括販売方式である。1988年から地場産農畜産物の直売に取り組み，横浜南農協（当時）と連携し，経営規模の大小や出荷量の多少，専業・兼業農家を問わず，どのよ

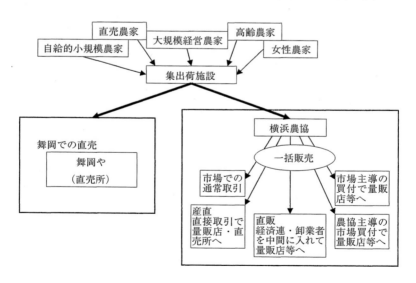

図9－4　舞岡地区での直売と横浜農協の一括販売方式

出典：横浜市南部農政事務所資料

うな品目でもまとめて集荷し販売する新たな地場野菜の集出荷方法（一括販売方式）と消費者ニーズに見合った少量多品目生産を確立した（図9－4）。推進協議会は，2001（平成13）年度の農林水産祭むらづくり部門で農林水産大臣賞を受賞した。

(3) 利用状況と農家戸数・販売部門の推移[11]

図9－5は主催した出荷組合の専門部会別の集計である。1999年度には1,000人弱だった利用者数は，2000年度には1,000人台となり，その後2002年度以降は7,000人台を保つ。農家側の受入能力・負担からみて，この規模がほぼ上限であるといえる。寺家ふるさと村の利用者数と比べると2桁少ないが，そもそも両施設の活動の重点，利用者数の算出基礎・方法が全く異なることから，比較することは不可能である。なお，舞岡ふるさと村の「虹の家」の来館者数は，1997年度が18,867人，2006年度が28,499人となっている（虹の家から入手した資料による）。

総農家数をみると，1975年，1980年の70戸前後を経て，1985～90年は60戸弱，

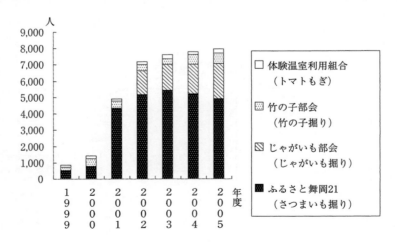

図9－5　舞岡ふるさと村年度別利用状況（専門部会別集計）

出典：横浜市南部農政事務所資料
注：1998年度以前の数値は集計方法が異なるため省略。

表9-6 舞岡町の農家戸数の推移

(単位：戸)

	総農家	専業農家	1種兼業	2種兼業	販売農家	稲作	いも・雑穀	露地野菜	施設野菜	果樹	花き	その他作物	酪農	養豚
1975年	67	13	10	44	42	1	3	33	1	1	-	1	1	1
1980年	71	6	18	47	52	3	3	39	2	2	-	1	1	1
1985年	59	8	12	39	35	-	2	28	1	1	-	1	1	1
1990年	58	3	14	41	31	-	-	22	1	5	-	1	1	1
1995年	45	10	10	25	31	-	1	4	15	7	2	-	1	1
2000年	41				25	-	3	11	5	3	1	-	1	1
2005年	27				26	-	1	10	6	5	1	1	1	1

出典・注：表9-4に同じ。

2000年は40戸台へと減少した。専業農家数も，1975年の13戸を頂点とし，その後は1桁が続く，1995年には10戸となり，結果的にはほぼ横ばいである（表9-6）。1975年に42戸であった販売農家数は，1980年には52戸となり，1985年以降30戸台が続き，2005年には26戸へと減少した。販売1位部門別農家数の割合は，1975年には露地野菜が圧倒的に多かったが（78.6％），2000年には施設野菜，いも・雑穀，果樹への分散傾向がみられる。果樹が増えた理由は寺家と同様である。

(4) 小括

農業存続が危ぶまれる状況のなか，地元農業者が組織を作り，ふるさと村指定に向けた活動が開始された。舞岡の場合，運営主体が明確であり，各種組合・部会，地元農協との有機的な連携が図られている。利用者数はほぼ横ばい状況にある。農家戸数と販売のある農家数が減少する一方，専業農家数と第1種兼業農家数が横ばいであることから，高齢専業化が進んでいることがうかがえるが，横浜の市街地に隣接した地区において，農業で生計を立てる人々の減少が比較的緩慢であることに注目したい。

表9-7 事例で見出された7項目の比較

		寺家ふるさと村	舞岡ふるさと村
①制度的位置づけ		共通（同じ横浜市のふるさと村事業，景観保全や施設整備状況もほぼ同等）	
②農業の特徴(販売農作物部門)		共通（元々露地野菜が盛んであり，近年は果樹（梨）の栽培に特化）	
③立地条件	元々の人口	元々舞岡に比べると少ない	多い（舞岡地区の方が人口が多く，人が集まりやすい優位性）
	人口の推移	近年減少傾向	増加傾向（今後も優位性が継続すると予想される）
④誕生時の時代背景		1970〜80年代	1980〜90年代
		a）農政・社会の間の都市農業に対する評価・認識は低い，b）多面的機能論登場以前，c）まだ横浜市政において積極的な緑農政策が打ち出されて間もない時期	1）バブル期にはすでに協議会設立，既存の直販活動と合意形成，2）多面的機能の高まりと指定〜開村期が一致概念が定着，3）すでに市政における緑農政策は定着
⑤開設のきっかけ		両ふるさと村の該当地区は，各々のふるさと村創設が計画されようという時期において，都市化の波に押され農業者減少等の問題に直面し，地域農業の存続が危機的状況にあった点は共通	
		寺家地区の地域農業の存続が危ぶまれ，横浜独自の緑農政策の一環として，寺家を対象にした「横浜ふるさと村構想」を打ち出す	地域農業の危機に直面した地元農業者から「農業で生きていきたい」との声があがり，直販等の取り組みを積み上げた
⑥運営主体	内部組織	2つの組織が存在する	多数の組織が存在する
		a）寺家ふるさと村体験農業振興組合（地元農業者によって構成）	a）舞岡ふるさと村推進協議会（地元農業者によって構成）
		b）寺家ふるさと村四季の家管理運営委員会（横浜市によって管理運営を委託）	b）舞岡ふるさと村虹の家管理運営委員会（横浜市によって管理運営を委託）
	事業主体	どちらの組織が主体となり事業を統括しているのか不明確	「舞岡ふるさと村推進協議会」が事業を統括
	イベント	体験農園や味噌造り教室等のイベント	体験農園や味噌造りといったイベントが開催されているが，寺家よりもその種類は多く，頻繁
	連携	2つの組織の事業内容は分断されており，連携は弱い	舞岡ふるさと村推進協議会と，その下に存在する各種組合および部会との連携によって，イベントが開催
⑦外部組織との連携		弱い	横浜農協との強い連携（「一括販売方式」と呼ばれる生産体制）

注：舞岡における農協は一体的な役割を果たしてきたと考えられ，外部組織か否かは議論の余地がある。あくまでも組織上の仕分けとして分類した。

6．考察

2つの事例は，上記をみる限り対照的な方向を進んでいる。この違いは何に

起因するものであろうか。以下においては，①制度的位置づけ，②農業生産の特徴（販売農作物部門），③立地，④誕生時の時代背景，⑤開設のきっかけ，⑥運営主体，⑦農協との連携という7つの観点・次元から検討を行う（表9－7）。

（1）共通項としての制度的位置づけと農業生産の特徴（①，②）

制度的位置づけと販売農作物部門は，両ふるさと村における共通点ということができる。制度的位置づけは，双方とも同じ横浜市のふるさと村事業であり，同一である。両計画における景観保全や施設整備の程度はほぼ同等である。谷戸という横浜近郊の原風景の残る集団農地をそのまま「ふるさと村」として整備した。もともとの農業生産も露地野菜が中心の都市近郊農業であった。近年の果樹部門への特化の傾向も類似している。

（2）立地条件と開設時の時代背景の違い（③，④）

立地条件については，舞岡地区の方がより都市部に近接し，人が集まりやすい好条件にある。非農家を含めた地区の人口についても，寺家は減少傾向であるのに対し，舞岡は増加傾向にあり，集客面での有利性は高まっている。ただし，利用者数の数字上の比較はできない。

開設時の時代背景は大きく異なる。ちょうどバブル期をはさんだ，1987年（寺家）から1997年（舞岡）の10年間に，社会における「農」に対する意識と農政は大きく転換した。寺家ふるさと村開設は当時の横浜市政のユニークさ，先進性によるものであったとすれば，舞岡ふるさと村は時代の追い風があった時期だといえる。

（3）社会・制度的持続可能性の違い（⑤，⑥，⑦）

立地条件や時代は，先天的あるいは外的な要素であり，地域づくりを規定する所与の条件である。一方，地域づくりをひとつのプロジェクトだと捉えれば，その「持続性」には，社会・制度的（socio-institutional）な持続可能性の側面があり，その発揮には，計画・実施のプロセスと住民や農民の主体的なかかわりが重要であり，これらは非所与の条件である（北野　2002，2004）。

両事例は地域農業の危機的状況が動機となったが，開設時の農家のかかわり・プロセスには違いがある。松尾（2005）によれば，地域づくりの熱意や取り組みが継承され制度化・持続化されるには，リーダー主導型からメンバー合意積み上げ型へのイニシアチブの引継ぎが必要であるという。寺家は，横浜市によって計画が打ち出されたケースである[12]。舞岡は，地域活性化・農業振興を望む地元農業者の要求が創設のきっかけとなり，地区指定，協議会の設立，直販開始，一括販売方式へと大手スーパーへの直納と活動が広がった。このような活動と地域との話し合いから，農業者の営農意欲や自立意識が醸成され，組織的な推進体制が必要だという認識が生まれた。

寺家における2つの組織の運営は，分断されており，連携はほとんどみられない。どちらがふるさと村の統括主体なのかも不明確である。舞岡の運営主体は明確であり，地元農業者によって構成された舞岡ふるさと村推進協議会が事業を統括する。協議会と各種組合・部会との連携が確保されている。協議会の母体は，開設前から積極的に参画し，主体となった地元農家であった。

舞岡ふるさと村では，開設以前から横浜南農協との連携がみられ，一括販売方式と呼ばれる生産・出荷体制が整えられていた。組織・活動の持続的発展のためには，農協等の地域組織を含めた確実で継続的な連携体制，すなわち「地域農業マネジメント」の存在が重要だと考えられる。この点，寺家ふるさと村では，当初，横浜北農協組合長が強く関与したが，舞岡のような有機的な連携という面は弱いといえる。

もっとも，両ふるさと村の規模や立地条件には若干の違いがみられることから，両事例のパフォーマンスをすべて「社会・制度的持続可能性」に帰することには慎重にならなければいけない。

7．おわりに

舞岡の優越性は，立地条件や時代以外にも，地元農業者の参画，創設前後からのコミットメント，組織間のネットワークというソフト面にもみられた。あえて表現すれば，寺家では，横浜市独自のゾーニング制度と市政における重点

項目としての緑農空間整備といった政策的要請と地元有力者による働きかけが先行し，結果として持続性を欠いた事業となった。舞岡では，市政上の位置づけ，ハード面の整備状況は寺家と同様だが，地元農家の参画とネットワーク化によるボトムアップ的な地域づくり・地域経営が展開されたと理解できる。

都市地域における農業の多面的機能の確保にとって，活力と持続性を備えた都市農業公園は有効な手段と考えられる。上記の比較検証から得られる含意は，「農民のコミットメントと参画」「ネットワーク」という内発的地域づくりにおける今日的な命題の重要性である。この枠組みを踏まえ，本章が提示した命題をさらに一般化するためには，今後の調査研究において，地域・組織内・個人間の交渉と合意形成の詳細な検証を行い，上記含意の深化を図る必要がある。

考えてみよう　[第9章]

1．横浜や神戸のような大都市に都市農村公園が必要な理由を挙げてみよう。
2．都市農村公園を設置する際，地権者との間にどのような問題が想定されるか考えてみよう。
3．行政主導と住民主導のそれぞれの公園でどのような違いがみられたか，そうなった理由も考えてみよう。

[注]
1) 農業専用地区制度創設の経緯は，港北ニュータウン区域内の農業を計画的に再編し，市政への提言を行う都市農業問題研究会（1968年）に始まる。その報告書『都市農業の計画』（都市農業問題研究会　1970）は，横浜市が施策の対象として追求する都市農業の概念を明らかにし，経過的都市農業を計画的都市農業と定義した。ニュータウン区域内で計画的都市農業を実現する場として農業専用地区制度を新設した（江成　1991：96-98）。
2) 現在は，①農業振興地域・農用地区域を中心に位置していること，②おおむね10ha以上のまとまった農地があること，③地域農業の発展が見込まれること，が農業専用地域の条件となっている（横浜市環境創造局　2000）。
3) 横浜ふるさと村の指定要件は，①農業振興地域であること，②良好な田園風景を長期にわたり保全する必要がある地域であること，③地域的なまとまりがあり，面積がおおむね100haの地域であること，である（横浜ふるさと村設置事業要綱）。

4）体験水田などのイベントや農産物直売を行う。田奈（緑区,青葉区），都岡（旭区），新治（緑区）の3地区がある。
5）前者は，地元の事業実施主体で1984年設立。当時，議員であり，寺家ふるさと村創設者A氏を組合長とした。地元農家約30軒で組織（神奈川新聞 2003）。後者は，横浜市が管理運営を委託している委員会で1987年設立。
6）筆者のヒアリングの際，四季の家スタッフは，寺家ふるさと村体験農業振興組合の状況について，ほとんど把握していなかった。
7）横浜市北部農政事務所からの聞き取りおよび情報提供に基づく。
8）園内には，田んぼ，雑木林，広場などの緑地の他，戸塚区品濃町にあった古民家「旧金子家住宅母屋」を移築，復元[6]。
9）筆者のヒアリングの際，虹の家スタッフは，地域の農業者の状況をよく把握しており，相互に連携を取っていることがうかがえた。
10）イベントにおける事業主体（農家）は，近年は，とくに利用者数を増加させようとは考えておらず，前年と同程度の人数の受け入れ目標としいているという（横浜市南部農政事務所聞き取り）。
11）横浜市南部農政事務所での聞き取りと情報提供に基づく。
12）ヒアリングからは，当時のA氏の強いリーダーシップがうかがわれた。

[引用文献]
[1] 青葉区町別世帯と人口（1997〜2006）各年度.
[2] 石田頼房（1990）：都市農業と土地利用計画，日本経済評論社.
[3] 江成卓史（1991）：横浜市における都市農業と自治体，田代洋一編，計画的都市農業への挑戦，日本経済評論社，pp.91-141.
[4] 神奈川新聞（2003）：都会で楽しむ農業体験，1月7日.
[5] 関東農政局（1987）：横浜市における都市農業の方向，関東農政局神奈川統計情報事務所横浜出張所.
[6] 北野収（2002）：プロセスとしての開発論―地域の発展を考える3つの次元―，開発学研究，13(2)，pp.47-56.
[7] 北野収（2004）：地域づくりにおける「参加」概念の検討，農村計画学会誌，23(3)，pp.237-246.
[8] 寺家ふるさと村四季の家（パンフレット），寺家ふるさと村四季の家管理運営委員会.

［9］寺家ふるさと村体験農業振興組合（1986）：寺家ふるさと村　横浜市寺家町（パンフレット），寺家ふるさと村体験農業振興組合．

［10］高木任之（2001）：新版　都市計画法を読みこなすコツ，学芸出版社．

［11］宅間淳・桑原考史・小口耕太郎（2003）：市域まるごと「農業公園」化による農業振興—長野県駒ヶ根市の取り組み—，現地農業情報・農，No.273，農政調査委員会，pp.2-49．

［12］田代洋一編（1991）：計画的都市農業への挑戦，日本経済評論社．

［13］都市農業問題研究会（1970）：都市農業の計画，都市農業問題研究会．

［14］戸塚区町別世帯と人口（1997 ～ 2006各年）

［15］農林水産省（1970，1972，1978，2001）：農業白書（食料・農業・農村白書），農林統計協会．

［16］農林水産省（2005）：都市と農村の交流について（グリーン・ツーリズムの展開方向），農林水産省農村振興局（平成17年3月）．

［17］農業センサス（1975 ～ 2005）．

［18］長谷山俊郎（2004）：私のコメント，荒川剛史ほか，農業公園の実態—株式会社ファームの事業展開を中心に—，現地農業情報・農，No.280，農政調査委員会，pp.46-48．

［19］松尾匡（2005）：第2章　湯布院・長浜のまちづくりの転換，松尾匡・西川芳昭・伊佐淳編著，市民参加のまちづくり（戦略編）—参加とリーダーシップ・自立とパートナーシップ—，創成社，pp.1-18．

［20］横浜市環境創造局（2000）：農業専用地区制度．

［21］横浜市緑政局（1990）：未来自然都市—『"農"のあるまちづくり』をめざす横浜の都市農業—，横浜市緑政局農政課．

［22］横浜市緑政局（1996）：横浜市農政概要1996，横浜市緑政局農政部．

［23］横浜ふるさと村設置事業要綱（1984）．

［参考ホームページ］※本文・図表・脚注では，片角カッコ付の番号で表示．

1］http://www.geocities.co.jp/NatureLand/3252/guide2.htm，都市農業研究（2006年6月13日）

2］http://www.city.yokohama.jp/me/kankyou/green/furusatomura/jike_index.html，寺家ふるさと村（2006年8月22日）

3］http://tochi.mlit.go.jp/tosinouti-katuyou/sigaika/tamen2-1-1.htm，都市農地活用

支援センター（2005年8月23日）

4］http://www.agriworld.or.jp/nitinoki/column/column_08/column0807/index.html，農業機械化広報（2006年11月8日）

5］http://www.maff.go.jp/soshiki/koukai/muratai/21j/matsuri/index.html，農林水産省（2006年11月15日）

6］http://www1.c3-net.ne.jp/nijinoie/index.htm，舞岡ふるさと村総合案内所「虹の家」（2006年10月30日）

7］http://www.city.yokohama.jp/me/kankyou/data/hamamidori/hamamidori30.html，横浜市環境創造局，よこはまの緑，環境創造局事業概要，緑の保全と創造の歩み（2006年6月13日）

第10章

ドッグランにみる行政・愛犬家・住民の関係性
――「共益」から「公益」の創出のシナリオ――

澤井麻樹子

1. はじめに

　犬は猫と並んで最も身近なペットであることに異論を挟む余地はないだろう。厚生労働省によれば，日本全体の犬の登録頭数は2005（平成17）年度末時点で実に657万6,487頭にのぼるという（厚生労働省　2006）。東京のように，住宅事情からして，必ずしもペットを飼育するのに十分なスペースがないところでも，ペット犬の数は着実に増加している。たとえば，動物愛護に関する条例が施行された1970（昭和55）～2002（平成14）年の間に，東京都の犬の登録頭数は，約21万5,000頭から約35万3,000頭へと164％も増加している。この間の人口増は106％であった（東京都　2004）。実際の犬の総数は登録されていない犬もいることから未知数である。犬の登録頭数の急増で狂犬病予防の強化や動物愛護に関するさまざまな法制度[1]や各都市での条例も整備されてきている。

　近年のペットブームにより，ペット産業の市場規模は拡大しつつある。ペット産業とは，動物の繁殖や飼育に関するものだけでなく，衣類を含むペット用品や飼い主のファッション，ペットに優しい自動車や自動車関連用品（ペット用車内マットなど）の販売，さらには，ペット可のマンション・住居等，ペットと飼い主の生活に広範にかかわるビジネスの総称である[2]。この背景には，ペットと飼い主である人間との関係の変化がある。しかし法制度の有無にかかわらず，飼い主の意識面において，マナーが十分に徹底されていない現状もある。これは，一般市民のみならず，愛犬家や犬にとっても不幸なことである。そこで，筆者が提唱したいのは「共生」というキーワードである。ここでは，生態

学的な共生概念ではなく,社会的文脈における共生を念頭においている。「共生」は「共存」とは違う。「共存」は2者以上のものが同じ社会的空間に存在している状態を指すのに対して,「共生」は2者以上の間により積極的な関係が形成されていることを念頭においた概念である。

こうしたなか,「ドッグラン」「ドッグパーク」と呼ばれる犬と人間のための公園や施設が増えてきている。これは,もともと,ニューヨークのマンハッタンで1980年代後半から90年代に市民の活動によって造られた犬の公園をモデルとしたものである(詳細は後述)。日本でも,公営,NPO法人,企業などさまざまな運営主体によるドッグランが開設され始めている。筆者は,ドッグランは単なる犬と飼い主の遊び場ではなく,人間と犬の真の「共生」を実現・普及していくために,大きな可能性を秘めていると考える。短期的には,ドッグランという「公共空間」(行政=公共という意味に限定しない)において,飼い主が,しつけやマナーに対する責任を改めて考え直す「場」となる可能性がある。中長期的な観点からは,飼い主以外の一般住民なども巻き込んだまちづくり,公共圏の形成におけるドッグランの可能性が期待される。

本章では,ニューヨークおよび東京圏の3つの事例を取り上げ,運営と利用の現状と課題を明らかにすることにより,地域における「共生」の実現に向けたドッグランの可能性と展望を考えていく。

2. ドッグランとは何か

(1) 定義と意義

ドッグランとはリードを付けず,犬を放して自由に遊ばせるスペース(高柳 2004:104)のことで,犬専用の遊び場である。海外においてはドッグパークと呼ぶことが多く,その他にもBark Park, Off-Leash Parkなどと呼ばれている[3]。

ドッグランは1990年前後に,ニューヨークのマンハッタンで生まれた。これは,畜犬係留法によって飼い犬の係留(つないでおくこと)が厳格に定められた

状況下において，飼い主と犬が自由に触れ合うことのできる場所を造ろうと一般市民も巻き込んだ働きかけによって実現した。最初の公式ドッグランはマンハッタンのイーストヴィレッジにあるトンプキンズスクエア公園である。「トンプキンズスクエアは最初に設置された公式ドッグランで，このドッグランは First Runと呼ばれている」(Friends of First Run ホームページ)。このドッグランは地域の治安回復に貢献しており，このことは後段で説明する。日本最初の公営ドッグランは横浜市青葉区の「あおばドッグラン」(2004年3月開設)で，市から委託されたＮＰＯ法人ドッグランネットワークPalsが運営している（横浜市青葉区総務部地域振興課　2005）。

　ドッグランは，犬の健全な学習と発達を促すことにより，周囲の犬を飼わない人々の意識を変えることも目的としている。子犬および成犬は走ることを必要としており，ドッグパークでは犬が走ることを許されていて，町中でのノーリードによる事故を防ぐ，さらに犬は飼い主以外の人々や犬と遊ぶことに慣れて，犬が苦手な人達に影響して皆がより社会的になる(AKC　2005：2-3)のである。これが「積極的」な目的だとすれば，やや「消極的」な目的もある。日本では，公園や河川敷において犬をノーリードにしている飼い主がみられるが，これは危険な行為である。これらの危険が物理的に回避されること，犬のしつけや排泄物の処理など飼い主のマナーが向上すること，飼い主同士の交流から情報交換や地域の防犯にも役立ち地域に密着したコミュニケーションの場となること，という効果もあるのである。

　しかしドッグランのすべてにおいてメリットがあるわけではなく，ドッグラン内での犬同士のけんかや，病気などの感染症の問題，人間への傷害事故，騒音問題，公衆衛生，ドッグラン近辺の違法駐車などのデメリットが生まれる可能性もある。

(2) ドッグランの種類[4)]

　ドッグランの種類は，運営主体（公営，営利，非営利），他の施設との併置の有無などによって分類することができる。さらに，会員制と非会員制といった区分，施設面では屋外型と屋内型といった分類がある（図10-1，図10-2）。

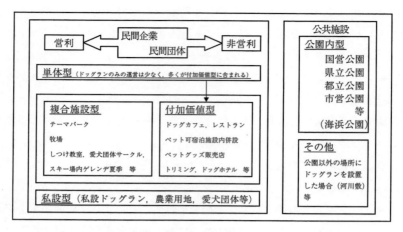

図10-1　運営主体とサービス面からみたドッグランの分類

出典：筆者作成

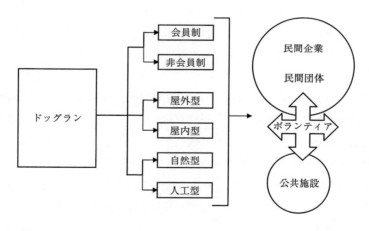

図10-2　環境・施設面からみたドッグランの分類

出典：筆者作成
注：自然型，人工型はドッグランの床材のことを示す。

日本では公共施設型のドッグランは少なく，例外として公共の土地を新たにドッグラン用地とした場合もあるが，国営，都道府県営，市営の公園に設置され，NPO法人，市民団体に運営が委託されているところが多い（昭和記念公園，駒

沢公園，横浜市営あおばドッグラン等）。

　民間団体のドッグランは会員制や有料のところが多いが，一般的に公営のものよりも施設は充実している。大きく分けると営利と非営利の施設があり，前者には，単体型，複合施設型，付加価値型，そして後者には，市民参加型とその他がある。営利施設の単体型は入場料や入園料，貸切料金などで収益を目指すものであるが，多くの場合グッズ販売などを行っていたので付加価値型にも入るといえる。ドッグラン単体だけでは事業が成り立たないのでカフェやトリミング，グッズ販売という付加価値を付けて経営を行っている。逆に，テーマパークや観光牧場などの複合施設の場合，ドッグランが付加価値部分として運営されている。最近多くみられるのは，付加価値型に属するペット可宿泊施設内併設型である。旅館，ペンション，コテージなどで犬も一緒に宿泊できる施設が近年増えており，さらに，ドッグランを併設することで宿泊者のニーズを満たしている。これは観光地やリゾート地に多く，飼い主が犬と一緒に出かけるというスタイルが確立されつつある。

　非営利施設の市民参加型では私設のものや市民（愛犬）団体によって造られるものがある。ＮＰＯ化されたものもある。その他には，公園以外の公共の場所にドッグランを設置した場合などが該当する。たとえば，東京都日野市の公営ドッグラン「わんパークひの」（後述）は国土交通省の認可を受けて河川敷にドッグランを設置した例である。

　環境・施設面では，屋外型と屋内型に分けられる。とくに，床材に関してはさまざまな材質がある。図10－2では，自然を生かした土，砂利，草，芝，ウッドチップ，森，林間，河川敷，川，雪などを「自然型」とし，人造物によるコンクリート，人工芝，タイル，ポリ塩化ビニル，ラバーマットなどを「人工型」に分類した。環境面の問題として排泄物の処理があるが，持ち帰り厳守の施設もあれば，ゴミ袋やゴミ箱が置かれているところもあり，施設によって異なる。どちらにしても飼い主は糞を拾うということは絶対条件である[5]。

（3）飼い主のマナーという問題

　人と犬とのかかわりの場であるドッグランは，狂犬病予防法，動物愛護管理

写真10-1　公園でのノーリードの様子
(都立小金井公園(東京都小金井市)にて筆者撮影,2005年2月)

法,そして自治体の条例が遵守されているという前提で成り立つものである。とくに,これらが守られていなければ,市民だけではなく,犬を含めた動物も数々の危険にさらされてしまう恐れがある。また,接種が義務化されていない混合ワクチン(犬ジステンパー,犬伝染性肝炎等)やフィラリア(糸状虫)をどうするかという問題もある。排泄物の処理やドッグラン施設外での犬のノーリード(写真10-1)という,飼い主のモラルやマナーに直結した問題もある。このほかにも,喧嘩ぐせのある犬や発情期の犬はトラブルになるので遊ばせないこと,きちんと呼び戻しができることなどの基本的なしつけがされた犬であること,感染症にかかっている犬は連れて行かないなど,「公共空間」を利用・共有する者が留意すべき諸点がある。

3. ニューヨーク・マンハッタンにおける「行政・住民協働」型ドッグランの事例

(1) 概況

マンハッタン(Manhattan)はアメリカ合衆国の北東部,ニューヨーク州南東

部に位置する島で，ニューヨーク市の中枢をなす地域である。一般にニューヨークというとマンハッタン区を指すことが多い。人口は約160万人（ニューヨーク市全体では約700万人）である。2003年時点でのニューヨーク市衛生局への犬の登録件数は10万2,004件でこの登録数は実際犬を飼っている人口全体の20％に満たない（ニューヨーク生活プレス社 2004）。マンハッタンには，2005年時点で，会員制を含めてドッグランが約30か所，ドッグラン以外にオフリーシュ（ノーリードとほぼ同意）でも可能な時間帯を設けた公園が約10か所存在する。愛犬家にとっては非常に自由な環境のように思われるが，実際には厳格な罰則規定があり，秩序が維持されている。たとえば，指定時間外のノーリードの散歩は50ドル，排泄物の放置は最高1,000ドルの罰金が課せられる。

このマンハッタンで，民間の会員制ドッグラン施設[6]の設置を契機として，市民のドッグランへの認識が高まり，運動の結果，当時治安の悪い地区であったトンプキンズスクエア公園にニューヨーク市公認の最初のドッグラン（事実上ドッグラン発祥の地）が開設されたのである。

（2）市民運動と公的なドッグランの誕生

1）背景と意義

トンプキンズスクエア公園はイーストヴィレッジ近くにあり10.5エーカー（42,000㎡）の公園である。名前は1800年代のモンロー大統領時代のダニエル・トンプキンズ副大統領に由来する。1980年代の中頃はこの地域は犯罪の多発地帯で，外出禁止令が出るほど治安の悪い地域であった。1988年には，警察が公園の美化を理由にホームレスなどの公園を占拠している人々を退去させようとした際に暴動が起こり，44人が負傷した。

治安の悪い地域であっても，市民と犬が集まり，安全で気楽に利用できるドッグランが欲しいとイーストヴィレッジの住民が働きかけを行った。もともとノーリードや糞の放置が問題となっていたこともあり，市当局によって，フェンスなどの整備が行われた。市当局は「公園を管理するのはコミュニティであって行政ではない」という立場を採った。これにより，市民側の関心はさらに高まり，寄付金集め，ボランティア団体（Friends of First Run）の設立，コミュ

ニティぐるみでの治安回復への努力が進んだ。公式には1990年トンプキンズスクエア公園にニューヨーク市公認のドッグランが設置されることとなった。入会金も年会費もないこのドッグランはFirst Runの愛称で呼ばれている。

　First Runの意義は，初の無料ドッグランであるという愛犬家にとっての便益だけでなく，治安の悪化のまま放置されていた公園の再開発でドッグランを公園内に設置したことは，一般市民の憩いの場としてよみがえる一つの契機となったという「公益」にあるといえる。つまり，コミュニティづくりにおける評価である。現在，First Runの運営は確立されており，ニューヨーク市公園部と市民団体の協力によって行われている（兵藤　1995；Downey and Lau　2002；Sheridan 2005）。これがモデルとなり，公園を利用した公設ドッグランが普及し始めるのである。

2）施設と運営

　朝6時から夜中0時まで利用が可能である。広さはニューヨークで最も広く，小型犬用と大型犬用のスペースがフェンスで仕切られている。地面にウッドチップが敷き詰められているが，雨の日やその翌日は水溜りができ，水はけに時間がかかるようである。中心には掲示板があり，掃除の日程やボランティアの募集，地域への呼びかけなど飼い主への情報が掲示されている（Downey and Lau　2002；Sheridan 2005）。ドッグラン部分は，犬を連れている者だけが入ることができる（写真10-2）。

写真10-2　トンプキンズスクエアのFirst Runの様子
（筆者撮影，2006年6月）

運営はFriends of First Runが行っており，主に定例の清掃活動，イベント，トレーナーを招いてのトレーニングなどを行っている。運営に関して当初，市が維持費を出していたが,現在では飼い主たちの間で自主的に委員会を結成し，当番制にして，ドッグランをすべてボランティアが管理している。ドッグランの清掃は飼い主達が月1度行い，石灰や木片の代金も飼い主たちが自主的に出している（兵藤　1995：11-19）。Friends of First Runはボランティア団体であり，コミュニティによって確立され,市民や企業の寄付金を通じて維持されている。とくに10月のハロウィンパーティーは犬の仮装に賞が設けられており，毎年400頭以上の犬達が仮装してイベントに参加することで有名である。ドッグラン内では共同でドッグランの整備を行い違反があれば利用者に一般的な注意を促す。さらにThe Scoopと呼ばれる毎月のニュースレターを発行して，避妊，去勢手術，犬の飼い方，扱い方，捨てられる犬に関するワークショップなどの情報やマナー向上に関する情報を発信している（Downey and Lau 2002；Sheridan 2005）。

3）最先端のドッグラン構想

　First Run は進化を続けている。2006年6月27日，ニューヨーク市公園部は，予算150,000ドルで改修することを発表した。このプロジェクトはニューヨークのドッグランで最大の修復であり，各地のドッグラン設計のための最先端モデルとなることが期待されている。ドッグランの設計に関する科学的な研究のために，ニューヨーク市とコミュニティの協力によって行われる。コミュニティがプロジェクトのために50,000ドルを集め，公園設計はBradley Romakerによって行われる予定である（2006年6月の筆者の現地訪問時点）。素材面では，犬の足腰に優しいオーガニック素材を使用する。これは，公園の乾きを潤すために地下排水の9〜18インチ上にニレの木を置くものである。ゼオライトで作られた新しい表面が全体を覆うが，これもオーガニック素材であるので，万が一，犬の口に入っても問題はない。犬の足に優しく，消臭効果がある自然の酸化防止剤として機能する。さらに，照明とベンチの移動，車椅子でのアクセス向上，周囲のフェンスと低木の修復，ドッグラン中心部のチューリップ植え付

け，小型犬用と大型犬用の個別の出入り口，水道と犬のプールの設置が盛り込まれている。

(3) まとめ

　トンプキンズスクエア公園First Runの事例に，行政と住民の協働によるコミュニティ密着型のドッグランの典型例をみることができる。その背後には，罰則規定を伴う厳格なルールの運用がある。愛犬家と市民から始まったこの活動がきっかけとなって，現在ではアメリカ全土でドッグランが根付いている。ドッグランは犬仲間を中心としたコミュニティ形成の「場」を提供する。ブルックリン在住のラマンツ氏は，筆者にドッグランは飼い主の出会いの場でもあると語った。実際，筆者がラマンツ氏と彼女の愛犬イチローとともに，マンハッタンのリバーサイドパークやユニオンスクエアのドッグランに行った際，このことは実感できた。そこでは初対面であっても，飼い主同士が挨拶をしていた。気軽に話しかけてきてくれる人も多かった。アメリカ人の国民性やニューヨーカーの気質もあるかもしれないが，愛犬家のモラルと意識，そしてコミュニティの重要性を感じざるをえなかった。

4．東京近郊の3事例にみるドッグランの現状

(1) 国営公園に開設された「棲み分け」型ドッグランの事例[7]

1) 公園の概要と誕生の経緯

　埼玉県比企郡滑川町と大里郡江南町，熊谷市にまたがる国営武蔵丘陵森林公園は，国の明治百年記念事業の一つとして1968年に計画決定され，1974年に日本で最初につくられた国営公園である。南北4km，東西に1km，面積304haである。利用者は年間約80万人である（公園緑地管理財団武蔵管理センター　2002：66)。公園整備の基本理念は，国民各層が四季を通じて利用できる公園であること，森林公園としてふさわしい環境を保持しながら，屋外レクリエーションの施設を考慮すること，現存の地形および植生を十分に考慮するとともに池沼

は原則として改造を行わないこと，現存する文化財を原則として保存すること，来園者の自動車は園内を通さない形態とすること，公園施設については，都市公園法に準拠すること，の6つである（国営武蔵丘陵森林公園　2006）。

同公園では，従来より，入園にあたって園内ではリードを付ける，糞の始末は必ず行う等のルールを守ることを条件として国営公園内へのペット連れの利用客を歓迎していた。しかし，ペット同伴の利用者が増加するにつれ，園内でのノーリード，糞の放置などの問題が顕在化しはじめ，苦情が多く寄せられるようになった。公園側としては，一般市民，愛犬家の双方が気持ちよく公園を利用できるように，両者の棲み分けの施設として，2001（平成13）年2月にドッグランが設置された。国営公園で初めてとなるドッグランである。

2）施設概要と利用状況

ドッグランの設置に伴ってペット同伴での入園については，入園の際に各入口において公園利用にあたっての規約の説明をしたうえで，誓約書の記入を条件とし入園を認めている。オープン当初はドッグランというものが周知されていなかったため，案内や利用方法の指導を行う指導員を5か月間配置したが，現在ではリピーターが増え，利用者同士でルール確認ができるようになったこと，人的配置が難しいことなどの理由から巡視員による巡回を1日2回行っている（利用者の多いときは巡回数を増やして対応）。また緊急時に備えて管理事務所直通の内線電話を設置，利用案内看板による利用マナーについての指導を行っている（公園緑地管理財団武蔵管理センター　2002：67）。施設の概要とプログラム等を表10－1にまとめた。

利用状況は，ドッグランのみでの利用頭数は，平日平均40頭（2001年3～5月），休日の平均は103頭である。夏場は暑さのため，ドッグランの利用は通常の3割程度となり，季節で変動がみられる。公園全体の犬同伴者の利用は，ドッグランオープン前の1年間は4,964頭だったが，オープン後の1年間は21,413頭と4倍になった。ドッグラン設置後その他の犬関連施設にも影響がみられ，それまではレストランや売店など飲食物を扱う施設へのペットの出入りを断っていたが，最近の同伴利用者の増加に伴いこれらの施設の利用を望む声が多数寄せ

表10-1 武蔵丘陵森林公園のドッグランの概要と昭和記念公園との比較

	国営武蔵丘陵森林公園	国営昭和記念公園（参考）
オープン	2001（平成13）年2月	2003（平成15）年5月
面積	フリーエリア：2,500㎡ 小型犬専用エリア：1,400㎡ 休憩スペース：1,200㎡	一般エリア：1,700㎡ 小型犬専用エリア：800㎡ 休憩スペースその他：5,500㎡
アジリティー（犬の遊具）	フリーエリア5基 小型犬専用エリア3基	一般エリア：2基 小型犬専用エリア11基
現地係員	なし	あり（わんわんスタッフ，土日祝日バイト）
緊急時	内線電話	内線PHS
利用頭数	2001年3月～5月の平均40頭，休日平均：103頭 日最大数272頭，624人（5月5日）	オープン後の15日間の1日平均176頭，平日平均69頭，土曜日平均257頭，日曜平均716頭 日最大数:841頭，1,472人（5月18日）
公園全体犬利用	オープン前：年間4,964頭 オープン後：年間21,423頭	NA NA
ドッグトイレ	園内に18か所（各入口，および北口からドッグランまでの間に300m間隔で5基）	ドッグランアプローチに1か所
しつけ教室	毎月2回実施（訓練士を講師とし，コミュニケーションの取り方，「すわれ」「まて」等の初歩的な指導）	なし
常連カード	愛犬の写真を表示したメンバーシップカードを1枚1,500円，有効期限10年で発行。誓約書の記入を免除。	なし
運営体制	管理スタッフの常駐はなく，巡視員による巡回を1日5～6回実施。内線電話の設置，利用案内看板の設置を行っている。利用にあたっての規約の説明や，誓約書の記入は公園各入り口で対応しているが，予防注射の接種等の確認については利用者の責任とし，とくに行ってはいない。	運営はボランティアスタッフにより管理されており，ドッグラン入り口にはスタッフルームがあり，利用者へ注意事項の記載された誓約書に記入して，怪我や犬同士の事故等，自己責任において利用することに了承後利用する。
その他	糞の放置やノーリードは徐々に減少	NA

出典：公園緑地管理財団業務企画課（2005）をもとに筆者作成
注：「NA」は関係する情報を入手できなかったことを示す。

られるようになり，レストランでは屋外のテーブルの側に犬をつないで食事ができる「愛犬コーナー」を作るとともに，売店やトイレの脇にも「犬停め」が設置されるようになった（公園緑地管理財団武蔵管理センター 2002：66-67）。

表10-2 犬連れでの国営公園の利用状況（2004年度）

月	国営武蔵丘陵森林公園	国営昭和記念公園
4月	7,554	-
5月	8,641	4,509
6月	3,113	4,938
7月	2,995	3,523
8月	2,912	3,324
9月	5,107	5,423
10月	6,527	9,001
11月	5,630	6,244
12月	1,545	4,023
1月	2,941	5,116
2月	3,127	6,131
3月	6,743	4,840
合計	56,835	57,072

出典：公園緑地管理財団業務企画課（2005）
注：武蔵丘陵公園は犬連れで入場した数，昭和記念公園はドッグラン利用者数

　後発で，かつ立地的にはるかにめぐまれた国営昭和記念公園（東京都立川市）と比較しても，利用者数に大きな差はなく，施設の広さ，抜群の環境が愛犬家を引き寄せているといえる（表10-2）。自宅から公園までの交通費，さらに入場料と駐車場料金がかかるわけだが，これらの費用を払っても優れた環境を提供すれば愛犬家達はそこへ行くのである[8]。

3）棲み分け効果としてのマナー改善

　公園側はドッグラン設置によって，マナー違反行為の減少に期待していた。実際，誓約書や利用規約，月2回の基本的なしつけ教室などもあり，飼い主のマナー向上がみられる。とくに改善されたのが排泄である。糞については，入園の際「必ず飼い主が責任を持って始末をすること」をお願いした結果，かなりの改善がみられたほか，尿についてはマーキング，排尿ともに決まった場所で済ませてもらうために「ドッグトイレ」をドッグランまでの道程に300m間隔で5基設置した。さらに，犬同伴での利用者に，公園利用方法の改善と飼い主のマナー向上を呼びかけることを目的として，愛犬の写真を掲載したメンバーシップカード「フェローシップカード」（1枚1,500円，有効期限10年）を導入し

た。これにより，リピーターとして，犬同伴で公園を利用する際,「ペット同伴の誓約書」を書く手間が省けるとともに，マナーの向上の周知と継続に効果

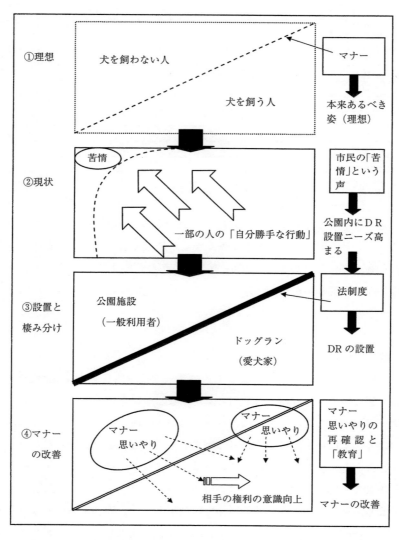

図10-3　公営公園内DR設置による「棲み分け」と意識向上の模式図

がみられるという（公園緑地管理財団武蔵管理センター 2002：68）。

4）小括

　国営武蔵丘陵森林公園のドッグラン設置を通じた，「棲み分け」イメージを図10-3に示した。国営公園という公共空間としてのオープンスペースに，犬を放すことができない場所とできる場所のゾーニングを行い，①愛犬家のマナー改善と一般利用客への思いやりの啓発，②一般利用客と愛犬家との公園内でのコンフリクトの予防・減少・関係改善，という図式を想定することができた。結果的に犬連れでの入場者は大幅に増加することになった。

(2) 東京都日野市の「行政（自治体）主導」型ドッグランの事例[9]

1) 都内初の市営ドッグラン

　日野市は東京都のほぼ中央（島嶼部を除く）に位置し，「東京のへそ」ともいわれている。市北部には多摩川が，中央部には浅川が流れ，南部はゆるやかな丘陵地となっている。余談だが，市の外郭（市境）は犬の横顔に類似している（図10-4）。

　日野市は市民の要求により，2005年10月1日に東京都で初となる市営ドッグラン「わんパークひの」を開設した。運営はボランティア団体が行っている。市のドッグランの説明文をみると，いくつかの興味深いことが分かる。

　「飼い主さんにとって犬は大切なパートナーです。そんな犬たちが，この街で楽しく暮らせる環境を守り，創ってあげることは，パートナーであり主人である飼い主さんの責任によるところが大きいです。街角に放置された糞，やたらと吠える犬，公園などでの犬の放し飼いなどは，犬への嫌悪感を増長させ，犬には責任がないにもかかわらず，犬を飼う環境を狭めることにもなります。平成16年度末の市内の犬の登録数は6,431頭です。年々増加の傾向です。犬は『家族の一員』『パートナー』という位置づけとともに，コミュニケーションによる『情操教育』や，『アニマルセラピー』もいわれているところです。日野市では，飼い主さんとともに『人と犬の共生社会』を創っていこうという事から，

図10-4　市の市境と犬の横顔

出典：日野市（2006年）

都内で初の自治体公設のドッグランの建設を行いました。今後，このドッグランが人と人，犬と犬，そして人と犬の交流の場として，また，ルールとマナーアップの向上を図り，人にとっても犬にとっても暮らしやすい環境醸成の発信基地になっていくことを願っています。」（日野市環境共生部環境保全課・緑と清流課　2006）

　ここで注目すべきことは，第1に，理念として，「共生社会」という言葉が明確に使用されていることである。第2に，街中での飼い主のマナーの問題が一般住民の犬への「嫌悪感」を増大させており，その責任は飼い主にあると明言していることである。第3は，飼い主および犬の「教育」の場が必要だという認識である。

2）ドッグラン開設の背景

　ドッグラン開設の背景について，もう少し詳細にみてみる。開設以前に，日野市には，市内の企業が自社の敷地を自社の利用者限定のサービスとして，犬を放して遊ばせるスペースを開放するという事実上の（会員制）ドッグランが存在していた。当時，すでに公園でのノーリードの問題などから市には多くの苦情が寄せられていた。市の担当者が，ある愛犬家に電話で話を聞いたところ，

「愛犬家は運動が少ないと犬にストレスがかかってよくない。(中略)(こういう環境でも)飼ってしまったのだから仕方がないので，ドッグランを是非作って欲しい」という話であった。その後，この愛犬家だけでなく，企業の敷地の利用者らを含む市内の愛犬家たちによって，2つの団体が組織され，結果的に4,884名の署名とともに，市に請願書が提出された(2004年5月27日)。

　提出後，市が主催する「犬の飼い方教室」が開催されたが，これは請願者たちの手伝いによる協働の第一歩であった。幅広い活動が行われ，犬を散歩させながらマナーやルールの向上を目指してごみ拾いを行いデモンストレーションで市民にアピールをする「わんわん行進」，新撰組フェスタという市の催事場のメイン会場を1日だけ犬に開放し，フリスビーを利用したショーを行った「ドッグフリーデー」，日野市健康フォーラムの行事として市役所に隣接する日野中央公園にて1日限定のドッグランを開き，市民にドッグランというものを知ってもらう「1日体験ドッグラン」などの活動が定期的に行われた。ドッグランという概念を地域住民に広めるとともに，飼い主のマナー向上に努めたのである。

3)急ピッチで進んだドッグラン開設

　用地は，早い段階から，国土交通省から日野市が公園用地として借用していた土地に絞られた。当該用地が，①河川と道路に挟まれており隣接する住宅がない，②市のほぼ中央に位置する，③駐車場スペースが多くとれる，④もともと公園用地であった，などの好条件を備えていたからである。

　付近には2つの自治会が存在するが，地域住民への説明は自治会を通じて行われた。自治会役員に話はすでに伝えられていたが，助役が集会で説明を行い，承認された[10]。もっとも，皆が賛成したわけではない，病気の蔓延を理由にドッグラン建設を反対していたのは獣医師会である。結果的には，市民の声に押されて賛成ということになった。2005年3月28日に市の予算案が可決され，市と国土交通省河川事務所との話し合いの末，使用許可が下りた。

　ドッグランの設計は，国営昭和記念公園，千葉県のいくつかのドッグランを参考に，日野市と地元自治会，日野愛犬クラブなどとの協力により進められた。

環境への配慮と工事費の軽減を考慮して，再生利用土を使用し，ベンチには撤去品や伐採木を利用した。工事中は，ドッグランの運営ボランティアへの説明会や打ち合わせ会を実施して，ボランティアの参加を呼びかけた。最終的に，国土交通省と日野市の竣工検査を経て完成した。

　開設までの流れを表10－3，施設概要を表10－4と図10－5に示した。市に請願書が提出された後，ドッグラン開設まで1年半という短期間であったことが注目される。合意形成が比較的スムーズに進められた背後には，愛犬家と一般市民との橋渡しを積極的に行った「キーパーソン」ともいうべき人物が，行政内部にいたということがあげられる。上記でみた助役，（筆者がヒアリングを行った）担当者，さらに自身が愛犬家である担当課長の3人である。

4）ドッグランの現状と利用者教育

　オープン1年後時点の情報では，大きなトラブルや苦情は出ていないという。

　当初，獣医師会が懸念した公衆衛生に関するトラブルについても，民家が隣接していないことから，市内の他地域と比べても非常に少ない（ヒアリング時点では，苦情は1年間で2件のみ）。この理由は飼い主のマナーが向上したためである。犬の公衆衛生は個人の責任に帰属する問題であるので，市側としては，最初はハードルを低くセッティングして，愛犬家の関心をボランティアへの参加やマナー意識向上といったソフトな部分へと向けるようにした。

　今までに，ドッグラン内での大きなトラブルは3件程で，犬同士の喧嘩を止めようとした際，飼い主が怪我をしたものであり，人への咬傷事故はないとのことである。犬同士の喧嘩の理由に，ドッグラン内へのボールの持込みがある。他の利用者がいないときは問題ないが，他の犬がいるときは取り合いになるからである。こうしたトラブルを防止するために，運営ボランティアは初めてきた人にドッグランの利用方法を教えたり，入場者数を数えたりするほか，マナーの向上を目的にドッグランの見回りをしている。トラブルが少ないのは，開設後1年3か月間は，ボランティアが常駐して，利用者にトイレをしたら水をかける，犬の挨拶のしかた，基本的なルールとマナーを伝えたためである。その後は，常連になった飼い主がボランティアの役割を引継ぎ，初めて利用する

表10-3 ドッグラン建設までの経過

2004年5月27日	日野市議会に2団体4,884名によるドッグランの設置を求める請願書が提出される
5月30日	市主催の「犬の飼い方教室」の受付等を請願者団体が手伝い
6月18日	市議会でドッグラン設置の請願を全会一致で採択
6月20日	ドッグラン建設地の選定作業開始
6月22日	請願2団体の有志により，日野愛犬クラブが結成
6月27日	第1回日野愛犬クラブ主催による，犬の同伴しつけ教室を開催
7月25日	犬の糞やごみを拾いながら犬を散歩させ，マナー・ルールの向上をデモンストレーションする第1回クリーンアップdeわんわん行進を浅川ふれあい橋～高幡橋間で実施
8月19日	浦安ドッグラン視察
9月19日	第2回日野愛犬クラブ主催しつけ教室
10月2日	新撰組フェスタin日野メーン会場のドッグフリーデーとフライングディスクドッグショーを日野愛犬クラブが支援
10月22日	国営昭和記念公園ドッグランを視察
11月13日	第2回クリーンアップdeわんわん行進を浅川左岸の高幡橋～一番橋間で実施
11月	ドッグラン建設予定地隣接自治会（川辺堀之内自治会）と協議
12月2日	ドッグラン建設予定地隣接自治会（上田自治会）と協議
12月19日	日野市健康フォーラムの行事として日野中央公園にて1日体験ドッグランを開催
2005年3月1日	ドッグラン工事等関連予算を盛り込んだ平成17年度予算案を議会に上程
3月28日	平成17年度予算案が可決
4月23日	第3回クリーンアップdeわんわん行進を浅川右岸の高幡橋～一番橋間で実施
5月15日	第3回日野愛犬クラブ主催しつけ教室
5月20日	国土交通省関東地方整備局へ河川法に基づく施設設置の使用申請
6月22日	河川法に基づく施設設置の使用許可が下りる
6月25日	国営昭和記念公園ドッグランで視察とボランティア講習会を実施
8月1日	ドッグラン工事の着工
8月27日	ドッグランボランティア説明会を開催
9月10日	ドッグランボランティア打合わせ会を実施
9月15日	ドッグラン工事竣工
9月28日	国土交通省によるドッグラン竣工検査
9月29日	日野市ドッグラン竣工検査
10月1日	日野市営ドッグランオープン

出典：日野市環境共生部環境保全課・緑と清流課（2006）をもとに筆者作成
注：川辺堀之内自治会との協議の日程は不明

表10-4　日野市ドッグラン施設概要

1. ドッグラン施設

面積	小型犬専用エリア	約448㎡
	フリーエリア	約800㎡
	計	約1,248㎡
	駐車場等	約880㎡
整備施設	フェンス	高さ1.5m－約32m 高さ1.8m－約148m
	パーゴラ	1基（フリーエリア内）
	犬のトイレ	各1基（計2基）
	水飲み場	各1か所
	その他	案内所，トイレ（広場兼用），駐車場，ベンチ，注意書き看板，植栽，雨水浸透枡

2. 広場

面積	広場	約1,303㎡
	小広場	約175㎡
	計	約1,478㎡
整備施設	パーゴラ，ベンチ，防災備蓄倉庫	

出典：日野市環境共生部環境保全課・緑と清流課（2006）をもとに筆者作成
注：パーゴラとは庭や軒先に木材などで組んだ棚。ヘチマやぶどうの棚に用いられる。

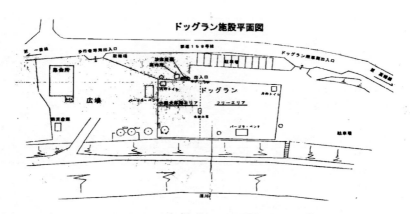

図10-5　日野市営ドッグラン施設平面図

出典：日野市環境共生部環境保全課・緑と清流課（2006）

人にルールとマナーを伝えるようになったのである。

　利用規約に日野市に畜犬登録をしていない犬は入場できないとあるが，実際には他市からの利用者も少なくない。駐車場が拡張され40台分のスペースがあるため，とくに他市からの利用者を排除することはしていない。他市からの利用者がここで常連となり，自分たちの地域の愛犬家にマナーやルールを教えることができる「先生」役を担うことになれば，社会全体の「公益」に寄与することができるからだという。

5）小括

　日野市市営ドッグランは，①発端は愛犬家側からの要求であったが，②合意形成の前段においては市民と行政とが協働し，後段の近隣住民とのやりとりは行政主導となり，③設置後は愛犬家主導へと変化した事例である。ここでのポイントは2つある。第1は愛犬家と行政の理想的な連携である。第2は行政主導による愛犬家への教育・啓蒙とその制度化である。

（3）「国立にドッグランを作る会」の活動と「共存」の困難性

1）概況と市当局の見解

　東京西部の国立(くにたち)市は一橋大学を擁する文京都市・学園都市として知られる。2006年現在，同市では，ドッグランの設置を希望する愛犬家団体「国立にドッグランを作る会」（以下「作る会」），市当局，一般市民との間で，話し合いが行われている。筆者は市在住の愛犬家として，この活動にボランティアとしてかかわっている。以下，行政との懇談の記録を手がかりに，市街地にドッグランを作るための合意形成の困難性について考えてみる[11]。

　2006（平成18）年9月22日の市議会において，741名の署名を受けて，ドッグランの陳情が審議に付され，施設，運営形態，事業費，入場料などについて，答弁が行われた。採決の結果は，継続審査少数，趣旨採択少数，採択多数により，陳情は採択すべきものと決定され，市長へ送付された（国立市議会議事録2007）。陳情は採択されたものの，具体的な内容に触れていないことは市民との合意形成に致命的であった。委員の間では，公衆衛生，場所，飼い主のマナ

一などについて，議論が錯綜していた。

その後，筆者は，市の環境部長，環境保全課長，市議会議員2名と意見交換をする機会を得たが，①たとえ公園であっても，苦情等により街中では厳しい状況，②すでに公園を利用している人々（高齢者のゲートボール，子供連れなど）の理解を得ることには悲観的にならざるをえないこと，③近隣の日野市の場合は，用地面で非常に恵まれていたので状況が違うこと，等が市側の現状認識であった。

2）「作る会」の活動

「作る会」は糞などの清掃活動やメールマガジン（わんわん通信）を通じて，市内の愛犬家にマナー向上を訴えるボランティア団体である。国立市中西部にある矢川上公園に集まる愛犬家らによって2006年7月に始まり，前記でみた市内の愛犬家らによる陳情を受けて結成された。2007年1月に会の役員が正式決定した。メンバーは15人である（2008年4月現在）。現在，国立市ごみ減量課の清掃ボランティアに月2回参加し，半年に25,000円の助成金をもらっている。これにより，運営資金に補充するとともに，赤いユニフォームを着て清掃活動を行うため，一般市民へのアピールにもなる（写真10-3）。毎月11日（わんわんの日），22日（にゃんにゃんの日）に清掃活動が行われている。ただし，清掃場所

写真10-3　活動の様子

出典：国立にドッグランを作る会

は市によって指定されるため，犬の立ち入りが許可されていない区域の清掃をしなくてはならないことも少なくなく，単なる「清掃ボランティア」と誤解されてしまうというジレンマもある。もちろん，単に犬の糞だけを拾うのではなく，吸殻や空き缶，ペットボトルなど通常のゴミ拾い活動が中心である。このほか,しつけ教室も実施した。メンバーの募集に関しては，無理に勧誘しない，ペット関係のお店や施設にポスターを貼らせてもらう，お散歩仲間（コミュニティ形成）などを重視している。こうした地道な活動の傍ら，市当局との交渉を続けているが，なかなか打開策を見出せない閉塞状況にある。

3）小括

ドッグランをもたない自治体の愛犬家らによって「作る会」というボランティア団体が結成された。現時点では活動が始まってから日が浅いため性急なコメントは控えなければならないが，きわめてスムーズに事が展開した日野市の事例との比較においては，難航していると言わざるをえない面がある。市民運動で何かを動かす場合，きれいごとを言っているだけでは前に進んでいかない（図10-6）。少なくとも，現状では「共生」どころか「共存」のための第一歩のハードルも高いといえる。こういったことは国立市だけではなく，限られた「オープンスペース」利用における競合という問題ともあいまって，市街地ならどこでも起こりうることなのである。

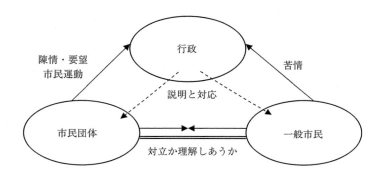

図10-6　市民運動における市民と行政の関係

5．考察

(1) 4つの事例の比較

　ニューヨークを含む4つの事例における合意形成の過程を図10-7に模式化した。

　ニューヨーク（First Run）は，市民運動により行政・市民・愛犬家の共存・共生に成功した例である。市民運動が行政に働きかけ，その後，市民によってドッグランが運営されている。愛犬家との関係も良好である。とりあえず，ここでは「共生」の一つの事例として位置づけておく。

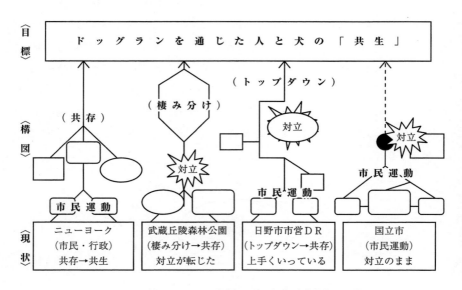

図10-7　ドッグラン設置に至る合意形成過程の比較

出典：筆者作成
注：行政・愛犬家・一般市民は以下のとおり描き分けてある。

国営公園（国営武蔵丘陵森林公園）の事例は，多くの苦情から一般利用者と愛犬家をドッグランという施設によって棲み分けを行い，苦情を減らしマナーアップを目指した事例である。苦情という消極的な事態が発端となり，公園内での「棲み分け」の手段としてのドッグランが設置された。しかし，その「棲み分け」により，マナー向上という積極的な成果を生み出した。ただし，この成果は，通常の生活空間とは異なった公園という限定された場所においてのみ共有される。ここでは，公園内の「共存」の一つの事例として位置づける。

日野市では，市民・行政協働と行政主導のバランスを図りながら，生活空間に隣接した地区における「棲み分け」を達成することができた。地域における「共存」の一つの事例として位置づけることができる。

国立市では，日野市と異なり，行政によるトップダウン型の方法を用いず，「作る会」が，行政と市民同士による話し合いの積み重ねというボトムアップ型の方法でドッグランの設置を目指している。しかし，生活空間である地域内部におけるドッグラン設置のための市民運動の合意形成の難しさが認識された。すなわち，生活空間における「共存」の場を作るだけでも，容易ではないということである。

（2）私益・共益・公益という視点からみた共存と共生の分水嶺

「共存」と「共生」の分水嶺は何であろうか。このことを公益性，便益の分配という観点から検討してみる。ドッグラン設置をめぐる合意形成はゴミ処理場の建設をめぐる対立にも似ている。ゴミ処理場は人間の生活に不可欠なことは誰もが知っているが，誰も自分の生活空間の中や近くにそれを設置することは望まない。しかし，ゴミ処理場と異なるのは，ドッグランは第一義的には「愛犬家と犬のため」の場であり，その「公益性」はゴミ処理場よりも低いと，一般には理解される。その便益（メリット）は愛犬家と犬に還元される一方，一般住民には，糞の放置や近隣の渋滞などの費用から（デメリット）のみが感じられ，直接的な便益は感じられない場合が多いからである。

マクロ的には，ゴミ処理場には「ゴミ処理」という公共的な便益がある。では，ドッグランに一般住民にも還元できるより「公益的」な便益を期待するこ

とはできるのか。「共存」から「共生」へと発展するには，このことがキーポイントになるはずである。

国営武蔵丘陵森林公園の場合，苦情が多発したことで，公園内の一般利用者と愛犬家を「棲み分ける」というニーズからドッグランが開設され，集客数の増加と，マナーの改善と向上という一石二鳥という結果になったが，あくまでもこれは「棲み分け」であり，ドッグラン以外のスペースで一般利用者が犬の糞などに悩まされないということは，「本来あるべきこと」であり，積極的な便益とはいえない。ここでは「消極的便益」と呼んでおく。また，武蔵公園の場合，あくまでも国営公園という生活の場とは切り離された「特殊な空間」であることから，「消極的便益」だけで済まされてしまうのである。いったん公園という特殊な環境における棲み分けが実現されれば，その後，「積極的便益」は要求されることはない。

日野市の場合も，市民と行政の協働での活動から，最終的には行政の強いイニシアチブが発動された。しかし，マナー面で比較的問題が少ないことから，「消極的便益」状態にあるといえる。日野市の事例は国営公園とは異なり，生活空間に隣接しているところが決定的に異なる。この事例から「積極的便益」が生み出されるかどうかは，今後注視していくべきポイントである。

市街化の進んだ国立の場合，まさに生活空間であるがゆえに，場所の選定の困難，福祉，環境等の他の生活関連施策との競合という局面に立たされている。この場合，反対する一般住民の目には「ドッグランは単なる愛犬家のための施設」として映るわけで，「犬とのふれあいの場所が欲しいといった，自分達の利益（「私益」あるいは愛犬家の「共益」）のためにより公共性の高い分野（福祉，教育，環境など）を犠牲にするのか」という二者択一論的な議論に陥っている。

6．おわりに―「共生」実現のためのシナリオ

私たちは，ニューヨークの事例のなかに，「共生」に必要な条件を見出すことができる。まず，ドッグランが存在することでの「積極的便益」という観点から，トンプキンズスクエア公園のFirst Runについて考えてみる。この公園

は薬物中毒者やホームレス，犯罪者が溢れる公園であった。犬と一緒に公園を歩くことは，防犯の意味合いも込められていたのである。公園の再開発によってドッグランが設置されたことも一つの要因となって一般市民が踏み入れることのできなかった地域の治安が回復し，地域が活性化した。ニューヨークという大都会にドッグランが存在することで，小さな「積極的便益」が，一般住民にとっても，より目に見える身近なものとして感じられるようになった。つまりドッグランの便益の「規模の経済」が発揮される可能性を指摘できる。地域の治安が回復すれば，地域は活性化し，暮らしやすくなる。

　ドッグランの設置には，一般住民にとってのデメリットもあるが，愛犬家だけではなく，すべての市民に便益を提供できる可能性がある。筆者は次のようなシナリオを考えている。

①棲み分けができること（最低限の前提条件）
②マナーの良い飼い主や，社交的な犬が増えることによる，犬および愛犬家に対する一般的認識の改善
③飼い主同士の会話やマスメディア等を通して得た情報への関心，動物愛護等多方面からの犬への関心，地域のマナーへの関心をもち始める市民の出現によって，地域のマナーのレベルの底上げができる。
④その人々の行動や活動がまた社会に貢献する

　つまり，地域が活性化するためには「共生」が必要で，「共生」自体が「積極的便益」なのである。ただし，ニューヨークの治安状況は日本の大都市とは比べられないほど悪いといわれる。「治安の回復」という公益性は，現状では，必ずしも日本の大都会にあてはまるニーズではない。しかし，日本の都市の実情を綿密に調査すれば，ドッグランを活かした「共生」の実現を進めることができる可能性はあるはずである。

考えてみよう　[第10章]

1. ニューヨークのファーストランの成功の秘訣について考えてみよう。
2. 日本の3事例それぞれから学べる教訓を挙げてみよう。
3. ニューヨークの事例にみるような当事者およびその外部がwin-win関係になるような他のケースを挙げてみよう。

[注]

1) 動物愛護管理法（1973年9月制定（旧動物の保護及び管理に関する法律），1999年12月および2006年6月1日改正）により，動物の虐待防止や適正な取り扱い方などの動物愛護に関する事項，ならびに動物の管理に関する事項が定められている。
2) ビジネスライターの福井によれば，ペット業界は従来生体販売が主力だったが，ペットフード関連産業や動物病院，ペット霊園等も成長してきており，生体販売以外のビジネスが多様化しつつ拡大しているという（福井　2006）。ペット産業は2003（平成15）年度時点で1兆2,000億円の市場となっており，毎年5％程度の割合で伸びている（野沢　2006：23）。この市場規模拡大の立役者は「ペット関連」サービス業であり，年を追うごとに新しいものが登場しては競合状態となり，ミニ・マーケットを次から次へと生み出し，このことがペット市場を活性化して市場のパイを急速に広げていったともいえる（野沢　2006：25）。
3) アメリカ国内において一般にドッグパークとは飼い主と犬が一緒に入り犬がノーリードで遊ぶことのできるスペースであり，犬のための公共的な公園として確立されている。レイアウトや構造の規則はなく広さは1エーカー未満から何百エーカーまであり，基本的には周囲をフェンスなどで囲んでいるが，なかには周りを囲ってないものもある。ドッグパークは経済的，社会的障壁などを超えてスペースを共有している飼い主達が共通の興味をもち，他の人々に会う場所である（AKC　2005：1-2）。公園利用者が他の利用者のペットに関する情報交換と公衆衛生および安全促進という面からよりよいコミュニティ形成の役割をもつとされる（AKC　2005；D.O.G.S.　2005）。
4) 筆者による分類であり，公的資料や先行研究によるものではない。
5) 現状では，糞を拾わないマナーの悪い飼い主によって汚れた施設が，ボランティアによって掃除されながら維持されている公園も少なくない。
6) 実は，マンハッタンで最初に設置されたドッグランは会員制で，1990年以前にマ

ンハッタンのマーサー道りとハウストン通りの角，ソーホーの近くにあるマーサーハウストンドッグランである。これはマーサーハウストンドッグラン協会という民間団体の会員制の施設で，入会金50ドルを払ったうえで利用できるものであった。現在も，このマーサーハウストンドッグランは会員制で年会費50ドル，シニア犬は半額の25ドルとなっている（兵藤　1995；Downey and Lau　2002；Sheridan 2005）。

7) 本節の作成には，本文・別注で示した文献のほかに，公園緑地管理財団武蔵管理センター・ドッグラン資料（2002）も参照した。

8) 筆者も2005年に国営武蔵丘陵森林公園ドッグランに行ったが，公園自体が実に広く，入場してからドッグランに着くまでに30分を要した。ドッグランも広く，公営のドッグランながら民間施設並みの充実ぶりであった。

9) 本記述は日野市役所環境共生部環境保全課・緑と清流課でのドッグラン担当者からのヒアリング（2006年12月20日）に基づく。

10) 2つは古くからの自治会だったので比較的容易に承認されたが，仮に新興の住宅地であったら，難航したものと予想される。

11) 筆者の市担当者との懇談は2006年11月1日，筆者も出席した「作る会」代表との懇談は2006年11月14日に行った。また，「作る会」の新年会兼話し合いは2007年1月16日に行われた。

[引用文献]

［1］公園緑地管理財団業務企画課（2005）：国営公園ドッグラン資料.
［2］公園緑地管理財団武蔵管理センター（2002）：愛犬とともに自然とふれあう—国営武蔵丘陵森林公園ドッグラン—，公園緑地，63（1），pp.66-68.
［3］公園緑地管理財団武蔵管理センター・ドッグラン資料（2002）.
［4］厚生労働省 感染症情報（2006）：http://www.mhlw.go.jp/bunya/kenkou/kekkaku-kansenshou10/01.html（2006年12月15日）
［5］国営武蔵丘陵森林公園（2006）：
http://www.shinrin-koen.jp/office/policy.html（2006年12月14日）
［6］国立市議会会議録（2007）：
http://asp.db-search.com/kunitachi-c/（2007年1月12日）
［7］高柳友子（2004）：動物と福祉—介助犬・アニマルセラピーから動物感染症まで—，明石書店，pp.104.

[8] 東京都（2004）：
http://www.metro.tokyo.jp/INET/KEIKAKU/2004/02/70e2i204.htm（2006年12月7日）.
[9] 野沢一馬（2006）：誰も教えてくれない「ペット」ビジネスの始め方・儲け方，ぱる出版.
[10] 日野市（2006）：http://www.city.hino.lg.jp/（平成17年10月20日）
[11] 日野市環境共生部環境保全課・緑と清流課（2006）：ドッグラン資料.
[12] 福井晋（2006）：最新ペット業界の動向とカラクリがよ〜くわかる本，秀和システム.
[13] 兵藤ゆき（1995）：ニューヨークの犬たち，ワニブックス.
[14] ニューヨーク生活プレス社（2006）：http://www.info-fresh.com/nyseikatsu（2006年12月1日）
[15] 横浜市青葉区総務部地域振興課，あおばドッグラン（2005）：
http://www.city.yokohama.jp/me/aoba/dogrun/（2005年10月22日）
[16] わんわん通信（2006），国立にドッグランを作る会，No.1.
[17] AKC（American Kennel Club）(2005)：Establishing a Dog Park in your community,
http://www.akc.org/pdfs/GLEG01.pdf（2005年10月20日）
[18] D.O.G.S.（2005）：Dog Park Basics,
http://www.stldogparks.org/pages/dogpark_basics.html（2005年10月20日）
[19] Downey, Joanna and Christian J. Lau（2002）：*The Dog Lover's Companion to New York City*, Avalon Travel Publishing.
[20] Friends of First Run：http://www.dogster.org/therun.shtm（2005年10月22日）
[21] Sheridan, Frances R.（2005）：*UNLEASHED: The Dog Runs of New York City*, Prestel Publishing.

第11章

村落開発支援におけるノーマルアクシデントとその帰結
―NGOによるインドネシア村落開発事業を事例として―

小松　雅史・北野　収

1. はじめに

　今日，援助業界で頻繁に語られる持続可能な開発，住民参加，エンパワーメントといった用語は，漠然とした「よきもの」として言説化されている。同様に，国際協力NGOには，草の根ニーズに誠実な貧者の味方というイメージがある。実際，多くのNGOが，内発的発展やボトムアップを印籠に，非効率で腐敗した政府組織を介さず，住民に直接アプローチすることを売りとしている（佐藤　2005：231）。PRA（参加型農村調査法）などの手法を用いれば，地域内に潜む多様な開発ニーズの見取り図を住民と一緒に描くことができるといわれている。

　本章の目的は，参加型開発を考える際に，本来見過ごしてはならない問題を，NGOによるインドネシアの農村開発プロジェクトの経験から定性的に読み解き，議論に供することである。事例となるプロジェクトの実施にいたる経緯を記述し，それを次節で述べる視点から検証する。

　筆者（小松）は，インターンとして，数次の現地調査のほか，NGOの中間評価調査（延べ515人を対象にインタビュー等）にかかわった[1]。現地では，フィールドオフィサー，農民組織の中心会員，経済協同組合のリーダー，村役場職員，女性グループからの聞き取り，フォーカス・グループ・ディスカッション[2]，村人個人を対象としたランダム・インタビュー，プロジェクトに参加しなかった農民を対象としたグループ・インタビューを行った。

2．分析の視点と仮説

(1) コミュニケーションとしての「プロジェクト」

　一般に，援助や協力というものは，プロジェクトという形態を採り，一定の条件によって選定された人々，地域，分野の問題をターゲットとして，外部から技術・資本などを投入し，期間内に目的を達成しようとする組織的行動であり（伊藤・伊藤　2003：36），参加型開発等のソフト技術を重視するプロジェクトについても，大枠は同様である。一方，被援助者側からみれば，満たされるべき個人的・社会的ニーズ[3]が地域内に存在し，ニーズを何らかの形で充足してくれる事業なりサービスがプロジェクトであるともいえる。NGO等の援助実施側は，限られた情報と時間（財源）という条件下で，ニーズを把握し，住民と合意形成を図りながら，ニーズや課題への対応を形のある行動として形成・実施していく。こうした観点から，プロジェクトとは，外部者と内部者が，互いの目的とニーズを充足しようとするコミュニケーション[4]の「総体」だと考えることができる[5]。個々のアクターが，限られた情報と異なる動機に基づ

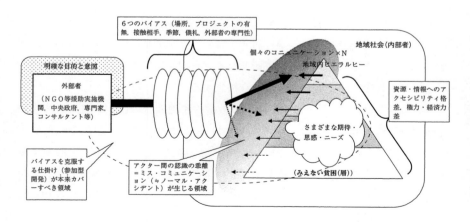

図11-1　チェンバースの「6つのバイアス」論を念頭においたコミュニケーション・モデル

き，与えられた条件下で合理的行動をとるとすれば，そこに善悪といった倫理的な判断は存在しない。これを前提として，チェンバースの6つのバイアス論や参加型農村調査法（Chambers 1983）をコミュニケーション・モデルとして概念化したのが図11-1である。

（2）システム・エラーとしてのミス・コミュニケーション

社会学者ペローは，技術・サービス・組織が，専門化・高度化・複雑化するなかで発生する事故やアクシデントに関し，人材の倫理や熟達度といったヒューマン・エラー，個々の技術の洗練度等とは別次元の要因，すなわちシステムの特性に起因するノーマル・アクシデント概念を提唱した（Perrow 1999）。もちろん，ペローが取り上げた特定の目的に特化した事例を，単純に，ＮＧＯを含む諸アクターのコミュニケーションの総体としてのプロジェクトにあてはめることはできない[6]。しかし，対象地域の政治的背景とノーマル・アクシデントを念頭におきつつ，プロジェクトを介した外部者（ＮＧＯ）と地域内の組織とのやりとりおよびその妥当性，プロジェクトの結果を検証することから，何らかの教訓と含意が得られるはずである[7]。ＮＧＯの目的と住民のニーズの不一致，認識の乖離というミス・コミュニケーションを，この視点で考察することが，本論の分析の視点であり，仮説である[8]。

3．プロジェクトの展開過程と現在までの成果

（1）地域概要とプロジェクトに至る前史

1）地域概要

西ジャワ州タシクマラヤ県Ａ村は，ジャカルタから約300kmに位置する。総面積880.5ha（4集落10区）に約925戸3,340人が暮らす[9]（図11-2）。標高700～900mの丘陵地で，道路が未整備のため，交通アクセスは劣悪である[10]。谷間や川沿いの土地は企業や外部者，数少ない資本家が所有しており，ほとんどの住民は小作をするか（1日当たり，女性約5,000ルピア，男性約8,000ルピア，1円＝約

図11-2　A村の地図

出典：現地での観察に基づく

79ルピア），砂糖ヤシから黒砂糖を作るなどして現金収入を得ている（1kgで約4,000ルピア。丸1日の労働で平均3kg）。村人の平均月収は105,000〜205,000ルピアである[11]。村に病院はなく，診療所はあるが医者も看護婦もこない。小学校は3校あるが，中学校・高校がない。下水道はなく，排泄・洗濯・食器洗い・水浴びはマンディルームといわれる小さな小屋で行い，川に垂れ流しの状態である。市場アクセス道路の未整備，土壌劣化や土砂崩れのほか，営農技術の不足や教育・医療費すら捻出できないといった問題がある（NGO資料）。

2）土地解放運動に至る前史[12]

1927年夏（乾季）に飢餓が発生した。近隣の都市へ働きに行く者もあった。1,000km以上離れたところへ行く者もいたという。1933年，村を離れた人々が帰ってきたときには，税金の滞納を理由に，当時の村長が土地を剥奪していた。1936年，オランダによる植民地化が始まると，今度は，村長が土地税をオランダに納めなかったため，すべての土地はオランダの支配下となった。オランダは茶畑を作り，森林を伐採し，村人は労働者となった。日本軍による支配が始まったとき，当時の村長の土地の一部が解放されたため，村長は村人に分配し，水田に換え，かんがい整備を行った（ＳＰＰ）。日本軍は村人の農地所有権を認めたが，収穫の一定量の供出を義務づけ，市場での売買を禁止し，米穀を軍の独占的統制下においた（宮本　2003：195）。戦後は，独立戦争や日本軍統治の名残りで，経済的疲弊が拡大し，回復するのに1950年代半ばまでかかった（宮本　2003：205-206）。1972年，スハルト政権下，森林局が"政府のもの"として土地を収奪し，村人はまたも土地を失った。1999年のスハルト政権崩壊時に，次節で述べる組織とのかかわりが深まった（ＳＰＰ）。

3）土地解放運動と農民組織[13]

スンダ農民連合（*Serikat Petani Pasundan*，以下ＳＰＰ）は，政府に対しての土地解放運動から生まれた組織である。会員の総数は約7万人である。さまざまな団体との連携を図っており，非常に大きなネットワークをもつ（図11-3）。ＳＰＰの活動目的は，①政府からの農地解放，②農業技術に関する教育，③農民への融資，④政府による農産物市場政策（最低価格制度の設置など）である。

県・郡・村・集落・グループと続く下部組織の村レベルには，ＯＴＬ（*Organisasi Tani Local*）と呼ばれる農民組織がある。ＳＰＰは，72のＯＴＬで構成される。Ａ村でＯＴＬが発足したのは，スハルト政権崩壊時（1999年）で，村外から婿として村に入ってきた人物（後にＯＴＬ代表となる）が中心となった。活動の結果，正式な登録証はないものの，一部の土地が返還され，ＯＴＬ会員間で均等に分割された。民主化の流れのなかで，ようやく土地の一部が返還されたが，農民は農業技術を失っていた。2005年のＯＴＬの選挙により，活発な青年（28歳）

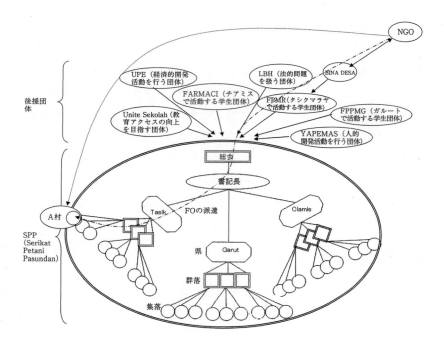

図11-3　現地組織とNGOとの関係

がA村OTL代表に選出された[14]。

　村内の居住パターンは，OTL会員は交通アクセスが悪い地区に密集し，非OTL会員は，幹線道路沿いに密集するか，極端にアクセスが悪い地区に散在する[15]。

4）村役場とインフォーマル・リーダー

　1979年以降，村長は法的に行政機構の末端に位置づけられた。選挙により選出され，行政を担当する者の指名権を有する。一方，村落内の問題処理は従来どおり慣習法（Adat）に委ねることが認められており，村長の役割は「村に奉仕する公僕」といった程度に過ぎない（Soemardjan and Breazeale 1993（中村監訳 2000））[16]。

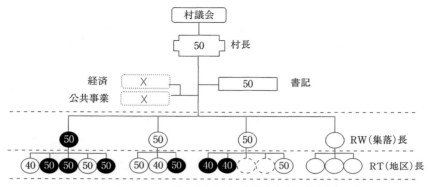

図11-4　A村の行政組織と役職者の属性等

出典：NGO資料と現地での聞き取りに基づく

　公の村落組織（村役場）としては，村長の下にRW（エルウェー）という集落代表がおり，その下にRT（エルテー）というグループがある。これらは日本軍統治下に作らされた隣組が現在まで残ったものである。主として末端の情報伝達機能を担っており，当該地域においては，行政や統治にかかわる実質的な権限は有さない（図11-4）。

　地域内の意思決定に大きな影響力をもつのは，トコッ・マシャラカット（tokoh masyarakat）と呼ばれる名士である。教師やイスラム教の指導者を経験した50歳代以上の男性である。各集落に4～5名おり，OTL会員もいれば，非OTL会員もいる。地域内に強固な組織ネットワークを有するOTLであるが，彼らの意向を無視することはできない。

（2）プロジェクトの展開過程

1）実施地選定の経緯

　プロジェクトを実施したのは東京に本拠を置く国際協力NGO（以下NGO）である。2002年，NGOのインドネシア事務所は，インドネシア国内NGOのビナ・デサ（BINA DESA）[17]が実施する人材育成の取り組みに関心をもち，コ

ンタクトをとった。ビナ・デサが北米NGOのプロジェクト地の選定のための現地調査（2か所）に，NGOが同行する機会があり，うち1か所で，北米NGOは現地に一定の農業技術があることを前提に農産加工プロジェクトを行うこととなった。一方，NGOは適切な農業技術をもたないA村でのプロジェクトを検討する。A村に関する情報が不足していたため，ビナ・デサの紹介により，当該地区に精通するFPMR（SPPの支援団体）と合同でA村の現地調査を行った。FPMRスタッフにビナ・デサでPRAの研修を行った後，調査を計5回行った。ニーズ調査を2002年4月と8月（計5日間），事業立案調査を9月と10月（計7日間），PRAを2003年1月（16日間）に行った。PRAには3集落から，OTL会員を中心に約100人が参加し，村の組織図，会員リスト等の作成をした。役場を経由しなかったのは，同国におけるこれまでの政府と農民との関係を考慮し，住民との直接対話を重視したためである。

2）内容・対象集落決定の経緯

　この結果に基づき立案されたのが，農民自立支援事業である。上記のPRA，各種調査で得た「ニーズ」をもとに，NGOとしてA村で何を支援できるかの検討が行われたが，NGOのインドネシア駐在員も，FPMRも，プロジェクトを一から立案するのは初めてであった。当時のスタッフは，「ニーズ調査で得られたことからNGOが村でできることを考え，立案した。事業をたくさんやりすぎたかもしれない。ニーズがあがれば，やりたくなってしまった」と述べている（2006年11月23日）。NGO側は，当初から，プロジェクトの中心は人材育成にしようと考えていた。それまでは，井戸掘りなど，どちらかといえばハード整備中心であったため，プロジェクトでは，人づくりを重視したいというNGOの意向があった。前出のスタッフは，「人が育たないかぎり，村の発展はないと思った（持続性がないと思った）」と述べている。

　NGO側は，現地にもともと存在する組織を活用すべきだとするマニュアルに従った。また，村全体への波及効果を狙うなら既存の組織を利用した方がよいと考えた。結果的に，上述のビナ・デサとの関係もあり，OTLが実質的に援助の受け皿として機能するようになった。しかし，NGO側は，あくまで，

それはプロジェクトの取り掛かりとして捉えており，後々はプロジェクトの便益が村全域に波及することを狙っていた。ＮＧＯが組織強化を重視したのは，ＯＴＬをプロジェクトの波及装置とするならば，まず会員とＮＧＯとの信頼を築くべきだと判断したからである。

　対象地区は，村内の４つの集落のうちの３つ（Ｂ，Ｃ，Ｄ集落）とした。最僻地に位置するＥ集落には，ＯＴＬ会員が１戸しかなく，村内の活動には積極的に参加しないため，対象から除外された。ブンポックと呼ばれる共同実習地は，ＯＴＬ所有の荒れ放題の土地であったが，プロジェクトを契機に，そこで野菜生産を行うことになった。ＮＧＯ側にも野菜栽培の専門家はおらず，唯一経験者であったＯＴＬ代表（当時）が仕切ることとなった。

３）事業の開始

　以上のように，ＰＲＡを実施したものの，実際の活動内容等はＯＴＬ主導で決定され，そこに「人づくり」「組織強化」というＮＧＯ側からの希望が重なり，「ＮＧＯ≒ＯＴＬ」色が強まっていった。プロジェクトの目的は，持続可能な農業開発支援を通して，本事業村農民が自身の社会経済的生活環境の改善を実現していく力をつけることとし，ソフト（意識改革）面の人材育成／組織強化，ハード（物質的）面の施設整備・技術指導など多面的な支援を行うことによって受益者の自立とエンパワーメントを目指すこととされた。活動の柱は，①人材育成・組織強化，②持続可能な農業技術指導，③経済協同組合設立，④植林である。日本政府のＮＧＯ支援プログラムの助成を得て，2003年７月から，５年間のプロジェクトが開始された。プロジェクトにかかわるＮＧＯスタッフは，ＮＧＯのジャカルタ事務所スタッフ（日本人，インドネシア人各１名）とフィールドオフィサー（組織強化担当ＦＯ，農業指導担当ＦＯ各１名）である。ジャカルタのスタッフは，月１度１週間程度，事業地を訪問し，ＦＯはＡ村に常駐する。

（３）プロジェクトの成果と問題

１）分野別成果

　研修はすべて各農民グループから代表２名ずつ（計28名）とＦＯ２名の合計

30名に対して実施された。中間評価調査報告書は少なくともOTL系住民に対しては一定の成果を挙げつつあるとしている（表11－1）。当然のことながら，援助の便益はハード，ソフトとも，OTL会員世帯に集中しており，非OTL会員世帯がそれを享受しにくい状況がある。

　4分野以外の活動として，2005年，それまでブンポックまでしか引かれていなかった給水施設を各集落まで延長する事業を行った。配水パイプ総延長11,076m，設置水場21か所で，配水パイプおよび水場の一部は住民負担により建設された。2006年7月のランダム・インタビューでは，106人中給水施設ができてから水を得るのが楽になったのが80人，楽になっていないのが22人，無回答が4人であった。また，過去に行った女性対象の小規模経営・公衆衛生研修に参加した女性たちが自発的に始めた女性グループの活動がある。現在，貯蓄と生活必需品の共同購入・販売を行っている[18]。

2）インタビュー結果にみる対立図式

　インタビュー[19]で得られた主な発言，コメントを表11－2にまとめた。総じて，「OTL＋NGO」対「非OTL＋役場」の構図がうかがえる。役場や非会員との関係について，OTL会員には楽観論と現実論がある。現実論者は，関係が悪いのは役場のサポートが足りないと述べている。一方，非OTL会員の多くが，「デモばかりで，何がしたいのかわからない」とOTLに対して厳しい見方をする。また,「入る必要がない」「部外者だから」「政府の弾圧が怖い」といった個々人の事情や捉え方の違いを反映したコメントもある。彼らは，OTLばかりを相手にするのではなく，役場を通じた公的なルートでのかかわりを望んでいる。OTLと非OTLは，平和的に共存しているわけではないことをうかがわせる発言もあった[20]。中立派である現村長（2006年7月時点）も，プロジェクトの経済的メリットを評価しつつ，役場を通した公式ルート化・中立化を希望していた。

第11章 村落開発支援におけるノーマルアクシデントとその帰結

表11－1 中間評価時でのプロジェクトの成果等

分野	ねらい	研修内容等	研修場所	成果	備考
人材育成・組織強化研修	・リーダーの育成と組織強化における意識や技術の向上を図る。	・組織運営能力（状況分析，統率，計画，運営，評価などの基礎能力）。 ・ジェンダーに配慮した社会分析（経済，コミュニティ，保健衛生，民族，組織など） ・社会構造分析による地域のリアリティ理解。 ・リーダーシップや戦略的計画などについての知識と手法 ・村役場との関係強化を目的に，公式（半年に1度），非公式会合と対話。	・OTL事務所（モスク等を代用することもある）にて実施。	・NGOは，村人の相互扶助意識の向上，リーダーとして認識される若者の育成，集落間の紛争の減少などが認められたと評価。	依然として非OTL住民からはOTLは土地返還運動のためにデモをする団体として認識されている。
持続可能な農業技術指導	・有機肥料の作り方を学び，費用の高い化学肥料から，自主調達可能な材料を用いた有機肥料に移行していくことで，農業経営上のコスト削減と環境の保護につなげる。	・OTL所有地（2ha）を農業実習地（ブンボック）として，有機肥料づくりやトマト・唐辛子2種・じゃがいも・ねぎ・にんじん・キャベツの7種の野菜栽培の実習を実施。農業技術指導に関する研修は，主にブンボックで週1回実施。	・OTL事務所と実習地にて実施。	・インタビューでは，ブンボックに関わったすべての村人が野菜栽培に関する知識・技術が向上したと感じると返答。 ・村人は有機肥料のメリット（環境面，経済面）は理解する一方，有機肥料を実際に自分で作っている人は少数にとどまり，多くの場合は家畜の糞などを発酵せずに直接肥料として撒く。農薬，化学肥料を併用する者もおり，有機農業という点では不十分。	参加農民は，1人を除き，全てOTL会員であり，OTL下部組織のグループごとに実習地が与えられているため，非OTL農民が参加できる余地は非常に少ない。
経済協同組合	・「村人の村人による村人のための経済協同組合」という理念の下，経済協同組合研修において，組合の仕組みと資本運営方法について学んだ後，経済協同組合を設立し，将来の小規模融資用の資本を蓄える。	・組合の仕組みや会計事務について，計10回にわたって研修を実施。入会金や月々の会費，農業実習地からの純収益を組合に預け入れて資本とする。組合活動は，羊のローンプログラム，農機具販売プログラム，種販売プログラムなど。貯蓄・貸付，肥料・農機具販売，家畜ローンシステムが3本柱。	・OTL事務所と住民リーダーの家にて実施。	・組合活動は，当初の村単位から集落単位に移行（距離という物理的障害）。 ・各集落に代表，書記，会計がおかれているが，現実は代表が書記や会計の仕事を兼任しており，帳簿も代表がつける。会計はしっかりしており，集落単位の代表の家に保管されているため，貯蓄は円滑に行われている。 ・各集落の帳簿の様式が不統一，会計の透明性が問題。 ・貸付は，貯蓄を行ってから1年後に開始されるため，まだ行われていない。 ・肥料・農機具販売は，まだNGOが買ったものを販売するにとどまり，自己調達は本格的には行われず。	組合とOTLの関係は強固であり，実質的には組合はOTLの活動の一部となる。
植林	・環境保全・土壌保護・自然災害予防に関する知識や植林技術を学び，長期的環境保全計画策定につなげる。	・環境保全全般に関する知識や技術について研修で学んだ後，公共の植林地8,100㎡にて果樹などの水源を保護し，かつ果実が商品としての価値のある樹種の苗木を全8種それぞれ100本ずつ植林する。	・OTL事務所および植林地にて実施。	・現在までに3集落で年に1回植林を実施（1年目700本，2年目437本，3年目749本）。村人は植林の目的が環境保全だということを熟知（フォーカス・グループ・ディスカッション）。 ・樹木の管理不十分により，約50％が枯れ，移動先不明が約20％（B集落）。とくに，B，C集落の場合では，住民による管理へのインセンティブが低い。	―

注：共有地とは2001年に返還運動の結果得られた土地であるが，事実上OTLの管理下におかれている。

表11-2　インタビューにおける主な発言・コメント

話題	主な発言・コメント
ＯＴＬ会員からみた役場および非ＯＴＬ会員住民との関係	「２年前に比べるとよくなっている。コミュニケーションも取り始めている。」（現ＯＴＬ代表） 「非ＯＴＬ会員との関係はよくなっている。なぜならＯＴＬがより多くの人を対象にした活動（給水施設建設や経済協同組合）を始めているから。さらに，ＯＴＬの運営委員会も非ＯＴＬ会員としっかりコミュニケーションを取れている。ただ，村長との関係は未だによくなっているとは思えない。今後村長が替われば関係がよくなるかもしれない。」（ＦＯ，ＳＰＰ会員） 「（関係は）よくない。なぜなら，村役場が，（ＯＴＬの活動を）サポートしてくれないから。ＯＴＬは前向きに考えていて，（役場と）しっかり対話をしていく（予定である）。」（ＯＴＬ会計担当） 「（役場との関係は）よくない。役場は組織の活動をサポートしてくれない。」（中心会員の１人）
なぜＯＴＬに加入しないのか	「デモばかりで,何がしたいのかわからない。」「組織の目的が明確でない。」（大半の非会員） 「昔は，ＳＰＰのことをよく知らずに，デモに誘われて行ったこともあったが，政府の規定に則って，ＲＴやＲＷを通して申請すれば，土地がもらえることを知って，ＯＴＬに入る必要はないと思った。」 「（元々）自分も妻もこの村の住民ではなかった。引っ越してきて，土地がほしかったので，森林公社の土地じゃない地区の共有地を税金を払って申請したけど，土地をもらえなかった。その後，役場とＯＴＬの２つに村が分かれてしまった。自分は外部者なので，どちらにつくこともできなかった。」 「スハルト政権崩壊（1999年）後ＯＴＬは森林公社の森林を切り開いて，借地にしていたが，それは国の土地を勝手に使用する犯罪にあたり，罰せられる可能性があるので，怖くて入れない。」
非会員のＮＧＯに対する要求	「経済面が向上している。でもＯＴＬ会員に傾いている。非ＯＴＬ会員には（恩恵が）何もこない。」 「ＮＧＯからの情報（招待状）はＯＴＬではなく，役場を通してうまくやってほしい。」 「ＮＧＯがＯＴＬと関係ないということを村役場を通して伝えていってほしい。」 「ＯＴＬと関係なく活動していってほしい。」 「研修に興味を持ったので行ってみたら，ＯＴＬ会員でないからという理由で参加するのを断られたので，希望を失った。」 「今は関係を悪くしているだけ。デモばっかりしないで，（役場とＯＴＬが）仲良くやってほしい。」
現村長のＮＧＯに対するコメント	「（村に）影響を与えたかはわからないが，経済状態は向上しているような気がする。」 「ＯＴＬにのみ恩恵が偏っている気がする。そうはしないで（村全体に恩恵を与えて）ほしい。」 「ＮＧＯの研修とかの招待状は（インドネシア人駐在員やＦＯから）助役に行くが，助役もＯＴＬ会員のため，村人に届けられていない。」 「（プロジェクトにより）村がＯＴＬ派と非ＯＴＬ派に分かれることを恐れている。そういう時に責任をとるのは村人である。ＮＧＯはいなくなることができるのだから。」 「ＯＴＬがプロジェクトを利用して，反政府勢力を強める可能性があるから，役場を通して研修（などの活動）をやってほしい。私はどっち派でもないのだから。」 「私は12月で任期が切れるので，あとは後任の人に任せる。なるようになってくれ。」

注：村長は非ＯＴＬだが，ＯＴＬ代表とも親戚関係にある中立派である。

3）給水アクセスをめぐる明暗

　Ｂ・Ｄ集落においては，おおむねＯＴＬ会員に特化した形で施設整備や料金の徴収が行われた。たとえば，Ｄ集落の中で非ＯＴＬ住民が居住するＦ地区には給水施設がなく，住民は30分かけて山道を歩き，生活用水を得ていた。Ｄ集

第11章　村落開発支援におけるノーマルアクシデントとその帰結　249

落（回答者39人）で，給水施設ができてから水を得るのが楽になったかという質問に対して，「楽になっていない」と答えた10人のうち８人は非会員であった。筆者が，「なぜ，特定地区には給水施設がないのか」とＯＴＬ会員に尋ねたところ，「予算が足りない」と答えた一方で，給水施設の使用料収入[21]は何に使うのかと尋ねたところ，「水源からのパイプを太くて丈夫なものに取り替えた」という。非会員の居住地区にパイプを延長するより，会員の利益を優先したのである[22)][23)]。

４．分析と考察

（１）広義のバイアスとアクター間の認識の乖離

　図11－５は，ＮＧＯが所与の環境（人材・情報・時間・ノウハウなど）で合理的な行動をとったことを前提としたＮＧＯ側からみたプロジェクトに関する一連

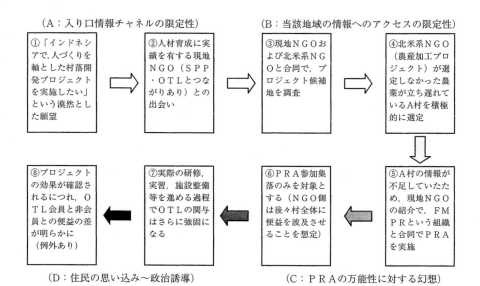

図11－５　ＮＧＯ側からみたプロジェクトの展開過程フロー

注：本図では，ＮＧＯは実質的に①を目的として行動する single-goal institution（Perrow　1999：332）として理解する。

の出来事の展開フローである。結果として，3者の間に，「事業は誰を受益者としているのか」についての認識に大きなズレが生じてしまう（図11-6）。NGO側は，当初このことに気付いていなかった。図11-5のA～Dを所与の条件として捉えれば，上記でみた結果をすべてヒューマン・エラーの類と断定することはできない。もともと，3つのアクターは，性質や希求する欲求を異にし，動員可能な資源にも違いがある（表11-3）。アクター間のコミュニケーションは，図11-7のように限定されたと考えられる。地域におけるコミュニケーション改善（狭義のバイアスへの対応）の仕掛けとしての参加型開発，外部者の倫理的問題を超えた広義のバイアスともいうべき要素が存在する。

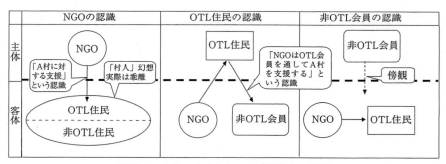

図11-6　3つのアクターの「認識」の相違

表11-3　3つのアクターに賦与された性質と充足された欲求等

	ミッション性の有無	欲求	資源	手段	充足された欲求	損失
NGO	◎	人づくりを柱にした農民の自立支援	スタッフ，政府からの助成，SPP-OTLルートからの情報	情報提供・協力に応じた団体と共同で物事を進めること	限定された農民（OTL）で欲求を充足	予期せぬ結果（便益の偏り）
OTL	○	OTL農民の自立	SPP-OTL組織・ネットワーク，土地，野菜栽培技術を有するメンバー	NGOの誘導，非OTL農民へのいやがらせ	援助により配分された資源（便益）の享受	（非OTLや行政との軋轢の拡大）
非OTL	×	個々の自立（集団としての非OTLという意味ではない）	行政組織，土地，特定地区に分布する非OTL有力者	（なし，プロジェクトに関して）	（なし，一部地区を除く）	OTLとの格差の拡大

第11章　村落開発支援におけるノーマルアクシデントとその帰結　251

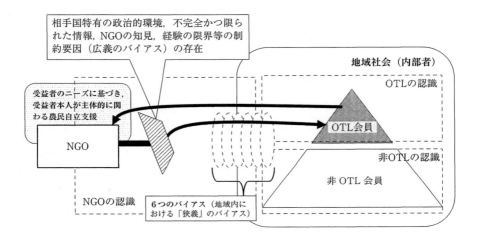

図11-7　広義のバイアスによるコミュニケーションとその結果としての認識の差異

（2）2つの「思い込み」

　ＮＧＯ側には２つの「思い込み」があったことを指摘できる。事業開始当初の申請書には，「14の農民グループからなる事業村のＯＴＬ800戸2,800人が援助の対象者とする」とされていた。しかし，2004年度には540戸に修正された。2006年７月の現地調査では，実際には412戸であった。会員が減少したのではなく，当初の数字が実態から乖離していた[24]と考えられる。Ａ村の人口は約925戸（3,340人）であるから，ＯＴＬ会員が800戸ならば大多数であるが，540戸であれば過半数を超えるに過ぎない。

　ＮＧＯの駐在員が非ＯＴＬ会員に対して「ＯＴＬのためではなく，村全体のために活動をしている」と言うと，非ＯＴＬ会員からは「知らなかった」という声があがった。筆者の現地インタビュー時も，ＯＴＬ会員農民はＯＴＬのみを対象としたプロジェクトだという認識から，「この家はＯＴＬだ」と言って，案内をした。つまり，対象者は村人全員というのは，ＮＧＯ側の「思い込み」であり，当の村人は対象者がＯＴＬ会員に限られていると認識していたのである[25]。

（3） PRAに対する幻想

　FPMRはOTLの上部組織であるSPPの支援団体の一つであった。このことは，PRA受け入れ側が，暗黙のうちに，OTL会員に限られることにつながる。本来，PRAによって，まず村内の全体的な見取り図を住民とNGO側が共有し，そこからターゲット・グループを選定するわけだが，それ以前の段階で，FPMRがフィルターとなり，そのバイアスのなかでPRAが実施された。PRAに参加したのはOTL会員を中心とした約100人であった。PRAは万能ではなく，「使われ方」に慎重であるべきである。PRAは，地域内部のバイアスの克服には有効かも知れないが，本事例のように，外部者が地域に到達するまでにバイアスが存在する場合，効力を発揮することはできない。

（4）「援助」「NGO」に対する新たな問いかけ

　本来，「NGO」には，援助というサービス実施機関のほかに，社会運動体としての側面がある。社会運動は，それ自体，何か（国家，企業，階級，地域内の集団）に対する対抗運動である。一方，援助では，それ自体が限定された範疇であり，少なくとも，短期的には，ターゲット・グループとそれ以外の格差が「開かない」ことを前提とすること自体が非現実的であるともいえる。援助におけるエンパワーメント・アプローチが常に善であるという安易な議論も散見されるが，本事例の教訓はこれへの再考を促す。援助が研究協力や単純な技術移転に特化していた時代は別として[26]，住民参加を重視した社会開発的な性格が高まるほど，地元内部の社会・政治的中立性を保つことの困難度が高まることが予想される[27]。

5．おわりに

　本プロジェクトは受益者の事業におけるオーナーシップや住民参加を重視したが，結果的には特定集団内における限定的な参加にとどまった。これが，本当に「参加型であったかのか」を議論することは，本章の目的ではない。むし

ろ,「村全体の公益」を考え,行動するアクターが現地に存在しないという社会・政治的環境下での協力のあり方という問題を指摘したい。外部者がプロジェクトを実施すれば,ターゲット・グループは資源分配装置（青山 2005）となり,下位住民に対する資源再分配の政治的非対称性の問題が生じる。地域に以前から存在する住民同士の関係が非平和的な場合,外部者による介入が溝を広げてしまう可能性もある。

　これを,善悪,罪といった,援助者の倫理上の問題に帰することは適当でない。「事前の調査をもっと綿密にすればよかった」「援助先の文化,言語,政治状況をもっと良く勉強すべきだ」と原則論や精神論を繰り返すことも建設的ではない。もちろん,ＮＧＯの有するスキル,ＰＲＡの運用,意思決定に問題がなかったとは断言できないが,むしろＮＧＯや援助の「実際」には,現地に公益概念が欠如するなかで「きわめて不完全な情報」に基づいて業務を進めざるをえない,という認識をもつことも大切である。これを前提とすれば,前記でみた現象も,ノーマル・アクシデントの一つだといえる。制約のなかで選定した相手とコミュニケーションを図らなくてはならないプロジェクトという行為に内在するナイーブさを克服する術を筆者らは知らない。しかし,単なる技術論としての援助・参加・エンパワーメント論だけでなく,それらがおかれた社会・政治的文脈性を意識すべきという命題は重要である。

　今後は,他の複数の事例との比較・類型化が必要となる。資源分配論を掘り下げるには,Ａ村の集落・地区レベルでのより詳細な経済調査およびステークホルダー分析を行うことが必要である。

　最後に,本章はあくまで中間評価時点での考察である。今後,どのように,便益分配の公平性やアクター間の関係改善が図られるか,中長期的な観点から,見守っていく必要がある。

> **考えてみよう　[第11章]**
> 1．システム・エラーがヒューマン・エラーに矮小化される例を他に挙げてみよう。その結果，どのようなリスクが高まるか考えてみよう。
> 2．図11－1と11－7を見比べ，違いを事例に即して説明してみよう。
> 3．援助・支援に内在されるナイーブさを克服するためにはどうしたらよいか考えてみよう。

[注]
1) 現地調査は2005年3月17日～30日，2006年7月8日～8月4日。東京事務所でのスタッフからの聞き取りを行ったほか，ＮＧＯ団体が助成先に提出した申請書（2003, 2004, 2006），同完了報告書（2004, 2005, 2006）を用いた。ＮＧＯ側の好意により情報提供をしていただいたことと匿名性保持の観点から，本章では，「ＮＧＯ資料」と記す。
2) 10人程度の集団に自由に議論をさせ，その意見をつぶさに記録する方法。他人の発言によって忘れかけていたことを思い出したり，個別では言いにくい批判的な意見を聞くことができる（ＮＰＯ法人アーユス　2003：86, 105-112）。
3) 住民が，「現状からのなんらかの変容を欲していること」が前提となる（小國 2003：28）が，これには，住民が自覚的なもの，無自覚的なものの両方が含まれる。
4) 比喩であり，情報伝達技術・手段・普及教育手法といった，狭義のコミュニケーション概念とは異なる。
5) このことは，諸アクターが互いに出会い，「自分との距離を測りながら（中略）かかわりあっていくプロセス」（小國　2003：52）というプロセス重視の援助観と矛盾しない。
6) 相違点は，①アクター間の情報へのアクセスや教育レベルにおける同質性，②（それが建前であったとしても）組織全体のミッションの認識の有無であるが，ＮＧＯは目的特化型の組織であり，目的の実現のために「プロジェクト」という手段を用いると理解できる。アクター間の結合性が弱く，単一目的を追求するという面では，アクター間の相互作用が比較的単純なシステム（Perrow　1999）を想定できる。
7) 事例や文脈は全く異なるが，チェンバースの6つのバイアス論とペローのノーマル・アクシデント論には，システム（社会）構造，情報共有・認識を重視し，科学的合理性の限界を指摘する点に共通性がある。

8）アクターの設定については，地域社会内の個々人間のやりとりの詳細よりも，幾分，抽象度の高い利害を同一とするカテゴリーを想定する。すなわち，外部者としてのＮＧＯ，地域内部における政治的主流派と非主流派である。
9）集落ごとの戸数は，Ｂ集落約290戸，Ｃ集落約300戸，Ｄ集落約200戸，Ｅ集落約100戸。各集落は高度の低い方から高い方へ縦に並行して位置する。
10）道路は以前に一度舗装されたが，大企業のトラックが夜に入ってきて，森林を伐採し，持ち帰っていったため，村人が未舗装の状態に戻した（ＮＧＯ駐在員）。
11）都市部を含めた当該地域の平均月収の1/5～1/2弱。
12）石黒秀典氏の協力による村民からの聞き取りに基づく。
13）インドネシア人ＦＯからの聞き取り。
14）ＯＴＬは農地返還を求める圧力団体であるが，地主層にも土地が分配されるようにしたり，幹部はすでに土地を所有したりする。代表に選ばれた青年も広大な土地を所有する。
15）居住パターンはスハルト政権時の警察軍の介入に反応した結果。最僻地に非ＯＴＬ会員が散在するのは，当局が集落から離れて居住する農民に意識的に取り調べを行ったため。
16）Ａ村では，村役場の役職に欠員が生じ，徴税，出生証明書等の基本的な公務以外の行政機能は機能していない。経済状況やインフラなどの改善が一向に進まない現状を「村長の怠慢」と批判する住民もいる。
17）同国のＮＧＯセクターが活発化したのは，スハルト政権の社会運動への弾圧が緩和された1970年代以降。一般に，同国のＮＧＯは，歴史的経緯もあり，アドボカシーを重視し，社会運動の担い手としての意味合いが強い（酒井　2001）。
18）「自信がもてるようになった」「市場などで買い物するとき，交渉ができるようになった」という声が女性から聞かれ，男性からも会合の際に「女性が意見を言うようになった」という声が聞かれた。
19）非ＯＴＬ会員については，Ｂ集落で6人，Ｃ集落で5人，Ｄ集落で13人にグループ・インタビューを実施した。
20）「以前はＯＴＬに入っていて，デモにも参加していた。でも，ＯＴＬの決定に従わなかったりしたら，（恐らくＯＴＬ会員に）畑に植えているものを全部切られた。ＯＴＬにそのことを話したが，まったく取り合ってくれなかった。」「ＯＴＬ会員が非会員の畑を荒らしたりするのを見た。」
21）公共水場を利用する世帯は毎月1,000ルピア，家屋の中までパイプをひいている

世帯は3,000ルピアを支払う。徴収は組合が行い、使途は40％がメンテナンス・拡張工事、10％が道路建設、12％が維持管理者報酬、8％が集金人報酬、15％が組合資金、15％がＯＴＬの資金である。本来、給水施設はＯＴＬと無縁のはずだが、実際には強く関連を有する。

22) 各集落を対象とした水質調査の結果、給水施設の有無が地区の水質の差に反映されることが報告されている（石黒・林　2007）。

23) 石黒秀典氏の聞き取りによれば、Ｃ集落Ｇ地区においては、地区内のトコッ・マシャラカット（非ＯＴＬ、元水道公社職員）のイニシアチブにより、ＯＴＬ・非ＯＴＬの区別に関係なく給水アクセスの分配がされた。Ｃ集落ではＯＴＬ幹部の50歳代前半の男性（他集落の幹部は20歳代前半）が、不平等な給水アクセスは、非ＯＴＬ会員のみならずＯＴＬ側にとっても得策ではないと懸念し、地区内で尊敬を集める前記有力者に協力を依頼したという。

24) 実際には、土地が欲しいため、子供や幽霊会員が含まれた数字であった。

25) その後、非ＯＴＬ会員らの要望を踏まえ、研修の招待状にＮＧＯのサインと役場のサインを併記するようになった。これにＯＴＬ代表は不快感を表明している。プロジェクト対象の決定権はＮＧＯでも、村役場でもなく、ＯＴＬに属すると考えるからである（2007年１月の石黒秀典氏の聞き取り）。

26) 当時でも、技術協力の前提としてのインフラ整備の採択等に政治が無関係でなかったはずである。

27) 運動論の立場からは、特定の課題・要求に取り組むＳＰＰ／ＯＴＬのような民衆組織に積極的にかかわるという論理もありうる（藤岡ほか　2006）。

［引用文献］

［１］青山和佳（2005）：援助としての福音伝道がもたらす社会的影響，加藤剛ほか，島嶼部東南アジアの開発過程と周辺世界，科学研究費補助金（基盤Ａ）報告書，pp.209-246.

［２］石黒秀典・林幸博（2007）：熱帯農村における水環境と持続的で安全な飲料水の供給可能性，熱帯農業，51（別1），pp.81-82.

［３］伊藤達男・伊藤幸子（2003）：参加型農村開発とＮＧＯプロジェクト―村づくり国際協力の実践から―，明石書店.

［４］ＳＰＰ（年不明）：*Kronologis Tanah Adat Desa Tanjungkarang*.

［５］ＮＰＯ法人アーユス（2003）：国際協力プロジェクト評価，国際開発ジャーナル

社.
［6］小國和子（2003）：村落開発支援は誰のためか―インドネシアの参加型開発協力に見る理論と実践―，明石書店.
［7］酒井由美子（2001）：インドネシア，重冨真一編著，アジアの国家とＮＧＯ―15ヵ国の比較研究―，明石書店，pp.204-225.
［8］佐藤寛（2005）：援助におけるエンパワーメント概念の含意，佐藤寛編，援助とエンパワーメント―能力開発と社会環境変化の組み合わせ―，日本貿易振興機構アジア経済研究所，pp.3-24.
［9］藤岡恵美子・越田清和・中野憲志編（2006）：国家・社会変革・ＮＧＯ―政治への視線／ＮＧＯ運動はどこへ向うべきか―，新評論.
［10］宮本謙介（2003）：概説インドネシア経済史，有斐閣.
［11］Chambers, R. (1983)：*Rural Development: Putting the Last First*, Longman.
［12］Perrow, C. (1999)：*Normal Accidents*, Princeton University Press.
［13］Soemardjan, S. and K. Breazeale (1993)：*Cultural Change in Rural Indonesia*, Sebelas Maret University Press.（中村光男監訳（2000）：インドネシアの農村社会の変容―スハルト村落開発政策の光と影―，明石書店）

第12章

地域づくり，農村計画における「場所」と「空間」，地域での実践の意義

北野　収

1. はじめに

　近年，欧米の農村地域問題を取り扱う社会科学の諸分野において，社会生活および生産活動の空間的側面（spatial dimension of production and social life）が注目を浴び，影響を及ぼしつつある。欧米では，1980年代以降のいわゆるネオ・マルクス主義の影響を受けた都市社会学，経済地理学，地域計画学の一派が，資本主義生産様式における地域の諸問題を解釈，分析するための理論的概念として「空間」の政治経済学を発展させてきた。これは，従来のマルクス経済学にみられた都市対農村というような固定的で従属論的な視点でなく，地域を農産物貿易，企業行動等経済活動の国際化の影響により絶えず変化しつつある動態的なプロセスとして捉えるものである。近年，都市研究のみならず農村問題研究者の間においても，農村問題の空間的把握に対する関心が高まりつつある。

　これらの議論の概略を日本の農村問題研究者に紹介し，農村計画の文脈での活用の可能性を探ることが，試論的エッセイである本章の目的である。

2. 都市と農村の関係を理解するための史的パースペクティヴ

　いかなる歴史上の時代においても，都市と農村の関係は人間社会の一つの基本的な側面であったといえる。その最も基本的で史的に定義された都市と農村の関係は社会的生産関係（social relations of production），すなわちマルクスの生産様式論にみることができる[1]。ここでいう生産の社会的関係とは地上の可視

的な現象というよりは，都市および農村地域における社会，経済，環境，政治的現象を形成する本質的なダイナミズムとして理解されるべきものである。農村（rural）を農業あるいは農的（agriculturalまたはagrarian）社会として，都市（urban）を産業化（industrial）社会として，単純に同一視しがちなある種のイデオロギー的態度は，今日の資本主義生産様式下における過疎，貧困，環境等の農村地域が抱える今日のさまざまな問題の本質に関する適切な議論・理解への妨げにさえなる。すでに，多くの先進資本主義国においては，製造業の地理的分散と交通手段の発達により農村労働者イコール農業者とはいえない状況にある。農村地域において少数派となった農家セクターですら兼業化が進み，すでに1978年の時点でOECD加盟国平均で農家の40～60％は兼業（日本の第2種兼業に相当）化していると報告されている（Fuller 1984：87）。農民はすでにセミ・プロレタリアート化されているのである（Lobao 1996：87）[2]。

このような認識に基づき，以下において，Weberおよび彼に続く19～20世紀初頭のシカゴ学派の議論と現代のネオ・マルクス派[3]のそれとを，簡潔に比較検討する。

3．テンニース，ウエーバー，シカゴ学派社会学，ネオ・マルクス学派の空間政治経済理論[4]

社会科学におけるさまざまな学派が，都市および都市的なものの意味，都市と農村の関係に関する定義づけを試みてきた。周知のように，一般に，最もよく知られ，影響のあったコンセプトの一つにテンニースのゲマインシャフトとゲゼルシャフトの古典的二分法がある（テンニース 1963）。前者は地縁・血縁関係に基づく共同体社会，後者は観念的・機能的組織に基づく社会のことである。この理念型としての分類法の影響は，いまだにわれわれの意識に深く根付いているように思われる。これは社会集団の特質に対する二分法であるが，後に，「場所」としての都市・農村の理念型の形成につながるものである（「場所」の概念については後述）。

すなわち，ウエーバーの古典的な都市農村二分法（urban-rural dichotomy）は，都市と農村を，主要な産業的・職業的タイプ，居住のパターン，コミュニティ

ーにおける人間関係，政治・行政上の形態等のクライテリアによって区別したのである（Weber 1958；山森 1984）。ウエーバーの分類法をベースに1920年代のアメリカの農村社会学者たちは新たに社会，経済，人口的分類基準を加え「都市的世界」（urban world）と「農村的世界」（rural world）という理念型を提案した（Sorokin and Zimmerman 1929：56-57；山森 1984）。

　シカゴ学派都市社会学者らは，二分法を排し，都市の視点から農村を再定義した。彼等は，アーバニズムの仮説といわれる影響力のある概念を生み出し，都市的生活様式が郊外および農村部に不可避的に浸透すると説明した（Wirth 1938；Fischer 1984；高橋 1988）。彼らのいう都市的生活様式はウエーバー的な発想，すなわち，rural/folk社会，urban/industrial社会の理念型に依拠したものであり，それに基づき彼らのいう「都市農村連続体説」（urban-rural continuum）が展開された[5]。つまり，都市と農村は文化・社会的に連続的な存在であり，その差異は「アーバニズム」（都市社会的，生態学的，社会心理学的な要因）の受容の度合で規定されるということになる（高橋 1988）。これがアーバニズムの仮説である。このように，シカゴ学派においては，都市や農村の空間を所与のものとして，そのなかでの（文化）[6]生態学的な議論をするという世界観に立脚している。しかしながら，Castells（1976）が「（科学的根拠を欠いた）都市的イデオロギー」と批判したように，この種の議論に欠如しているものは，資本主義社会における根本的な空間の形成要因である生産の社会的関係についての掘り下げた分析の欠如である。

　ネオ・マルクス派の社会科学者達（経済地理学，都市社会学，農村社会学，地域計画学等）は，資本蓄積を軸とした空間的矛盾の視点に基づき，地域の動態的理解の再構成を試みた。彼等は，マルクスの史的唯物論の新たな解釈を試みつつ，資本主義生産様式下における空間形成，地域構造のそのものの政治経済学的意味を理解しようとしている[7]。彼らによれば，都市と農村は，「経済的」連続体であり，その差異は資本蓄積様式の空間的・地理的発現として理解されるべきだと考える。国土，地域，国家間の不均等発展（uneven development）は，資本蓄積様式の空間的矛盾なのである。この点においてシカゴ学派の都市農村連続体説とは根本的に異なる世界観に立脚していることとなる。Harveyによ

れば，都市およびその周辺は，資本蓄積の中心 (core) と周辺 (peripheries) から成る一つの連続した流域 (basin) システムのようなものであり，都市と農村は「地理的に連続した労働市場」であると考えた。そこには都市とか農村という区別は，生産および資本蓄積の面においてはあまり意味のない概念となる (Harvey 1985：127-128)。当然のことながら，農村と都市の可視的景観上の物質的な差異にもかかわらず，ムラはもはや従来的な意味での"rural"ではありえず，中心である都市との結合関係は，経済上の周辺としての農村の存在にとっての最も重要な要素の一つである。この結合関係は，交通・通信手段，生産技術，地理上の立地条件，人的・自然（観光資源を含む）的資源の賦存状況等によって規定されており，現実には，多様な経済基盤やビジネスの機会の有無が地域の社会経済発展の重要な要因となるわけである。

　戦後のある時期までの農村社会学者（アメリカの場合）および農業経済学者の一部（日本の場合）は，比較的狭い意味での都市農村関係についての議論に偏りがちであり，農村でも地域でもなく，農業と農家の社会学（経済学）に終始していた側面があったことは否めない (Lobao 1996：83-84)。従来の論議においては，「農村＝農業」部門の「都市＝工業」部門への従属とこれらセクター間の不均等発展の側面が強調されてきた。これに対し，ネオ・マルクス派は，農村地域の多様な問題，たとえば，際限のない都市スプロールや農村部における過疎・貧困（これらは，日本のみならず各国（とくに先進資本主義諸国）でみられるユニバーサルな現象である）を論じるための新たな視点を提供する。農村問題(rural problem) はもはや農村や農業の問題ではなく，地域問題 (regional problem) なのである[8]。

　今日，いかなる地域における社会，経済，環境問題を考察するに当たっても，空間のもつ政治経済学的意味（とくに，都市と農村を取り巻く生産関係について）を理解することは重要であり，私たちは，マルクス政治経済学のなかに，依然として有益な理論的，分析的フレーム（イデオロギーではなく）を見出すことができるのである。

4.「場所」としての農村,「空間」としての農村

　農村が有する独自の「場所」的特質とその居住者の生活様式が程度の差はあれ,都市のそれらとは異なることは否定できない。このことから,人々はしばしば農村生活とその環境の特質とエコロジー的かつ文化的イデオロギーと結びつけ,土地固有（site-specific）の場所に限定された（place-bound）視点に陥りやすい。これに対し,筆者は先進資本主義社会における農村社会のおかれた状況を農村問題としてではなく地域問題として理解するには,別の視点が必要だと考える。上述のように,ネオ・マルクス派地域理論は都市と農村を経済的連続体とみなし,この生成こそが,資本主義生産様式下における資本の蓄積を通じた普遍的な社会,経済,空間的力学による世界共通の史的プロセス（world-historical process）であると考えた。このプロセスは,各地域,都市,農村間に固有の人口構成,文化的価値観,フィジカルな景観,支配的な経済活動等の所要素にかかわらず,普遍的なダイナミズムとして存在している[9]。ここで,改めて「場所」（place）と「空間」（space）の意味を考えてみる必要がある。いかなる地域も過去と現在の影響を受けており,土地固有の存在としての「場所」と相対的な存在としての「空間」としての二面性を有していると考えられる。以下,やや抽象的,哲学的な説明になるが,「場所」と「空間」の概念について述べる。

(1)「場所」とは何か

　「場所」とは経験的な概念であり,そこには,その土地固有のアイデンティティと風土（genius loci）とが反映されている。農村地域における「場所」的要素とは,かつての「agro-pastoral space」の断片である（Lefebvre 1991：234）。場所とは土地の人々の経験と歴史が反映されている主観的な存在である。それぞれの地域（locality）は,自然環境,人的建築物,地形,外部からの物理的距離,文化・宗教的価値,民俗的習慣等の歴史を反映した固有の場所的アイデンティティを有している。Relph（1993：34）の説明はここで筆者が意味する場所のイ

メージに最も近いものである。すなわち,「場所とは,人工的,自然双方の景観,固有の立地条件に合致した社会的行為,個々人および集合的な(場所に対する)意味を伴った特定の景観に関するこれら3つの相互に関連した要素から成る全体的な現象である」という現象学的な理解である。

私たちは,懐かしく郷愁に満ちた気持ちを自分たちの「場所」に対して抱くものである。日本語の「ふるさと」(native place)という言葉は田舎とか農村といったニュアンスを包含し,私たちは農村を語るときにしばしばこの言葉を使う。ある国・地域(カントリー)の文化的遺産としての農村地域の価値についての議論はこの文脈において語られることが多い。それゆえ,私たちは,場所と絶対的空間を同一のものとして理解しがちである。Gottfried (1995:13) の次の農村景観に関する説明をみてみよう。

「人々の強烈なその土地における経験の積み重ねが,農村地域の文化的価値を高めてきた。大多数の農村景観はこのようにして「構築」されてきたのである。すなわち,それは,いくつにも階層化された人的行為(human intervention)の歴史の積み重ねである。文化の保全は農村政策において重要な位置を占めているが,その理由は,その積み重ねが農村景観との感覚的経験(sensory experience)を補足し,その景観の安定(stability)のシンボル的意味を強化するからである。」

しかし,場所は単なる過去の残存物ではない。むしろ,場所にとって,ローカル・アイデンティティは,外部世界に対する文化的表現であり,それは絶えず変化し続けているものである。この意味において,場所とは歴史上のある時点の(地理的に)「区切られたパフォーマンス」(bound performance)としての意味をもつ(Harvey 1996:294)。場所的な文脈においては,かつての社会学者が唱えた都市農村二分法は,都市と農村の社会的・物的エレメントにおける差異を論ずるための,依然として有用な概念かつ効果的な言説となりうる。われわれは場所を教区(parochial)的(区切られた空間)として認識しがちである。これは,文化的,社会的,あるいは,経済的に区切られたなわばり(bound territory)的な捉え方である(Massey 1993:143)。次に,別の次元,すなわち,より広い政治経済学的な文脈(社会科学者が本来注目しなければならない領域と筆者

は考える）からの場所の捉え方について議論を進める。

（2）「空間」とは何か

　「空間」とは，社会を表現するための，抽象的であると同時に客観的な一つの概念であるといえる（Castells　1992）。空間の政治経済学的概念は，Lefebvreの仕事を基礎とした戦後のネオ・マルクス派政治経済学の理論家たちの伝統から発展してきた（Soja　1989：43-51）。場所とは異なり，空間（Lefebvreの言葉ではespace abstraitまたはabstract space）とは連続した存在であり，区切られたなわばりのようなものではない。空間という概念の存在は,資本主義経済が発達し,資本蓄積様式の地理的矛盾（空間の不均等発展）が顕在化するにつれて強く認識されるようになってきた[10]。資本はいかなる場所にも属するものではなく，空間的に非常に流動的な存在である。資本の不均等な蓄積様式がもたらす当然の帰結である地域の不均等な発展は，同質的な場所群を社会・空間的に絶えず分解・再編成し,地域を中心と周辺地域へと階層化し，さらには，労働の空間的分業[11]を伴いつつ進展していく。Castells（1977：115）は，空間について的確な定義を与えている。「空間とは，（中略）物質的な生産物（material product）である。（空間に作用する物的）要素のうち，人間（それ自身が特定の社会関係の中に入り込んでいる）こそが，空間に形状，機能，社会的意味を与えるのである。それゆえ，空間とは単なる社会構造が（物的に）展開されたものではなく，社会が経験している特定の歴史上のアンサンブルの具体的な表現なのである。」また，Lobao（1996：88）はグローバル経済時代における空間の性質を次のように簡潔に説明している。

　「経済のグローバル化が引き起こす変化は（地理的に）不均等なプロセスであり，時を経るにつれて国家内部そして国家間へと波及していく。それは，（それぞれの国，地域における）社会関係，階級構造を変化させるとともに，その他の多様な力関係（ジェンダーや年齢間，倫理観など）を変化させ，国家による新たな何らかの政策的介入を促すよう作用し，国民の経済再生産活動のレベルにおいても影響を及ぼす。その結果，場所群は，経済構造，社会構造，人口分布（中略）等の意味において，分解する（再編成される）ことを余儀なくされるのである。」

いうまでなく，資本主義の根本的なメカニズムは，交換価値の創出と利潤の追求行動を原動力とする資本蓄積である。したがって，「立地選択は同時にまた投資選択であり，投資選択は資本蓄積の見通しについての全体的な見通しに左右される」のである（ディッケンとロイド　1997：408）。今日において，投資，すなわち資本蓄積の役割を担っているのは，買収・合併により強大化・中央集権化した求心的な大企業群（国際的な文脈では多国籍企業）であり，現代における交通・情報技術の進歩により企業立地（投資），すなわち資本の可動性は飛躍的に高まった。このようななか，資本蓄積の行動が，無数に存在する場所群に，異なった役割と機能を付与する。ある場所は資本による管理統制機能を付与され，ある場所はもっぱら付随的な労働提供の場に特化する。さらに，それ以外の場所は不安定な末端の事業所あるいは第一次産業の限界地としての機能に甘んじるか，さもなければ経済的空白地域への道を選択することとなる。そして，単なる生産立地上の場所の階層化のみならず，労働の「部門―空間的分業」や「空間―階層的分業」（ディッケンとロイド　1997：428-432）が発達することとなる。これらの状態は，資本蓄積の動的プロセスの一部であり，付与された機能が未来永劫のものではないことは当然である。

　Harvey（1985，1994）は，urbanとは物的インフラと生産・交換・消費のための施設（これらは再生産のための資本蓄積を促すための必要物である）の集積体であり，これらを「（都市的）建造環境」（(urban) built environment）と定義した[12]。すなわち資本主義生産様式下における，経済・社会・政治的諸機能の集積の結果として現れる「都市」という空間的状態（現象）は，資本の蓄積運動によって構築されたものであると理解することができる。ネオ・マルクス派は，空間とは単なる「容器」あるいは「物理的環境」としてではなく，それ自体が政治経済的な「意味」を有しているという立場を採っており，これは一般に空間を所与の状態として理解しがちな従来のシカゴ学派社会学（あるいは新古典派経済学・経済地理学）と大きく異なる視点である。換言すれば，資本主義生産様式下においては，空間があってそこに社会が展開するのではなく，（あるいは，それと同時に）社会が空間を形づくるということになる。

　この立場に立脚すれば，私たちが農村地域と呼んでいる景観（大規模な工業的

農業が行われている地域を除く)は，グローバル資本主義システムのなかで，急速に周辺化している。農村空間は，単なる所与の物的空間（静的な意味において）ではなく，常に外界からの影響を受けながら変化し続けている動的な状態（社会経済的プロセスの一環）であると理解することができる。

5．経済発展に伴う「場所・空間」矛盾の顕在化

　資本主義以前の前近代的社会においては，「場所」と「空間」は同一のものであったか，その違いは僅かなものであった。両者の違いが顕在化したことは，経済発展という歴史上の産物であったと理解できる。前近代社会における半自給自足的な農的社会（agrarian society）は，上述のような意味をもった都市を中心とする貨幣交換経済に取り込まれてゆき，統合された経済空間の一部となったのである（筆者はこれを「空間的実践」(spatial practice) と定義する）。一方，農村のローカルな場所的アイデンティティは依然として，文化的，エコロジー的，社会的文脈のなかで存在し続けているのである（筆者はこれを「場所的実践」(place practice) と定義する）。製造業やサービス業とは異なり，農業は特定の空間に根ざし，特定の場所に賦存する資源（土地，水，養分，日照等）に対し労働を通じて働きかける経済行為であり，一定面積の物理的空間（耕地）を必要とするという特質を有している。したがって，現象としての都市が発生しない（多くの場合）周辺化された空間に農業は必然的に特化・残存することになる（水岡1992：234）[13]。

　今日，私たちは，上述のような場所と空間の二面性をもった社会に住んでいる。そこでは，場所と空間との間の相互干渉と葛藤（communications, negotiations and conflicts）が絶え間なく発生している。このような世界観において，地域（locality）における可視的な物質的景観は，場所（ローカル・アイデンティティ）と空間（地域レベルの，国家レベルの，そしてグローバルな政治経済システムの容器）の絶えざるせめぎあいの可視的表現であると捉えるべきである。したがって，すべての農村地域，あるいは農業生産が行われている地域をひとまとめにして，単に農村という言葉で表現することは，それぞれの地域の空間的特質を無視す

ることになり，適切ではない。資本集約的な工業的企業的農業およびアグリビジネスが行われている地域は，農村といえども「周辺」空間ではなく，むしろ，グローバル・フード・システムにおける資本蓄積の「中心」空間であり，その景観は一種の疑似都市的建造環境（quasi-urban built environment）として理解されるべきである[14]（Kitano　2000：18）。

6．農村のもつ環境的(非経済的)役割への意識の高まりと「場所・空間」論

　空間の政治経済学が強調する空間の相対性にもかかわらず，農村地域は独自の物質的，生態学的特質を有している。この特質が農村の社会的価値を高めているのである。ここでは，MarsdenとMurdoch（1991）の言葉を引用したい。

　「政策面とポピュラーな言説において，経済面での相対的，絶対的な衰退にかかわらず，農業は農村の土地利用および所有の面で，引き続き，主要な存在であるとともに，農村生活の文化と環境の源泉として存在しつづけるのである[15]。」

　この視点は，農村のエコロジー的，環境，国土保全等外部経済機能を重視する近年の議論に広く認められ，脱産業化社会における農業・農村の役割の再考を強く主張するようになってきた。環境・エコロジー主義の議論においては，一般に，以下の点が重要な関心領域となっている。

①環境・エコロジー・健康：環境にやさしい農業や安全で健康によい農産物への意識の高まり。資源収奪型農法への危機意識の高まり。

②自然資源の維持と国土保全：農村環境の維持には農業生産活動が不可欠という「環境に対する奉仕者」（environmental stewardship）論。ある種の農林業活動は，土地，水，森林を保全する社会的役割を担っているのだという認識。

③アメニティー・教育・福祉：農村地域は，都市住民に対して，アメニティー，レクリエーションの場を提供するとともに，たとえば，園芸療法による障害

者福祉，農作業体験による教育的機能等も併せ持ち，社会的便益の創出に貢献しているという意見。

この3つの問題領域は，農薬・化学物質による汚染，水質・大気汚染，歴史文化的遺産の保全等，今日の環境問題全般にかかわっており，これらは物質的環境と文化的価値の双方にまたがる問題である。イデオロギー的，ロマンチシズム的な一部の偏狭な環境論者の意見は別としても，これらの言説は場所としての農村が内包する外部経済機能を考えるうえで，重要な視点を示唆している[16]。こうした外部機能を維持することが，社会全体の便益の最大化にとって重要だということは否定できない。

しかし，この種の議論が地域活性化の実践という文脈において語られる際，総じて環境問題を場所固有（place-particular/-embedded）な問題として理解する傾向にあることが，上述の場所と空間のもつ二面性のもつ意味と諸矛盾から目をそらすことに繋がるのである。農村における環境問題もまた，過去と現在，そして，場所と空間における，高度にグローバル化された今日の資本主義生産様式の諸矛盾の一つであることに変わりはないのである。なぜならば，今日，農村における環境問題の多くが周辺空間における経済構造問題と表裏一体の関係にあると考えられるからである[17]。

したがって，Harvey（1996：400）のいう「生産機能と分配機能をいかに組織するか，グローバルな政治的パワー・ポリティックスにいかに対処するか，そして，資本主義のヘゲモニー的パワーに対し，散発的，自主（孤立）的，地域主義的，本質的に共同体主義的（communitrianism）な解決方法を避けつついかに対応するか，という物質的，制度的問題」から目をそらしてはならないのである。筆者は，資本主義体制そのものを止めよなどという荒唐無稽な主張をするものではない。筆者が，唯一，強調したいのは，生産，消費，分配，資本蓄積が行われている「空間」に対して，私たちは，常にセンシティヴであるべきだということである。この弁証法的命題から，実際の政策的実践において，資本主義がもつネガティヴな部分（環境，過疎，貧困等の諸問題の要因となる）をコントロール，変革（transform）するか，少なくとも弱める（tame）ことなしに

は真の問題解決法は見出されないのではないか，という仮説が導きだされる。もちろん，この議論がただちに即物的な政策オプションを提示するものではない。残念ながら，今のところ，そのための具体的な政策オプション，実践事例についての研究蓄積は十分ではない[18]。しかし，こうした観点からの理論，実践両面における研究は，今後，政策提言の新たな可能性が期待できるアプローチであり，一層の研究の深化が必要である。

7．おわりに—プランニングの新しいパラダイムの構築に向けて

行政主導，民間資本主導，都市，農村の別を問わず，ちまたには，地域資源や景観の商品化（commodification）[19]を利用したテーマパーク的な地域振興策が多くみられる。しかし，これらが地域開発の実践モデルになりうるであろうか。外部資本に依存せず，地域資源を有効活用しているからといって，内発的発展だと果たして言えるのであろうか。空間の弁証法理論の観点でみれば，一部の成功事例はたまたま交通立地や観光資源の賦存状況，人的資源・マーケティング，政治的条件（endowments）に恵まれていた「例外空間」（exceptional space）としての「点」としての成功にすぎないことになる[20]。そして，その「点」としての成功も，長期的な観点でみれば，後発の技術的，政策的により洗練された地域（場所）に絶えず取って代わられる[21]というシュムペーター的ともいえる動的プロセス[22]における一時的状態に過ぎないとみることもできるのである（北野　2000）。

上記においてみたネオ・マルクス政治経済学が主張する空間の弁証法的理論に依拠すれば，地域を計画（プランニング）すること，すなわち，都市計画や農村計画は，単に物質的な景観デザイン，施設配置，土地利用パターンを決定することにとどまらないことになる。上述の空間の特性を念頭におけば，プランニングの究極的な目標は以下のように定義されるべきである（Kitano 2000：303）。

①プランニングとは，社会的に好ましくない経済や環境のドラスティックな変

化を緩和させるとともに，社会的，環境的負荷をできるだけ低減させたうえでスムースに変化に適応するよう政策的に導くこととして理解される。だたし，この場合，資本主義の発達の歴史的必然（たとえば，グローバル経済化）を止めることは誰にも（政府，企業，市民）できない。

②プランニングとは，資本主義的生産様式下における経済発展に伴う必然的な変化の先を見越した（予測した）うえで，社会（地域）が導かれる進路に何らかのコントロールを行うこと。

③プランニングとは，その政策を通じて，社会が選択できる選択肢を示し，望みうる最良の生活（金銭的な意味ではない）を将来の世代にわたって持続的に人間に保証し，社会の新たな歴史的環境への適応を促進すること。

　景観デザイン，施設配置，土地利用パターンの検討といった現実のプランニングにおける実践は，これらの究極的目標に合致したものでなければならない。青木（1984：3）は，農村計画の3つの側面として，経済計画，社会計画，物財計画をあげ，それらを三位一体として総合的に検討することにより「住民生活の向上」に資することを主張しているが，プランニングにおけるこうしたコンポーネントは，前記の究極的な目標に沿って実施されて初めて，空間的に意義のある実践となりうるのである。

　最後に，プランニングのアクター達の役割について補足しておきたい。当然，政策担当者（プランナー）の役割は，上記を具体化することであり，資本が形成する空間における構造的決定に身を委ねたり，加担するものであってはならない。外部からの影響に対応することが要請されているのは，プランナーのみならず，地域社会の発展（開発）の真のアクターであるべき地域住民である。これまで，住民セクターは，資本あるいは権力に従順に飼いならされた存在であったか，あるいは，それに対する反動としての断片的な自己防衛や地域アイデンティティの主張に傾きがちな存在であった。しかし，空間の政治経済学に基づくならば，住民こそが自らの地域社会の「空間的」意味，「場所的」役割

を学習によって再定義・再構築し，外部の政治経済動向に能動的に対応していかなければならないのである（カステル　1999：271-279）。なぜならば，カステルが主張するように，グローバル経済の時代においても「社会的再生産はひきつづき地域現場的に固有なものでありつづける」（カステル　1999：276）からである。その意味でも，地域住民自らがプランニングのプロセスに主体的に「参加」し，地域（community）内における結びつきの強化・再組織化，地域間のネットワーキング等を通じて，現場における（オルタナティヴな）社会変革の真のアクターとならなければならないのである[23]。

考えてみよう　［第12章］

1．ネオ・マルクス派地域理論と第１章でみた地域動態論はどのように関連するか，考えてみよう。
2．本章でみた場所・空間論と本書が提唱する総合人間科学としての地域づくり論にはどのような接点があるか，考えてみよう。
3．人間による価値選択行為であるプランニングにおける地域住民の役割を自分の言葉で説明してみよう。

[注]
1）周知のとおり，マルクスは資本主義生産様式以前の前近代社会における生産様式プロトタイプとして，アジア的生産様式（Asiatic mode of production），古代的生産様式（Antique mode of production），ゲルマン的生産様式（Germanic mode of production）の３つをあげている。英語圏における学説の詳細については，Hobshawn, ed.（1964），Tökei（1979）を参照せよ。
2）この記述の意図は，一般に農村労働者の大多数は，すでに製造業を中心とした非農業部門に従事していること，また農業者自身もすでに兼業化の進展によりセミ・プロレタリアート化していること，を念頭においたものである。
3）この学派を総称する呼び方は確立されていない。一般に，都市社会学の分野では，これを新都市社会学（New Urban Sociology）と呼んでいる。新都市社会学の研究者はカリフォルニア大学に多いことから，ロスアンゼルス学派（LA School）と呼ばれることもある。これにはシカゴ学派に対抗する意味もあると思われる。空間の政治経済学は，都市社会学のみならず，農村社会学，経済地理学，都市計画学等の

第 12 章　地域づくり，農村計画における「場所」と「空間」，地域での実践の意義　273

多岐の分野に関連していることから，本章においてはそれらの総称としてネオ・マルクス派（あるいは学派）と呼ぶこととする。
4）近年，日本においても都市社会学者や経済地理学者らによる空間の政治経済学理論に関するテキストや翻訳本が出版されるようになった（たとえば，水岡（1992），吉原（1994）など。翻訳本としてはHarvey（1982，翻訳は1989～90），Harvey（1985，翻訳は1991）などがある）。多くは都市研究に特化したものであり，農村問題に踏み込んだものは少ない。
5）古典的および最近の都市農村連続体説に関する議論のレビューについては，Pahl（1996）を参照せよ。
6）ここでの「文化」の意味するものは，第一義的には，上述の「都市的生活様式」である。都市的生活様式は，都市の物的構成（人口の3変数（量・密度・異質性），インフラ整備・土地利用状況），社会構造・制度・関係，およびそこにおける住民の態度・観念・人格とそれら全体としての集合行動様式，等の総体として表現されるものであると考えられる（吉原　1994：36-38；倉沢　1999：84-99）。
7）これが，単なる都市と農村の関係のみならず，経済社会のグローバル化が進む今日および近未来を念頭においたものであることに留意する必要がある。
8）この地域問題が，近年一層グローバル経済情勢の影響を受けるようになってきていることは，たとえば日本企業の海外投資や立地行動の動向やＧＡＴＴ／ＷＴＯ体制下における農産物等の自由貿易の促進などを念頭におけば理解できるであろう。
9）筆者はこの普遍論が各国・地域における独自の発展形態の発現を否定するものではないと考える。現実にはこの史的プロセスを根底としつつも，各国・地域の固有の歴史文化，自然地理，政治経済的ファクターの影響により，実際にみられる多様な経済社会の発展パターンが展開されるべきものと考えるべきである。すなわち，その土地固有の「場所」的要因も地域の発展のパターンを形成する重要な要素であるという理解である。
10）これに関する理論的解説については，水岡（1992），Harvey（1982）を参照せよ。
11）労働の空間的分業については，Massey（1984）を参照せよ。
12）「建造環境」は「都市的に構築された環境」という意味をもっているが，すでにこの訳語は，日本の経済地理学，地域経済学等の分野の一部で使用されているので（たとえば，中村　1990；水岡　1994；岡田　1997），本章においては「建造環境」をそのまま用いる。
13）しかしこの説明も，ＧＡＴＴ／ＷＴＯ体制のもと，世界経済の徹底したグローバ

ル化の進展とともに過去のものになりつつある。グローバル経済時代では，あたかも製造業がより安価に生産できる立地を求めて国境を越えて移動するがごとく，農業（食料）生産も地球的規模でみれば，資本投資の効率最大化が可能な地域へと移動・集積しているからである（たとえば，アメリカの中西部穀倉地帯，あるいは途上国の農業地帯など。どちらにおいても安価な労働力の搾取が行われている）。

14) ここでいう空間論の文脈とは異なるものの，経済地理学者の西野（1998）は，営農条件や経済立地上の条件を異にする多様な農村や山村を画一的に中山間地域という「曖昧な地域区分用語」のもとに理解することは適切でないと主張している。筆者は空間論の観点からこれを支持したい。

15) Whatmore（1994：55）における引用の再引用。

16) エコロジスト，環境主義者のポピュラーな言説に対する，史的唯物論からの包括的批判については，Harvey（1996）を参照せよ。

17) たとえば，中山間地域における耕作放棄地の増大，農林業の担い手である地域住民を支える非農林業を含む地場産業の衰退等である。また，かつてのバブル期リゾート開発ブームにみられた資本の利潤の極大化行動による農村部の自然環境破壊（周辺空間における利潤収奪行動）も同様である。

18) 理論的には，高次の生産機能の徹底した分散化（decentralization）を通じた（これには行政の分権化も不可欠），ネットワーク型の地域経済構造の構築が考えられる。

19) 「商品化」という表現に対し，反感をもつ読者が少なからず存在することは承知している。しかし，「商品化」でも単なる「観光事業」でもなく「交流」であるとする議論に対しては，筆者は懐疑的な立場を採りたい。何らの経済的の見返りを全く考慮しない交流が存在し，継続しうるかは疑問である。都市農村交流事業の最も有名な事例の一つである群馬県川場村での現地調査を通じて，この認識はさらに強まった。いわゆるグリーンツーリズムについても，同様の矛盾が存在している。

20) こうした観点からの経験的研究としては，たとえば，Cooke（1989）やKitano（2000）がある。

21) かつての一村一品運動の衰退がそのよい例である（北野　2000）。

22) オーストリアの経済学者シュムペーターは，1942年の著作『資本主義・社会主義・民主主義』（邦訳は，シュムペーター（1995））のなかで，経済は企業のイノベーションによって，常に効率性に勝る者にとって代わられる動的な新陳代謝のプロセスによって発展すると唱え，これを「創造的破壊」と呼んだ。

23) 開発および計画における住民参加については，単に地域の伝統文化や環境の保全に配慮するためといった観点からだけでなく，新古典派経済学，開発行政（管理）学（development administration）等さまざまな分野において，その有効性・重要性が実証されている（Kitano 1998）。たとえば，住民の潜在能力こそが地域の開発に最も有効な資源である（チェンバース 2000等），地域の社会組織に配慮することは，地域における組織制度のイノベーションに要するコストを減少させる（Ruttan 1984），参加とそこにおける試行錯誤のプロセスを経験し学習することにより住民のエンパワーメントが図られる（オークレー 1993）等の議論がある。本章「おわりに」における筆者の主張は，これらの議論と対立するものではなく，むしろ「住民参加」に対するマクロの政治経済的な意味からの定義を付与するものである。

[引用文献]

[１] 青木志郎（1984）：はじめに，青木志郎編著，農村計画論，農山漁村文化協会，pp.1-3.

[２] 岡田智弘（1997）：第２章 現代日本の地域経済と地域問題，岡田智弘・川瀬光義・鈴木誠・富樫幸一著，国際化時代の地域経済学，有斐閣，pp.67-132.

[３] オークレー, P.（1993）：「国際開発論」入門―住民参加による開発の理論と実践―，築地書館.

[４] カステル, M.（1999）：都市・情報・グローバル経済，青木書店.

[５] 北野収（2000）：グローバル化時代のロカリティ―新たな可能性の模索と矛盾―群馬県の事例から―，鈴木直喜編，ＮＧＯ：新たな視点を求めて（外務省委託開発経験体系化調査研究，マージナリゼーションとＮＧＯ研究会，平成11年度報告書），（財）国際開発高等教育機構，pp.57-71.

[６] 倉沢進（1999）：アーバニズム理論と都市＝民俗社会連続体，倉沢進編著，都市空間の比較社会学，放送大学教育振興会，pp.84-99.

[７] シュムペーター, J. A.（1995）：資本主義・社会主義，民主主義（新装版），東洋経済新報社.

[８] 高橋勇悦（1988）：地域社会，本間康平ほか編，社会学概論―社会・文化・人間の総合理論―（新版），有斐閣，pp.293-318.

[９] チェンバース, R.（2000）：参加型開発と国際協力―変わるのは私たち―，明石書店.

[10] ディッケン，P.とP.ロイド (1997)：立地と空間―経済地理学の基礎理論― 下，古今書院．
[11] 中村剛治郎 (1990)：第1部：地域の経済理論，宮本憲一ほか編，地域経済学，有斐閣，pp.29-194.
[12] 西野寿章 (1998)：山村地域開発論，大明堂．
[13] 水岡不二雄 (1992)：経済地理学―空間の社会への包摂―，青木書店．
[14] 山森芳郎 (1984)：都市化する地域構造，青木志郎編著，農村計画論，農山漁村文化協会，pp.224-248.
[15] 吉原直樹 (1994)：都市空間の社会理論―ニュー・アーバン・ソシオロジーの射程―，東京大学出版会．
[16] Castells, Manuel (1976)：Theory and Ideology in Urban Sociology, Chris G. Pickvance, ed., *Urban Sociology : Critical Essays*, Travistock Publishers, pp.60-84. (Orig. 1969)
[17] Castells, Manuel (1977)：*The Urban Question : A Marxist Approach*, Edward Arnold Publishers. (Orig. 1977 in French under the title of *La Question Urbaine*)
[18] Castells, Manuel (1992)：*The Space of Flows : Elements for a Theory of the New Urbanism in the Informational Society*, Keynote Paper at the Princeton University Conference on the New Urbanism, November.
[19] Cooke, Philip, ed. (1989)：*Localities : The Changing Face of Urban Britain*, Unwin Hyman.
[20] Fischer, Claude S. (1984)：*The Urban Experience, 2nd ed.*, Harcourt Brace & Company.
[21] Fuller, Anthony M. (1984)：Part-Time Farming：The Enigmas and the Realities, *Research in Rural Sociology and Development, Vol. 1, Focus on Agriculture*, H. K. Schwarzweler, ed., Jai Press, pp.187-219.
[22] Gottfried, Herbert (1995)：Corridor of Value：Rural Land in Rural Life, *Rural Development Perspectives*, 2(1), pp.13-18.
[23] Harvey, David (1982)：*The Limits to Capital*, Blackwell Publishers. (松石勝彦ほか訳 (1989～1990)：空間編成の経済理論―資本の限界―（上・下），大明堂)
[24] Harvey, David (1985)：*The Urbanization of Capitalism : Studies in the History and Theory of Capitalist Urbanization*, St.Martin's Press. (水岡不二雄監

訳 (1991)：都市の資本論—都市空間形成の歴史と理論—, 青木書店)
[25] Harvey, David (1994)：Flexible Accumulation through Urbanization：Reflections on 'Post-modernism' in the American city, Ash Amin, ed., *Post-Fordism：A Reader*, Blackwell Publishers, pp.361-386. (Orig. 1987 appeared in *Antipode*, 19(3), pp.260-86)
[26] Harvey, David (1996)：*Justice, Nature, and the Geography of Difference*, Blackwell Publishers.
[27] Hobshawn, Eric J., ed. (1964)：*Pre-capitalist Economic Formations*, Lawrence & Wishart.
[28] Kitano, Shu (1998)：Historical Perspectives on Technical Cooperation in Relation to International Agricultural Development：Definitions, Transitions, and an Effective Mode, *Journal of the Rural Issue*, 46, pp.23-39.
[29] Kitano, Shu (2000)：*Moving Beyond Decline and Integration：Uneven Rural Development in Japan*, Ph.D, dissertation, Cornell University.
[30] Lefebvre, Henri (1991)：*The Production of Space*, Blackwell Publishers. (Orig. 1974 in French under the title of *La Production de l'espace*)
[31] Lobao, Linda (1996)：A Sociology of the Periphery Versus a Peripheral Sociology：Rural Sociology and the Dimension of Space, *Rural Sociology*, 61(1), pp.77-102.
[32] Marsden, T. and J. Murdoch (1991)：Restructuring Rurality：Key Areas for Development in Assessing Rural Change, Working Paper 4：Countryside Change Initiative, University of Newcastle upon Tyne. (Quoted in Whatmore 1994)
[33] Massey, Doreen (1984)：*Spatial Division of Labor：Social Structures and the Geography of Production*, Routledge.
[34] Massey, Doreen (1993)：Question of Locality, *Geography*, 73(2), pp.142-149.
[35] Pahl, R. E. (1996)：The Rural-Urban Continuum, *Sociologia Ruralis*, 6, pp.299-329.
[36] Relph, Edward (1993)：Modernity and the Reclamation of Place. David Seamon, ed., *Dwelling Seeing and Designing, Toward a Phenomenological Ecology*, SUNY Press, pp.25-40.
[37] Ruttan, Vernon W. (1984)：Social Science Knowledge and Institutional

Change, *American Journal of Agricultural Economics*, 66 (December), pp.549-559.

[38] Soja, Edward W. (1989) : *Postmodern Geographies : The Reassertion of Space in Critical Social Theory*, Verso.

[39] Sorokin, Pitirim and Carle C. Zimmerman (1929) : *Principles of Rural-Urban Sociology*, Henry Holt and Company.

[40] Tökei, Ferenc (1979) : *Essays on the Asiatic Mode of Production*, Akademiai Kiado.

[41] Tönnies, Ferdinand (1963) : *Community and Society*, Harper and Row. (Orig. 1887 in German under the title Gemeinschaft und Geselltschaft)

[42] Weber, Max (1958) : *The City*, Free Press.

[43] Whatmore, Sarah (1994) : Global Agro-Food Complexes and the Refashioning of Rural Europe, Ash Amin and Nigel Thrift, eds., *Globalization, Institutions, and Regional Development in Europe*, Oxford University Press, pp.46-67.

[44] Wirth, Louis (1938) : Urbanism as a Way of Life, *American Journal of Sociology*, 44 (July), pp.33-24.

結　び

学生の潜在能力と対話型教育
―この本はどのようにして生まれたか―

北野　収

1．はじめに

　最後に「人づくり」に関する試論を述べる。基本的には，筆者のゼミにおける教育研究[1]の実践に基づく「人づくり」論ではあるが，根本論として，人間中心の地域づくりを考えるヒントをみることができるのではないかと思う。以下，本書を構成する各論文（章）が生み出された背景と，分担執筆者である学生と筆者とのコラボレーションについて散文的に紹介し，人間，学び，関係性を共通テーマとする本書を締めくくる。ただし，大学教育論としては，ここで提示する「方法論」をすぐに一般化することには無理がある。各大学（学部，学科）にはカリキュラム上の個性があるし，ゼミや卒論の位置づけも多様である。だから本エッセイは，学生論文がベースとなっている本書が生まれた背景と経緯に関する説明以上にはなりえないだろう。その意味では，本書自体が，「ラーニング・コミュニティ」の形成を目指した数年間の一（いち）試みの「記録」に過ぎない。
　社会における大学の役割はすでに大きく変化した。研究面では産官学の連携と国際競争力の向上が叫ばれ，教育面では年々低下する基礎学力の底上げと，企業社会が必要とする人材育成が喫緊の課題となっている。次から次へと，新しい名前の学部・学科・大学院が生まれては消え，縮小する18歳市場をめぐって熾烈な競争が繰り広げられている。一方，ＣＯＥ，ＧＰなどに代表される文部科学省の一連の資金をめぐる競争も，競争に拍車をかけている。いろいろな批判はあったが，かつて大学に所属する研究者は教養人・知識人として学問に携

わり，教育研究を遂行する存在であった。現在は教師兼シンクタンク社員であることが要求される時代となった。政治家・行政やメディアから次から次へと生み出される教育「言説」の科学的・批判的検証をする余裕もないまま，競争に駆り立てられるという，教育研究面における「新自由主義(ネオリベラリズム)」の時代に突入したのである。

　私事になるが，筆者は3つの大学で計4回，学生として学び，民間企業の社員と公務員を経験した後，自然科学系が中心の学部における人文・社会分野の教員として大学へ奉職した。もともとの研究者志向を実現するための転進ではあった。学生教育の重要性は十分に認識しつつも，教育栄えて学問死せりという風潮には，どこかで違和感を感じてきた。大規模な私立大学と小規模な国立大学のそれぞれの長所短所も，実体験を通じて，ある程度は理解できているつもりである。会社員と公務員の経験から，理工系は別として，大学で習った知識の類が実社会で直接役に立たないことは，百も承知している。しかし，2度のアメリカの大学への留学の経験から，「実社会で直接役には立たないかもしれないが，大学でなければ学ぶことができない何かがあるはずだ」と確信するようになった。ここでアメリカの大学の仕組みや留学体験を述べることはしない。社会環境や前提が違い過ぎる。政府はアメリカの大学の制度やシステムの移植に努めているが，現地の実情を多少なりとも経験した者にとって，「仏作って魂入れず」という状況が嘆かわしく感じられる。

2．人文・社会系の学生教育における「研究」の意義

　基本的に本書は，それぞれが独立した論文を章として収録した論文集の体裁をとっている。各章（論文）の多くは，筆者がゼミを通じて指導した学部生の卒業論文がベースになっている[2]。しかも，その多くは，専門家による査読をクリアして，学会誌または学内紀要に掲載されたものである。ささやかなものではあるが，それぞれが一定の新たな知見・インプリケーションを提示している。彼・彼女らは特別な学生ではない。付属高校や農業高校から進学してきた者もいる。少なくとも受験競争の勝利者ではない[3]。もちろんゼミで勉強だけ

をしているガリ勉学生でもない。アルバイトもしているし，サークル活動もしている。大学のサークルで部長などの責任あるポジションを務めた者もいる。筆者自身，学部生に学会投稿を最初から求めることは非現実的かつ教育上適当ではないと考えるし，それを目的として学生に課したことは一度もない。

　一般には知られていないが，一部の例外的な大学を除き，人文・社会系の大学教員が研究と学生教育（さらには，学内事務，学会事務）をバランスよくこなすことは大変な困難が付きまとう。研究と教育に限定しても，ともすれば，どちらかに力点が偏ってしまう。講座制・研究室制が前提となる自然科学系の場合，教授・准教授・助教，院生（博士，修士），学部生という組織と分業が確立されており，学部生も研究室全体の研究テーマの一部を卒業実験として担当する（割り当てられる）ことが多い。あくまでも相対論ではあるが，文系との比較において，理系では，研究と教育の両立はシステム的には担保されているといえる。人文・社会系の研究は原則として個人研究であり，また筆者はそうあるべきだと考えている。しかし，研究は年々高度化する一方で，大学院生ですら満足に研究をする術を会得していないのが実情である。まして，文系の学部生にとって，「研究」は縁のないことであり，卒業論文，ゼミナールの「単位」と同意語としてしか捉えていない者も多い[4]。実際，研究論文とレポートの違いを的確に説明できる大卒者がどれだけいるだろうか。自問してみればすぐに分かるはずである。教員1人当たり多くの学部生を抱える私立大学の人文・社会系の教員にとって，どうしても教育と研究が二律背反的になってしまうのは，偽らざる現実ではなかろうか。私立大学の文系学部で，卒論を選択科目とするところが増えているのもこうした背景によるものであろう。

　結論を述べたい。研究者・技術者にならずとも，企業への就職や公務員を希望する，あるいはいずれ家庭人となるかもしれない人文・社会系の学生にとっても，「適度の研究」は学びの「手段」として有用である。教員にとっても，（条件付きで）教育と研究の両立は可能である。学生が，その試行錯誤の「学び」のプロセスを自らプランニングし，経験することが，学生の知的体力の成長を促し，人間関係やチームワークの大切さを知ることにつながる。そして，達成感を体感することにより自信をつけることができる（エンパワーメント）。大学

教育でしか得られない「何か」があるとすれば，それは，実用的な知識や資格ではなく（その有用性は否定しない），学びを通じた自己実現に尽きるのではないかと思う。筆者はこれを学部レベルでの「学問」として定義する。

本書に収録した論文は，ゼミ学生達と筆者との対話を通じた「学び」のプロセスを経て生み出された「結果」であり，私たちにとって結果を出すこと自体が目的ではなかったのである。

3．筆者が「対話型教育」に出合うまで

筆者は，約10年の間，農林水産省という霞が関の組織文化のなかで過ごし，国際協力政策，村づくり対策，農業白書執筆の実務に携わった。中央官庁という所は不思議なところで，一見，厳格なトップダウンの指揮系統によって機能しているようにみえるが，実際には，「班長行政」「係長行政」というように，ボトムアップの発議によって物事が始まることが少なくない。しかし，地域開発や国際協力といった政策的フィルターを介した，働きかけ・指導の対象としての「他者」（人間，産業，地域，外国）に対する当時の筆者のまなざしは，非常に保守的でトップダウン的なものであった。

アメリカの大学に学ぶ機会を得て，まず，驚いたこと，興味深く思ったことは，教授と学生の関係であった。ファーストネームで呼び合うといった文化習慣の差異よりも，もっと本質的な違いについてである。教授と学生の関係は，ある意味，非常に厳格であった。教室内での学生の義務，レポート等の提出期限，アカデミック・ライティングにおける引用ルール，シラバスにおいて記載されたとおりの要求水準などである。しかし，学習の中身に関しては，完全に自由な部分もあった。自由というより，（一定の縛りのなかで）独創的であることが求められたといってもよい。教授の言うことをそのまま書けば単位はもらえないことが多い。独創と単なる思い付きは全く異なる。独創的であるには，最低限，知的な基礎体力と方法論の習得が必要である。そこで発見したことは，教育における主体と客体の逆転であった[5]。先生はいわゆる専門知識を教えていた（知識の単純移植）のではなく，学生の「学び」のプロセスをファシリテー

トしながら，「(学びに対して) 主体的であること (あり方)」を教えていたのである。とりわけ役に立ったのは，教室での講義や実習ではなく，研究室での「対話」だった。論文作成以外でも，通常の講義の内容についても，気兼ねせず話を聞いてもらえた。単なる雑談ではない，1人1回30分までのオフィスアワーという時間的縛りのなかでの「対話」ではあったが，これにより，筆者は，30歳を過ぎて初めて「勉強が楽しいもの」だと思えるようになった。やり方を的確に教われば，自分でもある程度のことはできるようになることを知り，多少の自信をもつことができた。同時に，このことを20歳前後の頃に知ることができたなら，人生はもっと豊かなものになったに違いないという，後悔にも怨恨にも通じる感情を抱いた。

4．「対話型教育」と潜在能力

(1) 対話を重視したパウロ・フレイレの学習モデル

　「対話型教育」の祖の一人であるパウロ・フレイレ (Paulo Freire, 1921-1997) のことは，人類学のグリーンウッド教授の授業で知った。主著『非抑圧者の教育学』で知られるブラジルの教育者フレイレは，今日の開発学の分野においても，エンパワーメント概念への認識の高まりとともに，再評価されつつある存在である。世界で最も裕福な国で，私立大学に通う学生諸君を，途上国の貧困者に見立てることは，不適切かもしれないが，筆者自身が「開発学」専攻であることが，「対話型教育」に目を向けるようになった理由の一つである。

　フレイレは，教師と生徒の関係が固定化され，生徒が教師の発する知識・情報の一方的な受け皿となってしまうことを「銀行型教育」と呼び，そのこと自体が，とりわけ途上国の社会的文脈において，支配＝被支配という抑圧的な関係を構築してしまうと批判する。フレイレは，貧困者に対する識字教育の実践を通じて「課題提起教育」という概念を生み出した。文字や読み書きを習得することは，自分が置かれている状況や諸矛盾，己の限界を知ること，すなわち「意識化」するための手段に他ならない。したがって，教育の手法についても，

テストの点数を取ることを重視した勉強とは，別の方法が開発されるべきである。紙幅の制約から詳しい説明は省くが，フレイレは，貧困者や農民のおかれた状況や関心を対話を通じて探り，それに即した教材の開発や教授法を「課題提起教育」として見出したのである（フレイレ　1979）。ここでのインプリケーションには，2つの次元がある。1つは，個人レベルでの学習の主体形成というミクロの次元である。2つは，集団間の社会関係の変革という，より広義かつマクロの次元である。前者が教育の民主化による「個人のエンパワーメント」なら，後者は社会の民主化に向けた「変革のための方法」としての教育ということになる。

　筆者は，個人研究として，メキシコ南部オアハカ州（先住民比率が最も高く，同国の貧困州の一つ）をフィールドに，自律的な地域づくり運動とそこにおけるローカルNGOの役割について調査をしてきた（北野　2008）。このなかで出会った事例や実践を通じて，パウロ・フレイレやイヴァン・イリイチ[6]の影響を受けた人々が，今日においても，一種のフリースクールや農民学校を通じて，主体形成の実践を行っていることを知り，筆者はあるジレンマに直面した。フレイレやメキシコの実践者は，「学校教育」という制度的枠組みの外で主体形成を行っている。そして，彼らの究極の目的は，社会関係の変革である。しかし，大学という制度的枠組みのなかで，教育研究に従事せざるをえない者にとって，彼らのやり方は理想的ではあるが，実現困難な部分も多い。一方，アメリカの大学における，限定的な「対話」も，主体形成に有効だと思われるが，日本とアメリカの大学の環境の違いは，ことのほか大きい[7]。

　そこで，教員自身が自由に教育方法を設定できるゼミナール，卒業論文指導に限定して，日本の社会と学生の実情に適合した方法を模索することにした。

（2）潜在能力について

　アマルティア・センの潜在能力（ケイパビリティー）アプローチにおいては，その人間が価値を見出すことのできる状況や活動（「ひとがなしえること，あるいはなりえるもの」）が選択できる能力の範囲であり，その広がりは自由の大きさでもあるとされる。つまり，周囲に賦存するさまざまなチャンスや資源を自ら

活かし運用し，自身の幸福（well-being）を増大させる能力のことである（セン 1988, 1992）。どんなに些細なことでもよいから，自分自身に内在されている価値や可能性の広がりに「気付くこと」は，学術的な知識や実務的なスキルよりも価値のあることだと思う。その点では，スポーツも，芸術も，学問も，遊びの類も同じである。ただし，空手の師範は空手という手段を通じて，バイオリンの先生は音楽という手段を通じて，研究者は学問という手段を通じてしか，それにアプローチすることはできない。

5．第1期生での手ごたえと見出された課題

　大学に奉職して最初に受け持ったゼミ1期生は，いずれも個性豊かな人たちであった。初めて接した携帯・ゲーム世代との手探りのコミュニケーションは，試行錯誤の連続であった。筆者自身，前年度までは「学生」の身分であったわけで，まだ確立された自分の研究テーマすら持ち合わせていなかった。一点だけ肝に銘じたのは，「最近の若者は……」というバイアスだけは極力排除して接することであった。学習面では，アメリカの大学と同様に，毎回，リーディング・アサインメントを50～100頁程（今から考えれば無謀だったが）とそれに関する設問を数問課して，教室では筆者がファシリテーターとなりディスカッションをする形で進めた。

　学生側からの提案で，メーリングリスト（当初は掲示板）を利用して，事務連絡，簡単な問い合わせに対する回答，外部のイベントや研究会のお知らせを行うことにした。これは，時間の節約と情報の共有および周知徹底に役立った。しかし弊害もあった[8]。

　卒論テーマの選定については，3年次の4月からそれぞれの学生と個別面談を重ね，夏合宿で研究計画の発表，後期から着手するようにした。3年次の12月から4年次の前期にかけては，就職活動で大学の勉強はほとんどできない。卒業前の1月中旬の卒論の締め切りに間に合うように完成させるには，修正と推敲の時間を勘案すれば，4年次の冬休み前に全体ドラフトを完成させなければ間に合わない。すると卒論作業にかかわっていられるのは，3年次後期を含

めて正味5～6か月（プラス夏休み）ということなる。これは、「研究」を計画し、結果を導くには余りにも短いから、とにかく5～6か月でやり遂げられることに限定して、本人にとっての便益の最大化を目指すことにした。

　学部生なので文献研究のみでもよしとしたが、アルバイトやインターンでかかわった「現場」をもつ学生には、極力それを活用することを勧めた。実際の卒論作成指導は、章単位で行うことにした。10数人分を最後にまとめて処理するのは、時間的、物理的、体力的に不可能だと思われたからである。原稿を書き下ろす前に、面談で章単位の作業内容を確認した後、ドラフトを提出させ、その都度アドバイスと修正を行った。とくに力を入れたのは、内容ではなく、①きちんとした日本語を書くこと、②引用ルールを守ったうえで書くことの徹底（丸写しの禁止）であった。内容や結果よりも、学生生活の締めくくりとして、自分自身が納得できる「作品」を手がけることを、常に心がけるように声をかけた。そうすれば、「結果」はおのずとついてくる。

　驚いたことに、普段のゼミで多くの学生は課題をきちんとこなしてきた。内容的には稚拙なものもあったが、一生懸命やってきたことだけは見て取れた。当初14～15人いた第1期生だが、辞めた者もおり、最終的には11名に落ち着いた。しかし、課題があまりにも多いことが後輩に広まり、その後1～2年、入ゼミ希望者が減少した。逆に、入ゼミ希望者の増加を意識して、課題や指導のレベルを下げすぎ、「自由」にし過ぎたため、ゼミ自体が無秩序化し、卒論をボイコットされたこともあった（卒論は選択科目）。筆者の経験の少なさ、未熟さが災いし、多くの誤解とコミュニケーション不全を引き起こしてしまった。

　そこで、ゼミ募集に当たっては、研究分野についてではなく、学習方法と目的に関して、事前に「どういうゼミか」を説明するととともに、ホームページを開設して、情報を公開するようにした。入ゼミ希望者とは必ず個別に面談（面接ではない）することにし、双方のニーズ・目的の齟齬の有無を確認するようにした。このゼミに入り、筆者から卒論指導を受けることが、必ずしも本人の成功体験につながらないと感じた場合は、他のゼミに回ってもらうよう促した[9]。

　しかし、最初の1～2年を総括すれば、予想外の収穫が得られたといえる。

卒論は力作が揃い，論文集として印刷製本し，卒業生と後輩たちに配布することにした。形あるものとして残すことにより，それまでの努力のプロセスを実感し，反芻することができる。想い出の感情と相まって，自己肯定と自信につながる。ゼミ1～2期生とのやりとりから，最後が「成功体験」で終わるように，多少の「お膳立て」をしながら，途中のプロセスを「演出」すること，それが対話を通じたエンパワーメントではないか，と考えるようになった。個人差はあるにせよ，学生の潜在能力は決して低くない，彼・彼女らはやり方（考える方法，知の技法）を知らされていないだけである，と考えた[10]。

6．実際の学習プロセスの説明

それでは，試行錯誤を経て見出された実際の学習プロセスについて，具体的に説明していきたい。

(1) 3年次前期

3年次前期は，正規のゼミの時間を利用した全員合同による学習としては，輪読，ディスカッションを通じた基礎知識の習得と研究方法を学ぶ。基本的には，毎週課題文献と設問を配布し，リーディングとそれを踏まえた自分の意見をメモとしてまとめさせる。当日は，4年次の学生のリーダーシップにより，グループ分けをしてディスカッションして理解を深める。グループ分けをするのは，2学年合わせて20人強の人数となるためである。就職活動中の学生は欠席することが多いので，実際の人数はもっと少ないが，それでも5～7人（沈黙が許されない人数）にして，全員発言させる。話し合いの内容は，3年次の学生が当番でメモをとり，当該週の間にメーリングリストで全員に流す。全グループの内容を共有するためである。

課題文献は，①コミュニティ開発，地域づくり，国際交流などの基礎的文献（考え方の理論的支柱として），②論文作成の手法に関するもの，の2つに大別される。ここでは，前者の説明は省き，後者について述べる。学会論文（先輩の投稿論文を含む）や先輩の卒論を読み，「論文」と「レポート」の違い，「研究」

【BOX 1】
ゲーム，クイズの例

（情報源としてのさまざまな文献の特徴を知る）
・文献にはどのようなジャンルがあるか皆で黒板（ボード）にリスト作成
・リストを教員が例を示す等により細分化（一般書，専門書，学会誌，紀要，新書，新聞，業界紙，雑誌，政府刊行物，統計書，ウィキペディア，その他インターネット，etc.）
・各自でリストにある文献ジャンルで「偉い」（学術情報としての信頼度）順に番号をつける
・それぞれの結果を参照しながら，話し合う
・最後に，各情報源の長所・短所，使用する際の注意事項について教員が説明（論文作成のプロセスとスケジュールの概念を知る）
・過去の卒論を課題に指定する
・作業・執筆した順番を予想して目次に番号を振ってくる
・グループで各自の予想を披露し，その理由を述べる
・ファシリテーター役の4年次学生が正解を教える
・もう一度，各自の感想を言い合う
・教員から，「問題所在」「リサーチクエッション（問い）」「方法」「事例の記述」「分析」「考察」「結論」などの論文の構造と意味，想定される他の構造バリエーションを説明（論文は決して，頭から書いてはいけない（書けない）ことも学ぶ）
・さらに，就職活動を念頭において，正味5～6か月しかないことを前提とすれば，どのようなスケジューリングが求められるか考えるよう促す

と「調べ物」の違いについて，気がついたことを話し合う。「問い」（リサーチクエッション）の存在とその立てかた，明らかにすべき明確なポイント，仮説と実証（または解釈），そのための方法論など，論文の「型」と機能について学習する（BOX 1）。筆者は，最初に研究分野や対象の「中身」ではなく，「型」を教えることにしている。本人に興味さえあれば「中身」は自分でどんどん勉強できるが，「型」は先達から教わらないと身に付けることが難しい。留学先でもやはり，最初は「型」から入った。このほうが理にかなっていると思う[11]。

次に，文献引用のルール，文献リストの形式，インターネットを利用する際の注意事項，剽窃(ひょうせつ)とオリジナルの違い等を共同作業を通じて学習する。短めのサーベイ論文を事前に配布し，文面から見取れる情報源を推測して4色のマーカーで塗り分け，その結果を持ち寄り，グループ内で検証してもらう。ゼミではこの作業を「ぬりえ」と呼ぶ（BOX 2）。論文のすべての文章がいずれかの色に塗られていなければならない。そして，今後，学生が書く文章は，他人が4色で塗り分けることができるように書くことを周知する。しかし，実際に論文を書いてみないと，引用ルールの意味や手続きは理解できないので，この時点での学生の理解はあまり当てにはしていない。

【BOX 2】
「ぬりえ」とは何か？

（課題文献の条件）
・文献引用と筆者の考察がきちんと書かれていること
・内容は比較的平易で専門的でないもの
・あまり長くないもの（最大でも5〜6頁）
・日本語

（事前の宿題）
文献のすべての文章を4色に塗り分けてくること
・他人の文章を直接引用した箇所（直接引用）→赤マーカー
・他人の文章の特定箇所を著者の言葉で書き換えた箇所（パラフレージング）→青マーカー
・他人の研究成果等について言及しただけの箇所（レファレンス）→緑マーカー
・著者自身の文章→黒のアンダーライン

（グループで話し合うこと）
・「ぬりえ」の感想と気付いたこと
・4色の分布状況
・「ぬりえ」に耐えうる文章を書くために何をすればよいか

ゼミの時間以外に，3年次の前期中に最低2～3回，教員との個別面談を義務づけている。最初の面談は，互いを知ることを重視する。趣味，アルバイト，インターンやボランティア活動，サークル，卒業の進路で考えていること，などを教えてもらう。また，事前に，卒論研究を想定して興味をもてそうな事柄をキーワードで3つ以上，5つ以下考えてきてもらう。ここでは，キーワードは，漠然かつ抽象的なものがよい[12]。そして，それぞれのキーワードごとに「どうしてそのキーワードを選んだのか」を実体験を踏まえて語らせる。自分のなかでの各キーワードのプライオリティも省察してもらう（BOX 3）。本人にとって，必然性のある「キーワード」であればよし，泥縄的にとってつけたようなものであれば却下する。面談の趣旨を理解せずに，最初から，「アフリカの開発について」「グローバリゼーションについて」「日本の食料問題について」「インドの伝統文化について」という一見，具体的かつ壮大なテーマをもってくる学生も多いが，受け付けない。壮大なテーマでは，所詮，既存の本を1～2冊読み，それを「切り貼り」するだけの作業に終わることは目に見えている。一般に学生は，可視的かつ即物的な事象ベースで話をしてくるが，研究とは一段掘り下げ，絞り込まねばならない。とくに実質5～6か月しか割けない卒論で，多少なりともオリジナリティがあるインプリケーションに到達するには，テーマは相当絞り込んだささやかなものであることが望ましい。

写真結-1　グループごとのディスカッションの様子

【BOX 3】
第1回面談で話せるようにしておく事柄

・出身地（地元の好きなところ，嫌いなところ）
・趣味
・サークル，ボランティア，アルバイト
・好きな科目，嫌いな科目
・絶対許せないこと，頭にきていること
・感動したこと，熱くなれること
・海外にいったことがあるか，どこに行ったか
・現時点で卒業後の進路についてどのようなことを考えているか
・卒論を念頭においた「キーワード」3つ以上，5つ以内
（各キーワードは抽象的で，それぞれはできるだけ関係がなさそうなものがよい）
※コーヒーやお茶を飲みながらリラックスして対話する

　2回目の面談では，複数の「キーワード」に関し，より具体的な題材の選択肢，事例へのコネクション・伝手の有無を考えてきてもらう。教員としては，とにかく正味5～6か月で必ずやり遂げられ（させれ）ることにこだわる。それを前提に，夏休み，後期の12月初旬までに，何をすべきかについて，話し合いで詰める。この時点で，大半の学生が，題材（サブジェクト）または切り口（イシュー）のどちらかを暫定的に確定する。2度でここまで到達しなかった者は，3回目，4回目の面談に応じる。

　学生には，この時期，とくに1回目の面談に臨む際は，文献を読むことは勧めない。むしろ読まないほうがよい。自分が本当に喜び，怒り，熱くなれることは何なのか，それを自分自身に自問し，テーマとして認識することが先である。教員はそれを引き出す手伝いをする。本に頼れば，その内容に引っ張られ，一時的に本の著者の立場に染まることで，何か分かったような気になってしまう。日本人は，批判的思考，批判的読解が苦手である。そもそも，本というよりそこに書かれているテクストと対話をしながら向き合うということを知らない。すると，本は「一方的にしゃべりまくる先生」になってしまい，「ディス

カッションの相手」にはなってくれない。もちろん学部生に，テクストと対話をするように読みなさい，というのは酷である。では，どうすれば最初の一歩を踏み出せるのか。それは，読み手である学生に，本人に必要な「ストライクゾーン」をもたせることである。あらかじめ，自分の「キーワード」に照らして，自分が知りたいこと，必要な情報は何かを設定して読む。すでに学生とは面談をしているから，教員は学生よりも先に，この学生が求めているであろうストライクゾーンについて，おおよそ（というより，かなり明確に）察しがつく。だから，「とくに，○○○を意識して読みなさい」「△△△があったら線を引いておいた方がよい」「××の定義を拾い読みして，一覧表に整理してみたらどうだろう」と，具体的なアドバイスをすることができる。盲目的に本を読ませることは，学生のなかにある「好奇心の芽」を摘み取ってしまうことにつながりかねない。この段階では，本を利用することで「好奇心の芽」をより明確に意識できるようになると思われる場合にのみ，本を使う。

　すでに，インターンやボランティア，サークル活動でかかわった「現場」をもつ学生には，できるだけそれを活かすように勧める[13]。現場から得られる知見に勝るものはない。「現場」をもつ学生は，早い時期から「動機づけ」がしっかりなされ，しっかりと取り組む心の準備ができる。就職面接において必ず質問されるであろう「学生時代に何に打ち込んだか？」という問いに，学外活動とゼミを有機的に関連づけて説得力のある内容として「語れる」材料づくりにもなる。地方出身で卒業後地元に就職を希望する者は地元に関係したこと，公務員試験を目指すものは，その動機づけになるようなこと（例：「○○白書にみる記述の変遷」など），留学を希望するものは英語で論文を書く等，テーマの選定は本人の自由だが，単なる「お勉強」に終わらない，本人にとって有益で意味があること，動機づけになること，頑張る気になれることを，でるだけ見つけてもらう[14]。しかし，実際には，この時期には，「先生にやらされている」感からまだ脱却しきれていない学生が多い。

　ただし，この段階ではあくまでも題材としての事例が決まっただけで，それをどのような切り口でいかに調理するかはわからない。だから，前述の3つの「キーワード」の掘り下げは続けなくてはならない。これらを通じて，題材（サ

ブジェクト）と切り口（イシュー）の違い，両者が揃って初めて「本当の研究テーマ」に到達できることを知る。到達すれば，その後の変更の可能性はあったとしても，とりあえず，全工（行）程の30％はクリアしたといってもよい。ちなみに，最終的に「テーマ」にたどり着くのは，4年次の夏合宿を目途に設定している。3年次前期の間は，本人の能力，テーマの適切性，希望する進路との兼ね合い等を勘案して，そのことが最終的に本人の「成功体験」に結びつくと判断されるまで，OKのサインは出さない。しかし，学生のほうも，たとえやんわりとでも，ずっと拒絶され続ければ，やる気は萎えてしまう。基本的には，夏合宿までには，助け舟を出し，暫定的な道程だけは整えてやる。

　3年次の夏合宿（2泊3日）では，A4判4枚程度の研究計画書（暫定の目次，章構成を含む）と12月初旬までに，何の作業を行うかを報告してもらう[15]。自分が自分に課すノルマ，約束を皆の前で公約として披露するのである。少数ではあるが，3年次の夏休みに予備調査を兼ねてフィールドワークに行く者もいるが，これは強制ではない[16]。

写真結-2　ゼミ合宿での発表の様子
（発表者は諏訪）

(2) 3年次後期

　後期は，基本的には，1章分（「第1章」ではない）を書き下ろすことになる。いきなり，原稿を執筆してもらうのである。理由は2つある。第1に，目で見て，頭では理解した気になっても，文章として（図表として）書き下ろさないと本当に理解しているかどうかは，本人にも周囲にも分からない。第2に，実際に書き下ろしてみて，先輩や教員に直されて初めて，引用ルール，文献リストや図表の作成の「作法」が分かるのである[17]。教則本を読んだだけではピアノは弾けないし，サッカーも上手にはならない。基礎練習でよいから，手や足を動かすべきである。執筆中に分からないことや不安に思うことがあれば，随時，質問を受け付け，面談やメールでアドバイスをしている。

　後期の正規のゼミの時間は，各自の作業の中間報告および質疑応答に費やす。座長，コメンテーター，タイムキーパーを当番制にして，学会発表を真似たやり方を採る。これを「ミニ・シンポジウム」と呼んでいる。原稿は，発表の3日前に，メーリングリストで全員に配布し，あらかじめ質問を考えてきてもらう。質問をすることは，友人を助けることになる。自分が不勉強で分からないからする質問ではなく，質問することによって，相手の背中を押して，研究を前進させられるような質問を考えることを促している。1人が1つの研究をするのではなく，12人が12種類の研究をしているという意識をもつことが重要である。

　実際の発表はパワーポイントを使用するが，決して，先にパワーポイントを作成しないように口酸っぱく言う。論文の章を作成するということが自分で料理を一品こしらえることだとすれば，パワーポイントを作成することは，客にその料理を実際に食べてもらうことではなく，その料理の良さや特徴を効率的に大勢の客に知らせるためチラシや写真入りメニューを作成することに相当する。前者がコンテンツ，後者が伝達手段である。伝えるべきコンテンツをもたない者が，伝達手段だけを磨いても意味はない。一番よくないのは，インターネットをそのまま貼り付けたパワーポイントである。綺麗に体裁をととのえただけの10枚のパワーポイントよりも，自分で調べたことをルールを守って書き

下ろしたＡ４判１頁の原稿のほうがはるかに本人のためになる[18]。教員や先輩からの指摘事項のうち必要なものは，次回の発表までに加筆修正をして反映してもらう。

　後期の各人の作業および発表内容は２つに大別できる。具体的な題材（サブジェクト）が決まっているが，その分析の切り口（イシュー）が決まっていない学生は，とにかく題材（事例）の調査を進め，その結果を報告する。切り口は，題材の全体像が一通りみえたとき，４年次になってから改めて相談する。抽象的なイシューが決まっているが，具体的な題材が決まってない人もいる。この場合，理論文献や基礎概念の定義に関する文献を２つほど選定し，それを整理したものを執筆してもらう。書いたものは，いずれ文の前半部分の理論や定義の説明の章に使う[19]。要は，３年次後期の時間を，「問い」を立てるための勉強と情報収集に充てるのもよし，直ぐには「問い」が見つかりそうもないので地域や事例に関する情報収集を先に行った後で，どのような「問い」なら設定できるかを考えるのもよし，ということである。このことは，学生にはお買い物の比喩で説明する。先にレシピを決めてそれから食材を調達するか，とりあえず食材の調達を行い，その結果（家の冷蔵庫の中）をみてレシピを考えるのか，ということである。

　論文の章を書き下ろすことを重視すると書いたが，実際には，先に図表にまとめさせることが多い。図表は文献から「引用する」ものではなく，自分で作り上げることを原則とする。だらだらと文章にすれば，数ページになることを１枚の絵に描いてもらう。それから，その図表の解説を文章に書き下ろす。自分で調査をした事柄を「１枚の絵」に描くことができなければ，文章や口頭で他人にその意味をきちんと伝達することはできない。伝える情報が同じなら，文字数は少なければ少ないほどよい。文芸作品ではないから，文章に贅肉はいらない。図表から始めるこのやり方は，筆者が官庁で白書を担当したときに叩き込まれた。筆者のゼミでは定性研究が大半だが，定性研究だからこそ「分析的」でありたい。留学先の教授が常に言っていた「Be analytical（分析的であれ）」の意味が同じ立場になって理解できるようになった。

　この時点では学生間のやる気のばらつきは大きい。足並みを揃えるのには，

教員や先輩からのトップダウンの指示よりも，同期生同士の横の励ましと相互の監視のほうがはるかに効果的である。いわゆる「ソーシャルキャピタル」（第6章参照）である。3年次のなかで比較的動機づけがしっかりしており，進捗状況の芳しい学生2～3人に重点的に働きかけ，学生同士で注意喚起をしたり自分たちのルールを考えるよう仕向ける[20]。意識の高い学生は，言われずとも，発表の前に，自主的にアポイントメントを取ってくる。「次回の発表分はこういう流れで執筆したいが，先生はどう思いますか」と自分の案を用意したうえで意見を求めてくる。また，そうあるように面談での対話を通じて促すようにしている。こういうことは，研究のためでなく，社会に出てから重要となる。

　3年次後期の2度のゼミ内発表を終えると「卒論禁止令」を出す。就職活動，公務員試験，教員採用試験に専念してもらうからである。この時期は就職活動を最優先することによって，内定後の最後の数か月，再び自分のテーマに向かい合うようになる。ただし大学院進学，留学組はこの限りではない。とくに大学院進学組はどんどん先に進めなくてはならない。

（3）進路内定・決定後

　進路の決定の時期は個人差がある。早い者は春休み中に内定をもらうし，地方公務員は年末まで内定がでないところもある。民間企業の場合，4年次の5～6月までには就職先が決定する者が多いので，それを前提として説明する[21]。学生にとって就職活動は過酷でストレスが溜まる「行事」である。内定後，2～3週間は卒論の話はせず，休養してもらう。もちろん正規のゼミの時間は，ディスカッションリーダーとして3年次の指導をしてもらう。内定組が3人ぐらい揃った時点（ここでは6月を想定しておく）で，彼・彼女らに「先発隊」になってもらう。再度それまでに積み上げてきた作業を確認し，冬期休暇前の卒論全体ドラフト締め切りまでに，何をどのタイミングと順序で取り組むか，書き落とすかを考えなくてはならない。とりあえず2度目の夏合宿までに書き進められる章の作業を再開する。週一度「先発隊」同士のサブゼミを行い，原稿の相互チェックとアドバイスの交換をする。内定組が増えるにつれ，順次，サブゼミへの参加者が増えることになる。

夏合宿では，12月（クリスマス前）の全体ドラフト提出期限までの章単位，月または週単位の作業計画を報告してもらう。学生によっては，4年の夏季休暇中にフィールドワークやアンケートを行う者もいる。インタビューやアンケートの方法については，面談であらかじめ方法論に関する基礎文献を示したうえで，必要に応じて個別指導する。余談であるが，調査先には必ず手書きの礼状を出すよう指導する。

　4年次後期は，授業がほとんどなく，基本的にゼミと卒論だけの学生が多い。就職活動を経たこの時期の学生には「化ける」者が多い。社会の厳しさを少し体験し，精神的に大人になる。女子に比べてやや不真面目だった男子学生に「化ける」ケースが多くみられる。各学生の書き下ろしの原稿のうち，1章分だけ，

【BOX 4】
添削ワークショップ

・リラックスした雰囲気が必要なのでお茶やお菓子を用意する
・ノートPCと大型モニターをセットする
・学生が添削してもらいたい書下し原稿（章単位，章のなかの節・段落の構造を学ぶため）のファイルをセットする
・学生に，この章（節）の目的は何か一言で説明してもらう（章（節）の目的（C）の明確化）
・学生に，各パラグラフ単位に，要は何を言っているのか一言で言ってもらう（各段落の機能（P_n）を意識させる）
・文章単位で，説明，結果，補足情報等，センテンスの役割ごとにマーカーで色分けし，色のばらつき・分布状況を確認させる
・段落単位，文章単位で「贅肉」（不要な情報，単語など）はないか確認・修正
・$P_1+P_2+P_3+\cdots P_n=C$ となっているか，論理的な流れに破綻がないか確認・修正
・日本語の「てにをは」などは適宜修正
・意味不明の文章（実際かなり多い）の真意を説明させ，目の前で修正
・文献引用の表記，脚注の使い方などを実演
・次に書き下ろす章は，完璧とはいわないまでも，できるだけ今回知ったことを反映させるよう指示

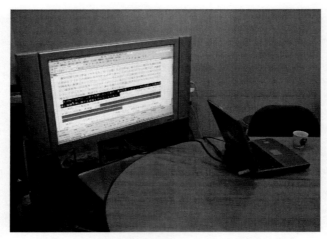

写真結-3　添削指導は大型モニターに映しながら行う

　本人と一緒に添削の実演（パソコンモニターを用いる）を行い，「てにをは」の直し，説得力のある文章へのブラシュアップ，引用ルールの復習を行う。これを「添削ワークショップ」と呼ぶ（BOX 4）。これには3年次の学生も同席させる。一度，添削ワークショップを経験すると，飲み込みの早い学生は，次の書き下ろし分から大分洗練されたものを出すようになる。後期は4年同士のソーシャルキャピタルが大事である。順番を決め，書き下ろした章，新規に作成した図表や分析結果をサブゼミにかける。一通り学生同士でコメントが出た後，教員が，どこをどのように修正すべきか最終的な指示を与える。こうした横のコミュニケーションを通じて，学生の目の色が変わってくる[22]。

　ゼミのルールとして，卒論はA4判用紙で20枚以上にしている。実際は，多くが30枚前後だが，なかには50枚を超える大作になってしまった者も少数いた。だが，枚数は大した問題ではない。中身とプロセスが問題なのである。きちんとした中身があり，きちんとしたプロセスを経れば，5～6枚で終わるはずがない。逆に，他人の文章を丸写しして，40枚書いても何の意味もない。入ゼミ間もない頃は，よく「卒論は何枚以上書けばよいですか？」といった質問を受けるが，まじめに勉強すれば，3年次末までには，この質問自体がナンセンス

写真結 − 4　打ち上げを兼ねたクリスマス会にて
（本書の分担執筆者：①谷河，②小笠原，③岩松，④澤井，⑤小松）

だということに気付くはずである。

　全体ドラフトはメールで提出してもらう。提出期限はおよそクリスマス前の12月20日である。これは一般的には早いかもしれないが，ここから12人分の修正を皆ですることを考えれば，決して早くはない。

　表結 − 1 に，以上の「対話型教育」の具体例として，本書の分担執筆者の論文作成のプロセスをまとめた。

表結-1：本書で取り上げた学生論文の作成プロセス

	3年次前期の面談における主なキーワード	3年次夏時点	3年次後期の作業	4年次での作業を通じてたどり着いた最終的なリサーチ・クエッション
谷河さん（第4章）	「子供」「農業」「教育」	農業の多面的機能としての教育について事例研究をする	農業の多面的機能、そこにおける教育の位置づけについて文献調査	事例調査から見出された「キーパーソン」の役割の検証
小笠原さん（第5章）	「フィリピンの開発」「地元（千葉県木更津市）活性化」「それ以外」	夏にフィリピンに旅行するのでそれから決める（結局「三芳村の有機農業」にする）	有機農業の定義、歴史に関する文献調査	30年以上にわたる産直提携運動の持続性に関する問題点・課題の抽出
諏訪さん（第7章）	「インドネシア」「日本の田舎」「ローカル線の旅」	夏に地域づくりインターンに行ってから考える（結局、インターン先を事例にする）	島根県浜田市S町の地域概況の資料収集と文献調査	インタビューをしたさまざまな人々の意見・考え・価値観を提示することから、何かが見出されるはず
岩松さん（第9章）	「地元（横浜市）」「農業」「多面的機能」	横浜のどこかを事例として、都市農業の役割とそこにおける多面的機能を考えたい	都市農業の制度的位置づけ、都市農業論の変遷を文献調査	2つのふるさと村の比較を通じた持続可能性の検証
澤井さん（第10章）	「ドッグラン」「国際比較」「地元（東京都国立市）」	とにかくいろいろなドッグランを訪問して、作業を進めていく	近年のペットブームの現状、ドッグランの定義等について文献調査	愛犬家と一般市民との共生・共存のあり方の類型を見出すこと
小松君（第11章）	「教育」「パウロ・フレイレ」「シュタイナー」	インドネシアと日本の事例比較からオルタナティブな教育を考える	パウロ・フレイレの教育論のレビュー（最終論文では削除）	4年次夏の調査でテーマを「教育」から「援助」に修正（アクター間の認識の差異とコミュニケーション上の課題）

注：第1期生の竹島君（第3章）、大学院生の遠藤君（第8章）の研究指導プロセスは若干異なるので除外した。

（4）論文集の編集と学会投稿

　完成した卒論の正式提出は1月20日である。12月20日以降の1か月の間に、4年次学生は1～2度研究室に集まり、全員で各自の原稿の読み込みを行う。教員はこれには付き合わない。学生レベルでこれ以上の修正はないといえるものを1月20日に提出し、単位認定に供する。

　提出された卒論をゼミ論集として印刷・製本する。この仕事は学生の文集係が統括する。BOX 5に論文集の目次の例を示した。内容ごとにグループ化し部門毎のタイトル、および論集全体の特集テーマをつけるが、これは教員が行

う。タイトルや特集テーマは，出揃った論文をカテゴリー化してからの後付であり，個々の卒論への事前の縛りではない。ゼミ論集は，当該年度の卒業生，1年先輩の前年度卒業生，1年後輩，2年後輩の次年度の新ゼミ生，および図書館に配布する。卒業生へは，卒業式の当日に渡す。大学生活後半の2年間の対話と自助努力のプロセスを形あるものとして残すことは大いなる喜びとなる。

内容や情報の質から判断して，教員が一定の加筆修正をすれば，学会誌や学内紀要の査読に耐えられると思われる卒論が，毎年いくつかある。加筆修正は，先行研究，理論部分の補強，分析の精緻化等である。筆者が追加の現地調査を行う場合もある。本人および調査先の了解を経て投稿する。本書に収録された論文の多くがこれに該当する。

4月に分厚いゼミ論集を配布された新ゼミ生には，「自分にはとても無理」「ここではやっていけない」と弱気になる者もいる。そういう学生には，「必ずマジックがかかるから大丈夫」と言うことにしている。

写真結-5　完成したゼミ論集と投稿雑誌

【BOX 5】
ゼミ論集目次構成の例

第4号目次（2007年3月）
特集：共生社会へのみちのりと課題

巻頭論文の部：社会変革の原動力
○メキシコの先住民族組合 UCIRI の思想と哲学：ベンダホフ神父の個人史を手がかりとして（北野）
○ Mobilizing Community: Participation and Local Institutional Development (Kitano)

第1部：トランスナショナルな問題群
○幻想のモンドラゴン：グローバル化と「奇跡の協同組合」の変容（ＳＨ君）
○途上国の環境保全運動にみる内発的発展とエコ・フェミニズム：ケニアのグリーンベルト運動とインドのチプコ運動の比較から（ＩＹ君）
○ Hyundai's Tourism and Industrial Development in North Korea（ＹＣさん）

第2部：周辺化された人々に目を向ける
○ストリートチルドレン問題の普遍性と多様性：ベトナム・ルーマニア・アメリカの比較を通じて（ＴＫさん）
○農山村地域における「国際結婚」問題の諸相と支援体制：新潟県上越地域の事例から（ＫＹさん）

第3部：地域における共生の実現と課題
○地域内ポリティクスと援助による資源分配に関する考察：ＮＧＯによるインドネシア「農民自立支援事業」を事例として（小松君）
○ 多面的機能発揮を念頭においた都市農業公園の意義と存立条件：神奈川県横浜市ふるさと村の2事例の比較から（岩松さん）
○ドッグランの設置・運営をめぐる合意形成と便益に関する比較研究：「棲み分け」から共生型のまちづくりへの転換をめざして（澤井さん）

第4部：共生の原動力としての「ひと」という視点
○「食」や「農」に関わろうとする若者の意識に関する考察：アンケートと聞き取り調査を手がかりに（ＹＣさん）
○高齢者介護のリアリティと問題に関する考察：当事者の手記を手がかりとして（ＹＲさん）
○「農」の福祉力・教育力の可能性と今後の展望：さいたま市緑区「ファーム・インさぎ山」の事例から（ＮＮさん）

7．インプリケーション

(1) ラーニング・コミュニティの理想型とは

　筆者が理想とするのは，2年間の時限付きの「ラーニング・コミュニティ」の設置である。ラーニング・コミュニティは「学び」のための集いであると同時に，集団（コミュニティ）自体が組織として「学習」し，その蓄積によって進化し続ける。このモデルとなったのは，本書と並行して進めてきたメキシコのローカルNGOに関する個人研究で調査をしたオアハカ市にある「地球大学」という大学版フリースクール（NGO）である[23]。そこにおける「学び」はプロセス・オリエンテッドであり，教師はファシリテーターに徹する。単位のために学ぶのではなく，自分のために学ぶ。

　水月は，関西の某私立大学のあるゼミについて次のように記述している。少々長くなるが引用したい。

　「（学生によると）具体的には，全員が「良い卒業論文を書く」という目標に向かって一致団結して，決して反目するようなこともなく，最後までお互いに協力しあうという雰囲気が実現されていたそうだ。（中略）結束力を高めるために，年間を通じて，勉強の合宿やスイカ割などのイベント，ゼミ旅行，クリスマス・パーティ，その他多数の飲み会などが意図的に計画されている。研究テーマは自由に設定でき，学科の他の研究室のようにキチキチとしたものでなくとも認められる。だが，ここにも計算があって，あえてそれを許している。（中略）メーリング・リストなどが活用され，他者の研究に有意義な資料等が見つかれば，すぐにそれを教えあうという空気が醸成されている。（中略）卒業論文等は，皆で冊子に編集する作業が行われ，大学内外の研究室に配られる。そのため，皆，恥をかかないよう必死で論文を書く。極め付きは，卒業論文完成直前二週間ほどを，一つの部屋に集まりながら全員で過ごすことだ。テンパった空気のなかで，皆が，お互いを助けながら完成を目指す。」（水月　2007：208-210）

これが事実だとすれば，大学の学部教育における「ラーニング・コミュニティ」の理想的なモデルだといえるだろう。筆者が想定したものもこれに近い（筆者がアルコールが苦手で甘党であるというところを除いて）。

（2）最終的なベネフィット（便益）は何か

　読者の方々には，これでは「対話型ではなく管理型教育ではないか」と考える向きもあるだろう。仮にそれを「管理」と呼ぶなら，ある程度の自由なテーマを選択し，本人との対話を通じて，途中のプロセスの段取りをお膳立てする。最後に「成功体験」を演出するための「管理」なのである。学生の全くの自由にすれば，途中のプロセスも，得られる結果もほぼ目に見えている。それは，全くの初心者にいきなり「両手でピアノを弾きなさい」「リングに上がってボクシングの試合をしなさい」と言うのに等しい。

　この「適度の研究」から得られるものは少なくない。分析的・批判的な思考力を磨くことができる。きちんとした日本語の文章を書く練習になる。期限を守って仕事を進めなくてはならないことを知る。自分で作業工程のプランニングと管理をする。礼状や手紙の書き方を知る。チームワークや仲間内のルールの大切さを知る。これらのことは，実社会の仕事で必要なことである。こうして体得したスキルやセンスは血肉となるだろう。

　ただ，「対話型教育」から得られるであろう最大のベネフィットは別のところにある。第1は，達成感である。学生時代に運動部に所属した人なら，結果にかかわらず精一杯練習して臨んだ試合の後の充実感を覚えているはずである。音楽をやっていた人なら，演奏会やライブの後の何ともいえない高揚感が忘れられないだろう。大学の勉強でも，やり方によっては同じような感覚を味わうことができる。第2は，「自分がここまでやれるとは知らなかった」という自身の「潜在的な力」に気付くこと，そこから自信を得ること，すなわち「エンパワーメント」である。これが一番重要である。

　もし，いつの日か自分の息子や娘に大学で「学ぶ」ことの楽しさを語れるような経験をしてもらえたとすれば，「対話型教育」の目的は200％達成されたと

いってよいだろう。

（3）未解決の問題

　前記の取り組みから見出された問題を列記してみよう。

　第1は，脱落者である。実際，脱落者は必ず出る。当初のゼミ生が定員一杯の12人だとして，例年，1〜2人が1年以内にゼミを辞める。アルバイトや部活（運動部がほとんど）をゼミや卒論より優先したいと考える者である。さらに1〜2人がゼミは辞めないが，早い時点で卒論作成を諦め，レポートでゼミ単位だけの認定を希望する。最後まで「やらされている感」から抜け出せなかった者が多い。もちろん，止める・諦める前にできるだけの働きかけはするが，ゼミと卒論が選択科目となっている場合，学生にもやめる権利はある[24]。周囲のモチベーションが高く一致団結すればするほど，動機づけがなされなかった者は「コミュニティ」には居られなくなる[25]。

　第2は，携帯・ゲーム世代の若者の日本語の読み書き能力の低さである。新書[26]すら読んだことがない学生が，現実には大半である。専門文献には歯が立たない。平易な入門書でいいから文献を用い，インターネットには依存しないようにすべきである。書くことにおける国語力・作文力の弱さはもっと深刻である[27]。作文力の方は個人差がかなりあり，得意な学生は，上記の「添削ワークショップ」の後，かなりいい線まで自力で表現できるようになる。大半の学生には，「前回より今回，今回より次回」という態度で，自助努力を促すしかない。いずれにせよ，この傾向が続けば日本社会は大変なことになるだろう。

　第3は，内定先の企業からの課題である。宅建，ＴＯＥＩＣなど膨大な量の課題が課されることもある。事実上3年次の後半から4年次前半までの半年を就職活動で学生を縛るだけでなく，内定後も学生生活の最後の集大成であるべきゼミや卒論に支障が出るほどの課題を出すということに，筆者は憤りを感じる。大学には人材の品質保証（卒業証書と偏差値による仕分け）しか期待していないと明言しているのに等しいのではないだろうか。これへの対処法は，学生には気の毒だが「歯を食いしばって両立しなさい」というしかない。どうしても無理なら，卒論をやめるしかない。

第4は，1年でメンバーの半分が入れ替わってしまうゼミ（3・4年次合同の場合）において，上記のように手間隙かけて学んだことが，学生同士，学年間で継承されないということである。結局，毎年同じことをゼロから始めなくてはならない。大学院生が常時複数いるような自然科学系の研究室であれば，このような苦労は軽減されることであろう。

　第5は，教員自身の時間的拘束である。中堅私大の教員の多くは非常に多忙である。筆者自身，自宅での仕事を含めれば，激務で知られる霞が関官僚時代よりも仕事量ははるかに多い。ただこの7年間は，周囲に迷惑を掛けながらも，学内委員会，管理・広報活動，学会事務局の仕事はしてきたし，曲がりなりにも，科研費による個人研究も併行して進めてきた。しかしこれ以上事務や教務が増えれば，やり繰りできる時間的均衡は崩れてしまうだろう。

（4）伸びる学生の3つの資質とプラスα（アルファ）

　一般論として，伸びる人材（学生）には，次の3つの資質プラスαのうちのいくつかが備わっていると思う。資質の第1は，「基礎体力」である。これは身体的な体力だけでなく，知的体力[28]を含めたものである。企業のなかで資格をとらされたり，定められた期限のうちに企画書や報告書を的確にまとめたりするには，テクニックだけでなく，知的体力が必要である。知的体力とは実用的なスキルに限定されるものではない。家庭や地域社会においても，役に立つはずである。

　第2は，「謙虚さ」である。青年期には，経験に裏打ちされた判断を行うことは難しく，ついつい目先の損得に基づく（自分自身への）「言い訳」やつまらないこだわりで物事を決めてしまいがちである。そういうときに，経験者の話を聴いたり，指示を仰いだりすることは有用である。その指示をとりあえず受け入れてみるという謙虚さの重要性は，そのときには気がつかなくても，数年後に「あの時，ああしてよかった」と実感することもあるだろう。ちなみに，アドバイスする立場からは，そうした「謙虚さ」の大切さを知らない人がいると，つくづく「可哀相」だと思う。ただし，親身になってくれる「経験者」は，いつでも周囲にいるとは限らない。なかには，ただ利用するだけの身勝手なつ

まらない人もいる。だからこそ，もし，「この人は……」という人に出会ったら大事にするべきである。頼れる「経験者」は5人もいらない。2人もいれば，その人は十分幸せである。いずれにせよ，伸びる人は，「経験者」という人的資源を上手に活用する術を知っている。

　第3は，「ひらめき」である。これは，心がけ次第で伸ばすことができる「知的体力」「謙虚さ」とは違って，ある程度，先天的なものかもしれない。勉強すれば身につくものでもない。ただ，一つだけいえることは，日ごろから物事を考え続けていれば，ひらめく可能性が高くなる。真剣に考え続けていて，ある時，全く関係ないことに遭遇したときに（たとえば，散歩をして美しい景色を見た），突然，何かがひらめく，吹っ切れるということが発生する。

　最後に，プラス α としての資質に「コミュニケーション」力がある。一般的には，これが一番大切だという「言説」が流布されているが，筆者は本質ではないと考える。上記の「基礎（知的）体力」「謙虚さ」が本質だとすれば，「コミュニケーション」は技法だと考えるからである。たとえば，「英語ができる」ということと，「きちんとした会話の中身がある」ということは同一ではない。前者は手段であり，後者は本質である。世間には，中身は薄いが，コミュニケーション能力に長けているため評価される人が数多い。そのことの正当性は否定しないが，本質と技法を取り違えてほしくはない。

　筆者は，上記の1～3の資質のうちの2つ，最低でも1つだけでも備えていれば，十分だと思う。筆者は，3つの資質をすべて備えていると思える人に，まだ出会ったことがない。2つまたは1つ＋ α を備えた人には，たまに出会う。これらの資質の賦存状況は，その人の個性につながることだと思う。この3つの資質のうち1つでも「近い」ものがあることに気づいたら，それを大事に伸ばしたい。

　「適度の研究」とは，上記のことを自分自身で確認する作業として位置づけられる。「ただ記憶するだけの知識」は，すぐに忘れるし，忘れなくとも風化する。本当の学問は風化しない。知識の有用性だけでなく，個々人がそれを会得するプロセスそのものが学問の一部だからである。「知識の習得＝学問」ではない。

8. 内発的発展と教育研究

　人々の動機づけと主体性への「気づき」をファシリテートすることが求められるという点においては，地域づくりも教育も根本は同じである。パウロ・フレイレやロバート・チェンバース（1995）が言うように，現地の人々と外部からの専門家との「関係性」が重要である。開発学の分野で潜在能力や人間開発などの概念が定着して久しい。フィリピンのかんがい開発プログラムの経験から生まれた「学習過程アプローチ」（第3章を参照）は，留学先の授業で習った。

　地域開発論，地域経済学の分野に，外来型開発と内発的発展という概念がある（宮本　1998）。外来型は外部からのイニシアチブや資金によって実施される。拠点開発方式と呼ばれる戦後の日本における国土開発・地域開発に典型的にみられた方式であった。ハコモノ中心のハード事業から，住民参加や地域のイニシアチブの重視といったソフト化，一定条件での競争原理の導入が進んだとしても，そこにおける基本的な精神構造はあまり変わらない。内発的発展は，必ずしも外部からの資金や技術を拒絶するものではないが，当事者の主体形成と意識化を何よりも重視する。身の回りを点検して，現在の状況下で自分たちにできることは何か，必要だができないことは何か，それなら何が求められるべきなのか，等についての対話と議論を重視する。

　教育研究における国際競争力の向上を旗印にして展開される昨今の教育施策は，教育研究分野の拠点開発，すなわち外来型開発とはいえないだろうか。筆者はそのすべてを否定するものではないが，何よりも大切なのは，現場でのささやかな創意工夫を大切にすることだと思う[29]。筆者の知る限り，大学教員・研究者の多くは，メディアが流布するような堕落した怠惰な人々ではない。それぞれの専門分野において，また人生の経験において，貴重な経験を積み重ねた人的資源である。また，ほとんどの大学人は，メディアに登場するタレント知識人・科学者とは，全く別種の人種である。同様に，若者の多くは，働きかけ次第で「意識化」する可能性を秘めた人材である。教育研究ひいては社会における真の内発的発展とは，このような人々の地道な努力によってのみ始まり，

持続するものではないだろうか。

9．おわりに

　学校という制度が本来，人間の生活実践に埋め込まれものとして存在したはずであった「学び」という行為を特殊化・硬直化された教育というものへ矮小化させると脱学校論を説いたのは思想家・哲学者のイヴァン・イリイチであった（イリッチ　1977）。社会学者マニュエル・カステルは，戦後日本という発展国家（*Hatten Kokka*）の分析において，官僚や大企業へ人材供給と分配のシステムとして大学，教育行政等が制度化されていることに注目した（Castells 1998）。そこでは,人間が偏差値という序列に基づいて分類され企業に供給されている。少子化に伴い，高校は大学の，大学は就職のための「予備校」であろうとする傾向が強まる。目を背けたいが，こうした「制度」は多少の変化の幅はもちつつも，根底では厳然と存在していると考えたほうが現実的だと思う。企業やメディアは「最近は学歴よりも人間性の方が重視される」という希望に満ちた言説を広めようとするが，実態をリアリティとして受け止めているのは当の学生たちと彼らと身近に接する大学人ではないだろうか[30]。大学に勤める一人の研究者（あえて教育者とはいわない）にできることは，それほど多くはない。とりあえず（本書の刊行時点で）7年半の間続けてきた「対話型教育」と「ある程度の研究」という実践は，こうした状況下におけるささやかな抵抗でもあったのである。

[注]
1）筆者は近年の文科省用語である教育研究（教育＞研究）という言葉を好まない。かつての研究教育（研究＞教育）という言葉に代わるこの言葉はネオリベラリズムを体現している。すなわち，一部の拠点大学を除き，大学教員は個人研究よりも学生教育に専念すべきで，研究は大学間競争による組織単位で行わせるという誘導，ビジネスや政策に直結する研究テーマが優遇される一方で，一見何の役にも立たない地道な個人研究は資金的・時間的に縮小せざるをえないという構図である。これ

により，政治権力に対する学問研究の相対的自立性は大幅に低下していく。しかし，ここでは学生教育の側に立った研究の意義について論じるため，あえて「教育研究」（教育≒研究）という用語を用いる。

2）本書への収録にあたっては，地域づくりにおける学びと関係性に関するものに限定したが，他のテーマでも優れた卒論が多数ある。

3）2007年度の代々木ゼミナールの偏差値は49（国際地域開発学科，現国際共生学科）である。

4）ある学生から「先生って研究してないんですよね」と聞かれたことがあったので，その学生に「研究する人はどういう人か」と尋ねたところ，「白衣を着ている人」だと答えた。「研究が好きなんです」と話す別の学生に，「どういう研究か」と尋ねたところ，図書館で本をいろいろ物色して，調べ物をすること（いわゆるお勉強）の意であった。これらは笑い話ではなく，今日の普通の学生の当たり前の認識であろう。

5）これは，日本の大学との比較においての相対的なもので，かつ大学教育の特定の部位におけるものである。後段でみるフレイレの議論からすれば，アメリカの大学自体が「銀行型教育」の場であり，その総本山ともいえる。

6）Ivan Illich, 1926-2002。オーストリア出身の哲学者，批評家。『脱学校の社会』（イリイチ　1977）等において，制度としての教育をラディカルに批判し，脱学校論を展開した。

7）アメリカの場合，学生サイドでは，単位認定・進級の厳格さ，成績に連動した奨学金制度があり，企業への就職活動を理由に学生に大学の教育研究を休ませることがない，文系でも大学院修士課程を目指しそのうえで就職する者が多く（いったん実務経験を積んでから戻る者も含めて）学部課程が学歴上の通過地点に過ぎない等により，本人の意思や能力とは別に勉強せざるをえないインセンティブ，環境が存在する。教員サイドでは，厳格な業績主義が適用されている一方で，教育研究業務と事務管理業務のデマケーションが相対的に確立されている。

8）見出された問題は，①メーリングリストにおける私用と公用との線引きの困難性，②メーリングリスト上でのやりとりが意図せずとも結果的に個人攻撃となってしまう危険性，③互いの表情や事情を知らぬままメールを通じたやり取りに依存することの危険性，などである。メーリングリストをいったん閉鎖して，数か月後にルールを再検討して再開したこともある。

9）残念ながら筆者流「対話型教育」はすべての学生のニーズに応えることはできな

い。まず，体育会の学生は，ゼミ・卒論の両立が物理的に困難な場合が多い。筆者のバイアスもあるかもしれないが，体育会系の学生には，組織論でいうところのミリタリー・オーガニゼーションに適応してしまった結果，主体的・独創的であること（およびそのためのファシリテーション）に対して，アレルギー反応を示した者，イデオロギー的に拒絶した者が散見された。次に，ジェンダーの問題がある。一般に，女子学生のほうが男子よりも勤勉かつ知的体力に優れている傾向があることは事実である。これは男女の生物学的な差異によるものではなく，社会的性差（ジェンダー）である。大学を企業に入るための通行手形（単位取得と卒業証書）を得るための場所としてのみ捉え，そのための合理的行動として，短期的な効用の最大化を図ろうとする者の比率は男子に多い。入ゼミ後に学習意欲を見出す者も少なくないが，それにはゼミ内での横のつながり（ソーシャル・キャピタル）の有無が大きく作用する。結果として，本書の分担執筆者にみるように，これまでのゼミ生の男女比率では約7割が女子となった。

10) 第1期生の卒論のなかで，テーマが絞り込まれ，比較的明確なインプリケーションを示していると思われたゼミ長の竹島祐幸君の卒論をベースに筆者が加筆修正を加えたものが，査読付きの学会誌に掲載された。これが本書の第3章である。

11) 教わればできることを教えられないのは，学生にとっては損失であり，教える側の怠慢とも考えられる。

12) たとえば，第4章の谷河美香さんの場合は，「子供」「教育」「農業」というキーワードであった。

13) 第5章の小笠原有美香さんはサークルの合宿でお世話になった三芳村について，第11章の小松雅史君はアルバイト先のNGOに関することを題材として選定した。第7章の澤井麻樹子さんは，介助犬に関するボランティアをしていることから，犬と人間の関係に関することとしてドッグランについて調べたいと，漠然と決めていた。

14) 公務員組，教職組は，卒論に割ける時間に限界があるので，最初からそれを考慮したテーマのみ許可することにしている。

15) 合宿での発表は，夕食の前後，飲み会の前に行う。合宿におけるメインの活動は，ゼミ全体での地域調査や現地見学などである。

16) たとえば，第7章の諏訪あす菜さんは，3年次の夏休みにインターンに行った。そして，島根県の事例にするか，もともとから興味があったインドネシアの開発問題にするかの決断を行った。結果的に，インターンが研究の予備調査となったわけ

である。
17) この時期，卒業生が残した論文集は，引用ルールや論文作法を知るうえでの最良の教科書として活用される。
18) 研究とは料理人の仕事に似たところがある。学生に説明する際によく使う比喩を紹介する。論文とは，オリジナルのコース料理と同じで，前菜，スープ，主菜，デザートの一連の流れの最後で食べる人（読み手）を納得させなければならない。自分でフィールドワークを行うのは，野山に行って，自分で直接食材を調達すること。2次情報を加工して使用するのは，スーパーで買った肉や魚を調理すること。インターネットや他人の文献の丸写しでパワーポイントによって発表することは，冷凍食品を電子レンジで「チン」と解凍して，皿に美しく盛り付け，さも「私のオリジナル料理です。さあ召し上がれ」と振舞うのと同じである。料理人は，コース料理を創作する際に，前菜から考えるだろうか。おそらくは，主菜を先に考え，それに合わせて前菜やデザートを考えていくのだと想像する。研究も同じである。論文は，頭から書き始めるものではない。
19) たとえば，第4章の谷河さんは，大学のある関東で調査をするか，実家のある関西で調査をするのか，決められないでいた。卒業後の進路との兼ね合いもある。そこで，3年次後期は，農業の多面的機能に関する概念整理と環境教育との関連についてまとめてもらった。第9章の岩松良実さんは国と横浜市の政策の流れをまとめた。第11章の小松君は，当初インドネシアのプロジェクトを題材に農民教育について調べようとしていたので，3年次後期は上で述べたパウロ・フレイレなどの理論を調べていた。しかし後に現地調査をして，題材は変えずとも切り口を変えたのでパウロ・フレイレの部分は没になった。
20) （ソーシャル・キャピタルの形成のため）コンパ，食事会，学園祭での模擬店，クリスマス会なども行う。
21) 　進路の決定が遅れる者は，本人と相談のうえ，4年次夏合宿の中間発表は行ったうえで，遅くとも4年次10月からは，決定の有無にかかわらず，論文の執筆を再開してもらう。この場合，内容の縮小，テーマの変更を検討してもらう。
22) たとえば，第9章の岩松良実さんは，この時期，毎週アポイントメントを取り，筆者を質問攻めにした。打ち合わせの頻度が高かったため，彼女の場合，提出後のドラフトの修正は内容と日本語の両面できわめて軽微であった。ポジティブな連鎖反応として，他の何人かの学生もこれに追随するようになった。
23) 詳細は北野（2008）を参照せよ。

24) ゼミと卒論が必修科目の場合，ゼミ内で事実上のダブルスタンダードを採ることになるだろう。
25) 仮に，12人の選手を指導するマラソンのコーチにとって，次のどちらがベターな選択だろうか。①練習に積極的でなかった2人を完走させることにエネルギーを注ぐ余り，12人全員が完走はしたが，誰一人自己ベスト更新はできなかったケース。②練習に消極的な2人は完走はできなかったが，残りの10人は完走しただけでなく，全員自己ベストを更新したケース。
26) 今日，新書自体が大衆化し，タレントや政治家の売り込みのためのメディアとして変質してしまったといえる。ここではこのことには触れない。
27) 絵画に例えるなら「3原色のクレヨン」のような極端な色使い（書き分け）しかできない者が少なくない。せめて「12色のクレヨン」になってもらいたいものである。
28) 知的体力の賦存状況が受験偏差値に比例する可能性を筆者は否定しない。ただし，筆者が重視するのは，トップクラスの体力ではない。最低限の体力に関するメルクマールを提示することもできないが，0を1に，1を2にする努力の大切さに気がつかせるような働きかけの重要性だけは認識しておきたい。
29) 官制インセンティブによる拠点開発により，研究は個人研究からプロジェクト型研究が主流となってきた。このメリットとしては，短期的に資本と人材を一か所に動員することにより，国際競争力が向上したといえるような「結果」を得ることができるし，それが国や組織の宣伝材料にもなる。一方，想定されるデメリットとしては，若手・中堅の研究者が研究テーマを上から与えられることに慣れてしまい（「個」の埋没），シンクタンク的研究者と化する可能性がある。いわゆる大学改革論者らが国際競争力があるとするアメリカの大学では，研究者個人の創造性をベースとした競争が根底にあるということを見逃してはならない。仮に，「個」が忙殺と動員により埋没し続ければ，長期的にはデメリットとなるような事態にはならないのだろうか。官僚・政治家主導の地域開発がことごとく失敗に終わったような轍を教育研究分野で踏むようなことがあってはならないだろう。
30) 大学の増設，少子化により，大学への進学率は高まったが，学歴社会はその表象を変えながら依然として存在し続ける。所詮，いわゆるエリート校への進学者はきわめて限られた存在であり，大多数の学生はエリート意識とは無縁の存在である。筆者自身もかつてそうだったように，自分の学歴にコンプレックスをもつものも少なくないだろう。だからこそ，自分の能力の可能性に気付き自信をもつことを重視

したい。

[引用文献]

［1］イリッチ，I.（1977）：脱学校の社会，東京創元社.
［2］北野収（2008）：南部メキシコにおける内発的発展とNGO―グローカル公共空間における学び・組織化・対抗運動―，勁草書房.
［3］セン，A.（1988）：福祉の経済学―財と潜在能力―，岩波書店.
［4］セン，A.（1992）：不平等の再検討―潜在能力と自由―，岩波書店.
［5］チェンバース，R.（1995）：第三世界の農村開発―貧困の解決―私たちにできること―，明石書店.
［6］フレイレ，P.（1979）：被抑圧者の教育学，亜紀書房.
［7］水月昭道（2007）：高学歴ワーキングプア，光文社.
［8］宮本憲一（1998）：公共政策のすすめ―現代的公共性とは何か―，有斐閣.
［9］Castells, M.（1998）：*The Information Age：Economy, Society and Culture Vol. 3：End of Millennium*, Blackwell.

索　引

【数字・ＡＢＣ】

Closed system …………………………… 97
First Run ……………………………… 214, 232
FO ……………………………………… 245
FPMR ………………………………… 244, 252
Friends of First Run ……………………… 213
Ｉターン ……………………………… 123
Ｉターン者 …………………………… 126
Natural system …………………………… 97, 117
NPO（島根県浜田市Ｓ町における）
　……………………………………… 129, 145, 152
Open system …………………………… 97, 117
OTL …………………………………… 241, 244
PRA（参加型農村調査法）
　……………………………… 237, 244, 245, 252, 253
QWERTYモデル ……………………… 19
Rational system ………………………… 97
RT（エルテー） ……………………… 243
RW（エルウェー） …………………… 243
SPP …………………………………… 241
Tourism For All ………………………… 179

【あ行】

アーバニズムの仮説 …………………… 261
アイデンティティと風土 ……………… 263
青写真アプローチ ……………………… 115
あおばドッグラン ……………………… 209
浅間園 …………………………………… 168
新たな混住化社会 ……………………… 105, 123
安全な食べ物をつくって食べる会 ……… 89
イーストヴィレッジ …………………… 213
意識化 ………………………………… 283, 308
異者共存の原理 ………………………… 8
一括販売方式 ………………………… 197, 202
田舎暮らし ……………………………… 123
イリイチ（Illich, I.） ………………… 8, 309
ヴァナキュラー ………………………… 8
ウエーバー（Weber, M.） ……………… 260
エコファーマー ………………………… 168
エコル鳴石 ……………………………… 107
エンパワーメント
　……………… 11, 35, 116, 237, 245, 281, 304
エンパワーメントとしての参加 ………… 30
オークレー（Oakley, P.） ……………… 12
大島グリーン・ツーリズム研究会 ……… 165
大島町（東京都） ……………………… 165
オーナーシップ ……………… 13, 32, 45, 78, 79
大人版田んぼの学校 …………………… 68
小野うまいもんブランド ……………… 59
小野市（兵庫県） ……………………… 57
小野市の自然を守る会 ………………… 60
思い込み ……………………………… 251

【か行】

外的要因 ………………………………… 19
飼い主のマナー ………………………… 211
開発主体論 ……………………………… 12
外部環境 ……………………………… 97, 98
外来型開発 ……………………………… 308
学習過程アプローチ …… 31, 43, 115, 116, 308
拡大のために学ぶ段階 ………………… 44, 49
学部レベルでの「学問」 ……………… 282
カステル（Castells, M.）
　……………………………… 261, 265, 272, 309
霞が関の組織文化 ……………………… 282
課題提起教育 …………………………… 283
学校の宿・希望の丘 …………………… 169
合併問題 ………………………………… 144
環境・エコロジー主義 ………………… 268
関係性 ………………………………… 1, 308

キーパーソン … 19, 52, 56, 73, 112, 152, 224
キーワード……………………… 290, 291, 292
擬似的都市建造環境……………………… 268
きすみの地区………………………………… 59
きすみのふるさと会議…………………… 66, 67
寄生………………………………………………… 8
機能的参加………………………………………34
紀美野町（和歌山県）…………………… 170
共益……………………………………………… 232
教授と学生の関係…………………………… 282
共生……………… 1, 8, 22, 157, 207, 230, 232
共生社会……………………………… 163, 179
共生的共同体論………………………………22
共生的公共圏…………………………………22
共生の時代………………………………… 157
共存…………………………………… 208, 231, 232
共同農場……………………………………… 131
銀行型教育…………………………………… 283
空間………………………………… 21, 23, 265
空間―階層的分業………………………… 266
空間的実践…………………………………… 267
空間の不均等発展………………………… 265
偶発性………………………………… 18, 19, 24
区切られたパフォーマンス…………… 264
草刈り…………………………………… 139, 140
国立市（東京都）………………………… 227
国立にドッグランを作る会……… 227, 228
クラインガルテン→倉渕村クラインガルテン
くらぶち草の会…………………………… 107
倉渕村（群馬県）………………………… 104
倉渕村クラインガルテン…………… 104, 108
グリーン・ツーリズム………… 20, 159, 171
群馬県環境保全農業研究会…………… 107
ゲゼルシャフト…………………………… 260
ゲマインシャフト………………………… 260
県営担い手育成基盤整備事業……………59
建造環境…………………………………… 266

公益性………………………………………… 231
効果的に学ぶ段階………………… 44, 46, 47
公共空間……………………………………… 208
公共性………………………………………… 232
硬直化………………………………………………96
神戸市立農業公園………………………… 184
港北ニュータウン計画…………………… 184
港北ニュータウン農業対策要綱……… 185
効率化のために学ぶ段階………………44, 47
高齢化…………………………… 95, 105, 126
コーテン（Korten, D.）…………… 12, 43
国営武蔵丘陵森林公園…………………… 216
国際協力ＮＧＯ…………………………… 237
個人主導型…………………………… 165, 172
子ども環境会議……………………………… 66
コミュニケーション……… 238, 239, 250, 253
コンヴィヴィアリティ………………………… 8

【さ行】

参加の度合い…………………………………32
さんさん館………………………………… 169
産直………………………………………………87
産直運動…………………………………………87
サンパチ豪雪……………………………… 125
私益………………………………………… 232
シカゴ学派都市社会学者……………… 261
寺家集落（神奈川県横浜市）………… 190
寺家ふるさと村四季の家管理委員会… 192
寺家ふるさと村…………………………… 190
寺家ふるさと村体験農業振興組合… 192
資源分配装置……………………………… 253
自己エンパワーメント………………………45
市場セクター…………………………………16
持続可能な開発…………………………… 237
市民社会セクター……………………………16
市民的公共圏…………………………………22
社会運動…………………………………………86
社会・制度的持続可能性……… 45, 119, 202

社会的生産関係	259
社会変革論	13
住民参加	27, 31, 36, 46, 66, 237
集落活性化事業（浜田市）	127
手段としての参加	30
循環型社会	39
循環型社会形成推進基本法	39
障害者基本計画	161, 179
障害の普遍化	162
消極的便益	232
食料・農業・農村基本計画	159
食料・農業・農村基本法	183
ジレンマ（協同組合の）	87
新規就農	110
新都市計画法	185
新都市社会学	272
スコットの組織論	97, 116
スハルト政権	241
棲み分け	217, 221, 231, 233
スンダ農民連合→SPP	
生産様式論	259
政府セクター	16
積極的便益	232, 233
ゼミ論集	300, 301
世話人	152
セン（Sen, A.）	12, 284
潜在能力	18, 21, 22, 29, 274, 287, 308
潜在能力アプローチ	9, 12, 284
先入観（バイアス）	152
創造的破壊	99, 274
ソーシャル・キャピタル	24, 76, 112, 311
組織・制度化	34, 40

【た行】

第1のセクター	16
退会理由	95
第3のセクター	16
台所と農業をつなぐ・ながい計画調査委員会	47
第2のセクター	16
第2のふるさと発見ツアー	129, 152
対話型教育	282, 283, 304
タシクマラヤ県（インドネシア西ジャワ州）	239
立山黒部アルペンルート	171
立山町（富山県）	171
多面的機能	77, 158, 183
田んぼの学校	65
地域経営	103
地域住民の有する知識	18
地域づくり	55, 80
地域づくりインターン	124
地域づくりの定義	40
地域動態論	17
地域内交流指向型	168, 173
地域問題	262
チェンバース（Chambers, R.）	18, 29, 239, 308
茅野市（長野県）	166
作る会→国立市にドッグランを作る会	
提携	89
適者生存の原理	8
適度の研究	281, 304, 307
弟子屈町（北海道）	167
田園自然環境保全再生支援事業	68
添削ワークショップ	298
テンニース（Tönnies, F.）	260
動物愛護管理法	234
トコッ・マシャラカット	243
都市公園	183
都市的世界	261
都市農村二分法	260
都市農村連続体説	261
土地改良法	55, 63
ドッグパーク	208, 234
ドッグラン	208

ドッグランネットワークPals……………209
とやま都市農山村交流活性化支援事業
　………………………………………171
トンプキンズスクエア公園…………209, 232

【な行】

内発的発展……………………………9, 308
内的要因…………………………………17, 19
内部環境…………………………………97, 98
長井市（山形県）…………………………41
鳴石集落………………………………106
荷降ろし同行調査………………………93
日本有機農業研究会……………………88
ぬりえ……………………………………289
ネオ・マルクス派の社会学者…………261
農業公園…………………………………183
農業専用地区協議会（横浜市戸塚区舞
　岡町）…………………………………195
農業専用地区制度（横浜市）…………185
農業の多面的機能→多面的機能
農振制度…………………………………185
農振地域…………………………………185
農振法（農業振興地域の整備に関する
　法律）…………………………………185
農政総合計画（横浜市）………………188
農村環境づくり………………………55, 80
農村公園………………………………184
農村的世界……………………………261
農村問題………………………………262
農民組織→OTL
ノーマライゼーション…………………160
ノーマル・アクシデント…………239, 253
ノーリード…………………212, 217, 234
伸びる学生の３つの資質………………306

【は行】

ハーヴェイ（Harvey, D.）……………266
バイアス……………………………30, 250

場所………………………………10, 23, 263
八幡平市（岩手県）……………………169
浜田市（島根県）………………………125
ハム工房まいおか………………………197
バリアフリー……………………………160
バリアフリー観光農園……………168, 169
バリアフリー・ペンションすばる……165
半構造化インタビュー………………86, 133
万人に開かれた農村空間………………159
ビオトープ計画…………………………62
ビナ・デサ………………………243, 244
日野市（東京都）………………………221
姫路市立水族館…………………………61
ピュアフィールド風曜日………………167
兵庫県自然保護協会……………………60
『被抑圧者の教育学』…………………283
フィールドオィサー→ＦＯ
笛吹市（山梨県）………………………168
フェローシップカード…………………219
『複合汚染』ブーム……………………91
普遍性………………………18, 19, 161
部門－空間的分業………………………266
プランニングの究極的な目標…………270
ふるさときすみの地域活動推進協議会…68
ふるさと島根定住財団…………………127
フレイレ（Freire, P.）…………283, 308
プロセス重視の開発論……………………28
プロセスとしての開発論…………………9
ペット産業…………………………207, 234
ペロー（Perrow, C.）…………………239
ペンション山ぼうし……………………166

【ま行】

舞岡ふるさと村…………………………194
舞岡ふるさと村推進協議会……………195
舞岡町（神奈川県横浜市）……………194
まちづくりデザイン会議………………46
まなざし………………………………152, 153

マンハッタン区（ニューヨーク市）……213	ゆめはま2010プラン……………………189
ミス・コミュニケーション……………239	横浜市（神奈川県）……………………184
3つのE（発展のベクトル）……………10	横浜市農業専用地区設定要綱…………188
3つのE（学習過程）……………………43	よこはま21世紀プラン…………………189
ミニ・シンポジウム……………………294	横浜農協舞岡支店………………………197
三芳村（千葉県）…………………………89	横浜ふるさと村設置事業要綱…………189
三芳村安全食糧生産グループ……………89	横浜南農協…………………………197, 202
三芳村生産グループ………………………89	
民宿ひらい………………………………170	**【ら行】**
6つのバイアス論……………………29, 239	リアリティ……………28, 29, 30, 148, 309
目的としての参加…………………………30	リーダーシップ……………………112, 114
	例外空間…………………………………270
【や行】	レインボープラン…………………………41
社土地改良事務所……………………61, 62	ラーニング・コミュニティ……………303
谷戸………………………………………184	ロスアンゼルス学派……………………272
谷戸田……………………………………190	
山田錦………………………………………58	**【わ行】**
ユニバーサル交流……158, 163, 176, 177, 178	若者の地方体験交流支援事業…………124
ユニバーサルデザイン…………………161	ワンパークひの…………………………221

編著者紹介

北野　収（きたの　しゅう）

農林水産省、日本大学生物資源科学部を経て、現在、獨協大学外国語学部交流文化学科教授。コーネル大学博士（都市計画学）。専門は国際開発論、食料農業問題、地域づくり論、NGO・NPO研究。スマート・テロワール協会顧問。信州まちづくり研究会顧問。環境修復保全機構理事。大地の大学日本校副代表。主な著訳書に『南部メキシコの内発的発展とNGO』（勁草書房）、『私の中の少年を探しに』（デザインエッグ）、『国際協力の誕生　改訂版』『人新世の開発原論・農学原論』、フランツ・ヴァンデルホフ『貧しい人々のマニフェスト』（以上創成社）、アルトゥーロ・エスコバル『開発との遭遇』（新評論）がある。日本国際地域開発学会奨励賞、日本NPO学会賞優秀賞、同選考委員会特別賞、日本協同組合学会賞学術賞を受賞。

分担執筆者紹介（日本大学生物資源科学部卒業生）

第3章　竹島　祐幸（たけしま　ゆうこう）　岐阜県出身。

第4章　谷河　美香（たにがわ　みか）　兵庫県出身。

第5章　小笠原　有美香（おがさわら　ゆみか）　千葉県出身。

第7章　諏訪　あす菜（すわ　あすな）　東京都出身。

第8章　遠藤　健（えんどう　たける）　神奈川県出身。（大学院生物資源経済学専攻博士前期課程）。

第9章　岩松　良実（いわまつ　よしみ）　神奈川県出身。

第10章　澤井　麻樹子（さわい　まきこ）　東京都出身。

第11章　小松　雅史（こまつ　まさし）　北海道出身。

新・共生時代の地域づくり論

2024年9月30日　初版発行

編著者　北野　収

発行所　株式会社　三恵社
〒462-0056　愛知県名古屋市北区中丸町2-24-1
TEL 052 (915) 5211
FAX 052 (915) 5019
URL http://www.sankeisha.com

乱丁・落丁の場合はお取替えいたします。
ISBN978-4-8244-0022-2 C3036　　©2024 KITANO Shu